本书是国家社科基金教育学青年项目"中国传统书院教育及其当代价值研究"（COA150139）的成果。

张晓婧　乔凯　著

中国传统书院教育及其当代价值研究

Chinese Traditional Academy Education and Its Contemporary Value Research

中国社会科学出版社

图书在版编目(CIP)数据

中国传统书院教育及其当代价值研究 / 张晓婧，乔凯著. —北京：中国社会科学出版社，2020.9
ISBN 978-7-5203-7153-7

Ⅰ.①中… Ⅱ.①张…②乔… Ⅲ.①书院—教育研究—中国 Ⅳ.①G649.299

中国版本图书馆 CIP 数据核字（2020）第 170502 号

出 版 人	赵剑英
责任编辑	王　衡
责任校对	王　森
责任印制	王　超

出　版	中国社会科学出版社
社　址	北京鼓楼西大街甲 158 号
邮　编	100720
网　址	http://www.csspw.cn
发行部	010-84083685
门市部	010-84029450
经　销	新华书店及其他书店
印　刷	北京明恒达印务有限公司
装　订	廊坊市广阳区广增装订厂
版　次	2020 年 9 月第 1 版
印　次	2020 年 9 月第 1 次印刷
开　本	710×1000　1/16
印　张	18.75
插　页	2
字　数	279 千字
定　价	108.00 元

凡购买中国社会科学出版社图书，如有质量问题请与本社营销中心联系调换
电话：010-84083683
版权所有　侵权必究

目　　录

第一章　中国传统书院教育的历史流变 ……………………（1）
　　第一节　传统书院教育的起源与产生 …………………（1）
　　第二节　传统书院教育的发展与流变 …………………（8）
　　第三节　传统书院教育的兴盛与变革 …………………（29）

第二章　中国传统书院的教育理念 …………………………（35）
　　第一节　传统书院的办学宗旨 …………………………（35）
　　第二节　传统书院的培养目标 …………………………（44）
　　第三节　传统书院的教学特色 …………………………（51）

第三章　中国传统书院的教育内容 …………………………（64）
　　第一节　经史之学 ………………………………………（64）
　　第二节　教师讲义和学派成果 …………………………（75）
　　第三节　实用知识 ………………………………………（78）
　　第四节　西式课程 ………………………………………（82）

第四章　中国传统书院的教育方法 …………………………（89）
　　第一节　自修和自省的教育方法 ………………………（89）
　　第二节　研讨和对话的教育方法 ………………………（98）
　　第三节　讲授和体验相结合的教育方法 ………………（105）
　　第四节　开放式和平民化的教育方法 …………………（110）

第五章 中国传统书院的教育环境及其教育意蕴 …………（114）
- 第一节 环境与教育环境 ……………………………………（114）
- 第二节 传统书院选址的教育意蕴 …………………………（116）
- 第三节 传统书院建筑的教育意蕴 …………………………（121）
- 第四节 传统书院景观的教育意蕴 …………………………（127）

第六章 中国传统书院的教育考评 …………………………（131）
- 第一节 传统书院的教师考评 ………………………………（131）
- 第二节 传统书院的学生考评 ………………………………（142）

第七章 中国传统书院教育的当代价值 ……………………（165）
- 第一节 我国当代高等教育的困境 …………………………（165）
- 第二节 中国传统书院教育的当代价值与启示 ……………（177）

附表 《清代全国新建及修复（重建）书院建置一览》 …………（193）

参考文献 ………………………………………………………（287）

后　记 …………………………………………………………（294）

第一章 中国传统书院教育的历史流变

中国传统书院是一种独具特色的教育组织和学术机构，在中国教育史、学术史和文化史上占据着重要地位，发挥过积极作用，是传统教育和传统文化中的璀璨明珠。传统书院作为教育组织从北宋时期正式兴起，至清末书院改制新式学堂结束，历经了千余年的岁月。在漫长的演变过程中，书院教育经历了产生、发展、繁盛和改制的不同时期，每个时期都呈现出阶段性特征。

第一节 传统书院教育的起源与产生

中国传统社会的教育机构，除了国家层面的官学之外，还有民间社会的私学，而书院则是介于官学和私学之间的教育机构。书院既有官办，也有民办，还有官督民办，是独立于官学和私学之外的一种全新的教育系统。"书院"之名始于唐代。[①] 但是，这一专有名词究竟源于唐代何时，学界曾产生争议。清代袁枚《随园随笔》中记载曰："书院之名，起唐玄宗时丽正书院、集贤书院，皆建于朝省，为修书之地，非士子肄业之所。"[②] 许多学者援引该条史料，认为开元初年（713）唐玄宗设立

[①] 关于书院起源的时间，学界曾有过争议。除了"唐代说"之外，还有学者认为书院产生于五代，持此观点者以盛朗西、章柳泉为代表；另有学者认为书院产生于北宋初期，例如，宋代学者洪迈认为，书院始于"太平兴国五年（980），以江州白鹿洞主明起为袁信主簿"。（洪迈：《容斋随笔·容斋三笔》卷5《州郡书院》）。综合一些新史料的发现和研究，目前学界绝大多数学者认同书院起源于唐代的说法。

[②] （清）袁枚：《随园随笔》卷14《典礼类·书院》，嘉庆十三年刻本。

中国传统书院教育及其当代价值研究

丽正书院是为中国古代书院之名的起源。丽正书院最早的官方名称是丽正修书院。《唐会要》中记载:"六年,乾元院更号丽正修书院。"① 如同丽正修书院的名称一样,集贤书院的官方名称叫作集贤院。"书院"之名正是由官方的"修书院"简化而来。简化之后的称谓深受文人学士的青睐,从而促使其逐渐从官方走向民间,最终成了普及于民间的书院。

"书院学"研究著名学者邓洪波经过考证认为:"在丽正书院之前,地方志中记载的陕西蓝田瀛洲书院是中国历史上最早的书院,比丽正书院要早了近100年。"② 在书院起源问题上的诸多争议,反映了学术界在对书院名词界定及对书院功能、性质等方面的认识分歧。这一问题的解决,有待于在进一步明确书院概念的内涵与书院的基本功能,确定书院的本质性、区别性特征的基础上做更深入的研究。但是,一个不争的事实是唐代的书院只是官府用来藏书和校书的地方,而非读书和讲学的场所。直到五代时期,书院才作为一种新型的教育机构和文化组织出现在中国教育史上。③ 李国钧先生在《中国书院史》一书中,综合各家研究成果,初步对"书院"作出如下界定:"书院教育是指以私人创建或主持为主,收藏一定数量图书,聚徒讲学和研讨,高于一般蒙学的特殊教育组织形式。"④ 这一概念界定得到学界普遍认同。

"书院"之名起于唐代,具有学校教育性质的书院组织亦起于唐代。唐朝末期授徒讲学的教育活动出现在私立书院中。虽然规模有限,没有形成制度,但可视为书院作为一种教育组织出现的萌芽。这一萌芽的形成原因主要包含以下几方面因素。

第一,雕版印刷术提供了技术基础。雕版印刷术在唐代得以发明和推广,书籍生产力有了质的提高和发展。据有关专家考证:"至晚在公元8世纪,中国已经开始应用雕版印刷技术,唐末五代时期,雕版印刷

---

① (宋)王溥:《唐会要》卷64,中华书局1955年版,第1118页。
② 邓洪波:《中国书院史》,东方出版社2004年版,第4—6页。
③ 张晓婧:《清代安徽书院研究》,博士学位论文,安徽师范大学,2014年。
④ 李国钧:《中国书院史》,长沙教育出版社1994年版,第2页。

2

第一章 中国传统书院教育的历史流变

技术已经相当成熟,并形成了几个早期的印刷中心,为宋代文化的蓬勃发展和雕版印刷的兴盛奠定了坚实的基础。"① 明代学者称:"雕版肇自隋时,行于唐世,扩于五代,精于宋人。"② 雕版印刷术的发明使得书籍印刷成本大幅度降低,民间印刷作坊林立,书籍传播速度加快。藏书的增多尤其是民间和私家藏书的增多,为士人广泛阅览图书创造了条件,从而促进了求学方式的迅速转变,使训诂、句读皆由口授的状况变为可视简而诵了。这就为书院的出现提供了技术基础和支撑。

第二,官学衰落提供了时代机遇。"安史之乱"后,唐朝陷于军阀割据的境地,各地节度使拥兵自重,混战不断,使得中央和地方的财政走向困顿,社会秩序紊乱,官学日趋衰弱,并从此衰败不振。时人对官学的颓败多有描述,例如,舒元舆《问国学记》和李观《请修太学书》③中均有记载。朱熹《衡州石鼓书院记》有言:"予为前代庠序之教不修,士病无所于学,往往择胜地立精舍,以为群居讲习之所,而为政者乃或就而褒美之。若此山,若岳麓,若白鹿洞之类是也。"④ 正因为士人大量失学,故而不得不另找求学的途径。士族子弟多不选择官学就学,据史料记载:"始仆少时,尝有意游太学,受师说,以植志持身焉。当时说者咸曰:'太学生聚为朋曹,侮老慢贤,有堕窳败业而利口食者,有崇饰恶言而肆斗讼者,有凌傲长上而淬骂有司者,其退然自克特殊于众人者无几耳。'仆闻之,恂骇怛悸,良痛其游圣人之门,而众为是沓沓也。遂退托乡闾家塾,考厉志业。过太学之门而不敢局顾,尚何能仰视其学徒者哉!"⑤ 官学颓败使得文人士子或是隐居山林自学,或是寻师访学于古刹,又或是选择寺院道观清修苦读。这就为书院教育的发展提供了时代机遇。

---

① 程有庆、张丽娟:《中国版本文化丛书——宋本》,江苏古籍出版社2002年版,第3—4页。
② (明)胡应麟:《少石山房笔丛》卷4《经籍会通四》,明万历刻本。
③ (清)董诰:《全唐书》卷727,中华书局1983年版,第7492页。
④ (宋)朱熹:《晦庵先生朱文公文集》卷79《记》,朱杰人等主编《朱子全书》第24册,上海古籍出版社、安徽教育出版社2002年版,第3782页。
⑤ (唐)柳宗元:《柳宗元集》卷34《与太学诸生喜诣阙留阳城司业书》,中华书局1979年版,第868页。

3

第三，民间私学给予了传统延续。传统书院作为一种教育机构，实源于民间私学活动。早在春秋战国时期，诸子百家的私人讲学就是一种重要的教育组织形式。虽然秦朝曾短时期采取了"禁私学"的文教政策，但到了汉朝私学又得以恢复和发展，以经馆、书馆的形式遍设于全国各地。魏晋南北朝时期私学又以家学的教育方式维系文化传承，例如，著名的《颜氏家训》就出现在这一时期。可以说，每当社会发生动乱，官学无法维持时，私学就以顽强的生命力坚持并成为维系教育发展的一支重要力量。唐代的私人讲学活动普及全国且类型丰富。唐玄宗时期下令允许民间创办私学，"许百姓任立私学，欲其寄州县受业者，亦听"①。由此可见，私学在当时已经广泛存在。特别是唐中叶后，官学教育衰微，推动了士子习业山林寺院之风，复兴并加强了作为教育理想的讲学中的佛教因素。书院实际上是作为"精舍"和非正式的"精舍"的教育观念在制度上的延伸。

传统书院与民间私学既有共性又存在明显区别。书院教育从民间私学延展而来，具有私学教育的特点。书院与私学的共同点主要包括三方面：其一，办学目的，不以科举仕进为办学目标和宗旨，与官学有着本质的区别；其二，经费来源，大多由民间集资创办，不属官办之列，具有较强的独立性；其三，教育对象，向下层社会开放，以平民子弟为教育对象，与官学的贵族式教育有显著区别。从某种意义上说，书院是从私学脱胎而来的。但是，书院又不是一般的私学，如同与官学有质的区别一样，它与私学也存在着质的差异。书院绝非私学的简单延续，而是对私学的深刻变革。书院与私学的区别主要体现为以下四个方面。

第一，书院拥有充足的教育经费。

"学校之政，必先于教养；教养之具，必资于金谷。"② 办学经费是书院赖以生存和发展的基础。中国传统书院类型主要包括官办、民办和官督民办三种。无论哪种类型的书院，其经费筹措大多具有自主性、灵

---

① （宋）王溥：《唐会要》卷35《学校》，中华书局1955年版，第635页。
② （明）陶安：《陶学士集》卷15《送李国用引》，《四库全书》第1225册，上海古籍出版社1987年版，第757页。

第一章 中国传统书院教育的历史流变

活性和多样性。刘伯骥先生经过研究,将清代书院经费来源分为田租、官捐、交商生息、绅捐、拨公款、地租、铺租、充公款、塘租、解送、盐税、宾兴、渡税、园租、寺租、茶税、旨赏等38项,其中以田租、官捐、交商生息和绅捐为最多。① 相较于私学办学经费的无固定保障,大部分书院经费来源是多元化、多渠道的。一般来说,书院靠一种渠道获得的经费非常有限,所得资金无法维持书院的开支。所以,书院要保障正常运行,就必须多方筹集经费。

经过系统翻阅史料,我们认为书院经费的来源虽然多种多样,但主要存在五种类型:朝廷颁赐、地方政府拨款、官绅捐输、商人捐建和书院自身经营。朝廷颁赐多为匾额形式,如岳麓书院和徽州府紫阳书院均有康熙皇帝颁赐"学达性天"匾额。匾额虽然没有直接经费的注入,但是其物质形式是外在,所承载的荣耀和成就则是内在,在某种程度上可视为一种无形的宝贵资产。并且,这种特殊的礼遇和地位扩大了书院的社会影响力,使其受到地方官和绅商的持续捐助,因而,经费一直富裕充足。地方政府的拨款中主要包括直接拨款和拨置学田两种类型。朝廷颁赐和地方政府拨款十分有限,能够享受到此种优惠待遇的书院大多为省属和县治所在书院。② 况且书院毕竟是有别于官学的教育机构,政府不可能承担书院所有的办学经费。正所谓:"书院者,儒学之离宫别墅也。而书院与学宫有异。书院非朝廷之额设,无动支之缗钱。浸久而圮,谁为葺治?"③ 对于大量不能获得政府支持的书院来说,官绅捐赠和民众捐输才是经费的主要来源。尤其在清代,"社会人士认此(即捐助书院)为公益之事,非官家之事可比,人人皆得而赞助。又所捐筹,皆系基金性质,赞助一次,收效甚久,非逐年均须消耗者可比,故亦有人乐为之"。④ 传统书院所受民间捐助的类型主要分为地方官捐建、官倡民捐、

---

① 刘伯骥:《广东书院制度》,台湾"国立"编译馆中华丛书编审委员会1978年版,第181页。
② 张晓婧:《清代安徽书院研究》,博士学位论文,安徽师范大学,2014年。
③ 光绪:《凤台县志》卷6《学校志·书院》。
④ 陈东原:《清代书院风气之变迁》,《学风》1933年第3卷第5期。

中国传统书院教育及其当代价值研究

士绅捐输和商人捐助等；捐助的内容包括捐款、捐地和捐房等。

第二，书院具有完备的管理体制。

书院教育的管理体制是借鉴采用已有各种组织的经验和制度，结合自身发展，是一个逐渐演变的过程。① 书院发展之初，内部组织机构很简单，教学及管理均由山长全权承担，并无其他机构分工和管理人员。随着书院规模的扩大和制度的完善，书院内部组织程度日益提高，出现了一些专门的管理机构和职事设置。至清代，书院的组织管理制度已经相当完善，促进了书院的有效运行和发展。

一般来说，书院内部的组织管理主要是山长负责制。"山长"之名始于唐代。唐代诗人贯休有诗《怀匡山山长二首》为例。② 这一时期初建于山林的书院，由品德高尚、学识渊博之人主讲，人称"山长"。此后，"山长"逐渐成为书院的行政之首和学术领袖。宋元明以来书院普遍设立"山长"一职。清代沿袭旧制未变，仅在乾隆时期曾改"山长"之名为"院长"。乾隆三十年（1765），谕旨："各省书院延师训课，向有山长之称，名义殊为未协。既曰书院，则主讲习者自应称为院长。"③ 除了山长负责制之外，还包括董事会主导下的董事负责制；学长和斋长负责制等。延至清代，书院教育的组织结构呈现出系统性，有教学系统、教辅系统和后勤保障系统等。书院人员组织也呈现多元化，除了山长、主讲之外，还有监院、董事（首士）、副讲、堂长、司事、斋长、学长、典谒、引赞、看守、厨夫、门斗等。

第三，书院具备严格的考核制度。

私学开门办学，具有较大的随意性，没有任何形式的考核体系，缺乏有力有效的教育管理，基本上处于一种无组织的松散状态。因而，私学一直处在自发性的状态之中。与私学的"其耆名高义"即可"开门受徒"不同，书院对于教师和学生都有严格的甄别和考核制度。选择教师是每所书院的大事，一般来讲，书院的规模越大、名气越大，选拔教师条件越多、标准越高。山长是书院的核心，聘任的条件主要包括"德"

---

① 朱汉民等：《长江流域的书院》，湖北教育出版社2005年版，第332页。
② （清）彭定求：《全唐诗》卷826，中州古籍出版社2008年版，第4195页。
③ （清）昆冈等主修：《钦定大清会典事例》卷395《礼部·学校》，清光绪二十五年石印本。

6

第一章 中国传统书院教育的历史流变

和"学"两方面。历代统治者对书院山长的选聘十分重视。宋代书院选聘山长的条件就已经十分严格,基本条件包括:一是"名儒宿学鉴于学校及科举之弊,留心世务,振兴名教,而有兴革之志者";二是"隐逸之士绝意仕禄,教授为业者";三是"退职官员以己之学训诲后进者"。① 清代乾隆时期曾多次下令各府督严格选聘和考核山长。② 书院的山长和教师并不是入选之后便高枕无忧,为防止山长等不为学,不按时授业,书院学规中也作出了对不合格山长、教师予以惩罚的相应规定。书院对生徒的考核方式更是多样,大体有入学考试、平时考课和毕业后的科举考试三种形式。有关传统书院的考评制度,详见本书第六章。著名书院学者陈谷嘉等人就认为:"书院制定了一系列独有的颇具特色的教条、学规、学训等,把得之于管理实践的一系列管理经验上升到了一定的理论高度。可以这样说,学规或教条等全面体现了书院教育管理的内容,是书院走上了制度化的重要标志。"③

书院脱胎于私学,与私学有着密不可分的联系,但是,在长期的发展中,书院以其自身在教育教学和学术研究中的特点,成为明显有别于私学的教育组织。

第四,佛教"禅宗"教育方式的影响。

唐代佛教鼎盛,其中的"禅宗"具有较强的社会影响力。禅宗教徒定禅修炼、讲经说法处多为幽深清雅的僻静山林,并且形成了颇具特色的教学方式。这对传统书院的选址和建筑方式影响很大。由于寺院环境清幽、藏书丰富、文化气息浓厚,很多士子尤其是寒门学子,入仕前往往寄食寺院读书求学。据《南部新书》记载:"长安举子,自六月以后落第者不出京,谓之过夏,多借静房庄院及闲宅居住,作新文章,谓之夏课。"④ 颜真卿更是坦言佛寺优美环境之影响:"予不信佛法而好居佛寺,喜与学佛者语。人视之,若酷信佛法者,然而实不然也。予未仕时,读书讲学,恒在福山,邑之寺有类福山者,无有无予迹也。始儦居,则凡海

---

① 陈谷嘉、邓洪波主编:《中国书院史资料》,浙江教育出版社1998年版,第2574页。
② 《清实录·高宗实录》卷746《慎选书院山长谕》,中华书局1985年影印版。
③ 陈谷嘉、邓洪波主编:《中国书院制度研究》,浙江教育出版社1997年版,第451页。
④ (宋)钱易:《南部新书》(第一册·乙卷),中华书局1985年版,第16页。

印、万福、天宁诸寺，无有无予迹者。既仕于昆，时授徒于东寺，待客于西寺。"① 由此可见，颜真卿偏爱佛寺环境及其寄居寺庙、读书游学和受道的影响。

书院研究专家李才栋认为，关于唐代儒道两家立精舍、设讲坛，对书院产生的启发作用，可以从五个方面来理解：一是许多书院原来就是寺、观，因袭增拓而成，或者与寺、观设在一起的。二是书院的选址颇受寺、观选址的启示，而唐代士子亦多有读书于山寺中的。三是禅林的学规对书院颇有影响。四是书院的教学方式，如升堂讲说，个人读书潜修，师生疑难问题也承继了寺观的某些做法。五是在书院的事务管理方面，亦有所启示，有师生共同承担院务的风尚。也是由于在大乱之时山间僻壤比较安全，故一批欲读书求学之人，一批欲讲学著述的学者逐渐集到处于山林、僻壤之所讲学和读书。这就使前述民间私家藏书、读书的书楼、书堂逐渐演化为学者讲学授徒，士子读书求师的场所。这就使仅有图书馆性质的书院和书堂、书楼逐渐演化为具有学校性质的书院和书堂、书楼了。②

综上所述，书院之名和书院教育均产生于唐代。唐中叶以后至五代期间，可以说是书院教育的开创期。此时，在作为官方藏书、私人读书和治学之外，民间聚徒办学的新型书院也已经逐步创立萌芽。虽然新型书院的数量稀少、规模不一，且没有定制，但是作为传统书院的雏形，对后世产生了深远的影响。书院这种聚众讲学的教育场所，从此开始作为中国传统教育的重要形式延续了千余年。

第二节　传统书院教育的发展与流变

一　两宋书院的发展与勃兴

（一）北宋书院的初步发展

北宋建立之后的八十余年间，国家的教育系统基本处在瘫痪状态。

---

① （清）董诰等：《全唐文》卷337《泛爱寺重修记》，中华书局1983年版，第3419页。
② 李才栋：《唐代书院的创建与功能》，《江西教育学院学报》（社会科学版）2000年第1期。

第一章 中国传统书院教育的历史流变

朝廷无力设官学培养人才,只能通过科举考试选拔人才,目的是在短期内建立文官治国的政治格局。北宋初年的文教状态无法满足士人求学问道的需要,于是,儒生们自行组织起来,在山林旷野择地而建专门的讲学书院,并且开始制定一定的学规教条。与此同时,政府为了扩大官吏后备力量,对于私人兴办的书院,也采取支持的态度。有学者认为:"书院作为一种教育机构,在北宋初期正式形成。北宋以后,制度化的书院已经出现。"①

传统书院经历了北宋初年的发展,最终形成了自己的规模和特色。各地书院均有发展壮大,较之唐五代时期大有超越,成为真正意义上的教育机构,涌现出诸如岳麓书院、白鹿洞书院、嵩阳书院、睢阳书院、石鼓书院等全国知名的大书院。北宋时期即出现了所谓的天下"四大书院""六大书院"甚至"八大书院"之说法。② 一些知名书院的规模不断扩大,并且开创讲习之风。例如,岳麓书院始建之初"作讲堂五间,斋序五十二间",后于咸平四年(1001)在官府的支持下"益崇大其规,中开讲堂,揭以书楼,塑先师十哲之像,画七十二贤"③。应天府书院"博延生徒,讲习甚盛"④。但是,除少数著名书院外,大多数书院建筑简陋,内部规制不健全。

书院教育虽有北宋初年的初步发展,但不久即相继衰落,沉寂了一百多年,直接原因是三次兴学运动。北宋三次兴学期间,官学空前兴盛,书院日渐萧条,连著名的六大书院也改为官学甚至停办。以往研究大多认为,庆历兴学后,伴随官学体系的完备、数量的增加,书院开始走向衰落。但是,北宋时期的三次兴学并非完全阻碍了书院教育的发展。庆历兴学虽然时间较短,但它对科举考试内容的重新设置,推动了真宗、仁宗之际出现的自由讲学和疑经怀古社会风气的持续发展,对书院教育产生了重

---

① 陈元晖、尹德新、王炳照:《中国古代的书院制度》,上海教育出版社1981年版,第1页。
② 有关北宋几大著名书院的不同说法,具体参见李国钧主编《中国书院史》,湖南教育出版社1996年版,第52—57页。
③ (清)吕肃高等纂修:乾隆《长沙府志》卷13《学校志·书院》,乾隆十二年刊本。
④ (清)毕沅:《续资治通鉴》卷28《真宗大中祥符三年》,中华书局1979年版,第128页。

9

中国传统书院教育及其当代价值研究

要的影响。例如，书院创建数量在仁宗和神宗朝进入高潮期，新建的书院纷纷出现；书院的教学内容突破章句训诂之学和文章诗赋之学的束缚，呈现出多元化的发展趋势。尤其是范仲淹于天圣五年（1027）执掌应天府书院始，情况开始有了微妙的转变。《范文正公年谱》载："仲淹居南京掌书院时，四方从学者辐辏，其后以文学有声名于场屋、朝廷者，多其所教也。"① 全祖望也指出："庆历之际，学统四起，齐、鲁则有士建中、刘颜夹辅泰山而兴。浙东则有明州杨、杜五子，永嘉之儒志、经行二子，浙西则有杭之吴存仁，皆与安定湖学相应，关中之申、侯二子，实开横渠之先，筚路蓝缕，皆序绿者所不当遗。"② 因此，庆历兴学从某种意义上反而推动了书院教育的发展。李兵认为，庆历兴学虽然以失败告终，但它触动了官学与科举发展的根本问题，其所采取的一系列改革使北宋前期的部分书院走向消亡，同时也促使北宋前期书院的转型，加速了书院制度建立的进程，是从反面推动书院前进的动力。③

　　庆历兴学之后的熙宁、元丰兴学采用王安石变法中的教育政策，教育专制稍显端倪，并在徽宗朝被推向极致。熙宁、元丰兴学运动中，实施"三舍法"，学校教育彻底成为选官制度的组成部分，朝廷对士人的思想控制愈加严密，自由讲学的风气受到挫伤。熙宁六年（1073）三月，鉴于"举人对策，多欲朝廷早修经义，使义理归一"④，北宋政府成立了经义局，训释《诗》《书》《周礼》三经义，王安石任提举经义局。经过两年多的努力，编成了《三经新义》一书，熙宁八年（1075）颁行于学校中，作为学生必读教材，以后太学和州县之学都用它作为主要教材，科举用它作为应试的标准。王安石反感学术不一的风气，认为"古者一道德以同天下之俗，士之有为于世也，人无异论。今家异道，人殊德，又以爱憎喜怒变事实而传之，则吾友庸讴非得于人之异论，变事实之传，而后疑我之言乎"⑤；"古者一道德以同俗，故士有揆古人之所为以自守，则人无异论。

---

① 陈植锷：《北宋文化史述论》，中国社会科学出版社1992年版，第192页。
② （清）黄宗羲：《宋元学案》卷6《士刘诸儒学案》，中华书局1986年版，第251页。
③ 李兵等：《论庆历兴学对北宋书院发展的影响》，《集美大学学报》2003年第3期。
④ （宋）李焘：《续资治通鉴长编》卷243熙宁六年三月条，中华书局1978年版。
⑤ （宋）王安石：《王文公文集》卷7《答王深父书》，上海人民出版社1974年版，第85—86页。

第一章 中国传统书院教育的历史流变

今家异道,人殊德,士之欲自守者,又牵于末俗之势,不得事事如古,则人之异论,可悉弥乎"①。因此,这一时期书院的讲学运动也受到了打压。庆历兴学之后,北宋书院逐渐转变为一种独立的教育组织而非官学的替补机构。但是,在这一变化过程中,以人才培养和学术研究为主要目标的书院尚未建立起来,书院发展陷入一个相对低潮期。

（二）南宋书院的勃兴

南宋时期,书院教育出现了有史以来的第一个高潮。南宋官学的腐败和衰落是书院勃兴的直接原因。官学的衰落分为两种情况,一是官学数量的减少;二是官学中师生关系的疏离。金兵南下,面对内忧外患,南宋朝廷无心也无力发展官学教育,地方官学也在长期的战争中损毁殆尽。至于官学中的师生关系,朱熹曾有过这样的评论:"比年以来,教养无法,师生相视,漠然如路人,以故风俗日衰,士气不作,长老忧之,而不能有以救也。"② 他在《学校贡举私议》中更是一针见血地指出:"所谓太学者,但为声利之场,而掌其教事者,不过取其善为科举之文,而尝得隽于场屋者耳。士之有志于义理者,既无所求于学,其奔趋辐辏而来者,不过为解额之滥,舍选之私而已。师生相视,漠然如行路之人。间相与言,亦未尝开之以德行道艺之实,而月书季考者,又只以促其嗜利苟得、冒昧无耻之心,殊非国家之所以立学教人之本意也。"③ 黄宗羲在《明夷待访录》中谈及书院勃兴的原因时也明言:"而其所谓学校者,科举嚣争,富贵熏心,亦遂以朝廷之势利一变其本领,而士之有才能学术者,且往往自拔于草野之间,于学校初无与也,究竟养士一事亦失之矣。于是学校变而为书院。"④ 南宋书院的发展特点主要包括:以朱熹为首的"新儒家"推动了书院教育的勃兴;南宋时期书院制度的正式确立以及书院与学术"共同体"

---

① （宋）王安石：《临川先生文集》卷75《于丁元珍书》,《四部丛刊》本。
② （宋）朱熹：《朱文公文集》卷79《记·建宁府崇安县学田记》,朱杰人等主编《朱子全书》第24册,上海古籍出版社、安徽教育出版社2002年版,第3772页。
③ （宋）朱熹：《晦庵先生朱文公集》卷69《学校贡举私议》,朱杰人等主编《朱子全书》第23册,上海古籍出版社、安徽教育出版社2002年版,第3363页。
④ （清）黄宗羲：《明夷待访录·学校》,转引自李伟《明夷待访录译注》,岳麓书社2008年版,第40页。

11

的趋势。

1. 朱熹与南宋书院的勃兴

南宋初期，官学式微。为了维系教育和学术的发展，朱熹等著名儒学学者努力恢复和重振书院。朱熹与南宋书院的勃兴有着紧密的联系。

朱熹是南宋著名的理学家和教育家，是儒学的集大成者，并且建构了宋代新儒学的体系。他不仅修复了宋代四大书院中最著名的岳麓书院和白鹿洞书院，并且创建了大量的新书院和制定了新学规，促使书院兴盛，对后世影响深远。南宋淳熙六年（1179）三月，朱熹任南康军知府，同年十月，下令修复白鹿洞书院。① 书院于次年三月修复后，朱熹亲自掌教，制定了著名的《白鹿洞书院揭示》，明确规定了白鹿洞书院的教育方针、培养目标及教学方法。这是中国传统书院发展史上的第一个纲领性学规，不仅对于当时及此后的书院教育，而且对之后的官学教育都产生了重大影响。南宋绍熙五年（1194），朱熹任湖南安抚使，对岳麓书院进行了修复和扩建，置田五十顷，还将白鹿洞书院的学规作为岳麓书院的教规，并且亲自讲学，学生达千余人。② 从此以后，各地争相效法，相继建立书院，延聘名儒讲学，几乎有取代官学之态势。朱熹的学术研究和书院讲学，既带动了本学派对学术研究的热情，也促进了其他学派对理学的关注，理学在民间出现了兴盛的局面。

作为书院大师，朱熹的成长过程与传统书院密不可分，他的开蒙教育和求学生涯都在书院度过。朱熹一生大部分时间生活在闽北，在此他亲自创设和修复了三所具有代表性的书院（精舍），即考亭书院、寒泉精舍和武夷精舍。这些书院在教学方法上采用"质疑辩难"，在教学对象上实行"门户开放"，在师生关系上推崇"以生为本"。倡导开放平等和重视思辨的办学特色使得朱熹在闽北书院的学术研究和教育教学上都取得了良好的效果，由此孕育产生的考亭学派就是书院教育的硕果。

---

① （清）王懋竑：《朱子年谱》卷2，中华书局1998年版，第87页。
② （清）王懋竑：《朱子年谱》卷4，中华书局1998年版，第224页。

第一章　中国传统书院教育的历史流变

南宋时期除了以朱熹为代表的闽学，还有以张栻为代表的湖湘学、以陆九渊为代表的心学、以吕祖谦为代表的婺学、以陈亮为代表的永康之学、以叶适为代表的永嘉之学，等等。这些影响力颇大的学派在学术研究上互相砥砺，在书院教育中相互竞争，极大地推动了传统书院的大发展。反之亦然，书院的发展又进一步推进了理学的繁盛。大力推进学术研究与书院教育紧密相连，使得学术与书院互为表里，这是朱熹对书院教育发展最大的贡献。

2. 传统书院制度在南宋正式确立

学界普遍认同中国传统书院制度的确立始于南宋时期。南宋书院的勃兴，除了表现为书院数量的增加、书院规模的扩大，更重要的是体现为书院制度的确立和完备。

第一，书院基本规制日趋完善。藏书、刻书、学术研究、传道授业、祭祀学派祖师、经营田产等成为南宋书院的六大事业，这表明书院已经成为一个功能齐全而且可以独立运作的教育机构。邓洪波认为形成于北宋的书院四大基本规制，经由南宋理学家的努力扩展为研究、讲学、藏书、刻书、祭祀、学田六大事业。应该说，从"四大"到"六大"，是规制的完善，是事业的衍生与扩充，这是发展的一个方面。而回首审视，书院的基本规制仍然固守未变，研究源生于讲学，藏书和刻书实质还是书的流程中的两个时断。因此，书院的六大事业也就可以等视为书院四大基本规制的完善。①

第二，书院组织管理规范有序。由教育教学、学术研究、行政管理、学生自治、藏书制度和经费运行保障等几大部分形成的书院组织架构基本形成，并且日趋完善。尤其是至南宋末，各地书院普遍具备了常规性的经济来源，这对于书院的长期存在和发展，起到了重要的保障作用。此时，常规固定的经济来源，大致为三种类型：官府拨田、官吏捐款和书院自筹。例如，江苏的明道书院，建立之初由"帅府累次拨到田产四千九百八十亩，岁入米一千二百六十九石，稻三千六百六十二斤，菽麦

---

① 邓洪波：《简论南宋书院的六大事业》，《大学教育科学》2005年第1期。

一百一十余石，折租钱一百一十贯七百文。又有白地房廊钱，本府每月拨下赡士"①；江西庐陵州州守建白鹭洲书院，"置田租八百石有奇，绕城濠池，岁入租银五十两赡生徒"②。宗族书院也大多置有学田。例如，徽州府程大昌创办休宁西山书院，郑玉创办歙县师山书院，胡炳文等创办婺源明经书院，谢琼创办祁门南山书堂等。③ 福建建宁东山书院，为杨姓公建，"置田延师，训课学者"。④ 江西广丰白石书院，"立有学田，以教族里子弟"。⑤ 除了经费充足，南宋书院的藏书都比较丰富。应天府书院在成立之初就"建学舍百五十间，聚书千五百卷"⑥。理学大儒魏了翁所创鹤山书院，藏书十万卷，有"得秘书之副而传录""访寻于公私所版行者"的美誉。⑦ 相比之下，宋朝国家秘府藏书还不到十万卷。⑧ 浩如烟海的藏书为书院提供了研究和教学的充足保障。

第三，书院章程制度自觉形成。各书院开始制定并执行学规、规程、揭示、学榜等不同名目的规章制度以规范自身行为，并且明确教育目标与学术主张。其中，《白鹿洞书院揭示》成为各个书院的标准条规和共同准则。除此之外，《岳麓学规》等一系列书院学规典范开始出现。有学者认为这种自觉的举措，是书院制度走向成熟并最终确立的标志。⑨

3. 书院与学术的"共同体"趋势

南宋时期书院发展最为显著的特色是：书院与理学形成了密切结合、相互促进、共同繁荣的局面。这也是中国教育史、学术史和思想史上一个非常引人瞩目的现象。

---

① （宋）周应合等纂修：《景定建康志》卷29《建明道书院》，嘉庆六年刊本。
② （清）定祥修：光绪《吉安府志》卷19《学校志·书院》，台湾成文出版社1975年版，第610页。
③ （清）丁廷楗等纂修：康熙《徽州府志》卷7《营建志上·学校》，清康熙三十八年刻本。
④ （清）陈寿祺纂修：同治《福建通志》卷65，台湾华文书局股份有限公司1968年版。
⑤ （清）刘坤一等纂修：光绪《江西通志》卷82，江苏广陵古籍刻印社1987年版。
⑥ （清）毕沅：《续资治通鉴》卷28《真宗大中祥符三年》，中华书局1979年版，第128页。
⑦ （宋）魏了翁：《鹤山集》卷41《书鹤山书院始末》，《四部丛刊》本。
⑧ （宋元）马端临：《文献通考》卷174《经籍考》，乾隆十二年刊本。
⑨ 邓洪波：《中国书院史》，东方出版中心2006年版，第154页。

第一章　中国传统书院教育的历史流变

学界普遍认同"书院的兴起和理学发展曾经结下了不解之缘，有着相互推动、互为因果的血肉联系"①的说法。更有学者指出："书院和理学的一体化，是南宋书院发展的最大特点……书院是理学的基地，理学为书院的精神，而且，二者盛衰同时，荣辱与共，有着休戚相关的共同命运。"②学者们分析产生这一现象的原因时，具有代表性的观点，例如，白新良认为，由于当时统治集团内部的斗争，既得利益集团对道学多有限制，为传播自己的思想，理学家们只能利用私立书院，借书院作为讲学之所。③邓洪波认为，南宋一代书院的特点是对抗俗学与科举利诱之习，"正是南宋的理学家们，以其特有的社会责任感，承担着'讲道''传道'的历史使命，掀起了书院复兴运动，并以建设书院的目标和理想，使发展中的书院深深留下了理学家的时代烙印"④。徐梓在论及南宋书院作为理学传播阵地的原因时谈到，朱熹及其弟子们在当时严酷的政治环境中（理学被视为伪学而遭禁废），"不可能利用官学的阵地来传播学术，只能自创书院、自立讲坛以研习学问，明确学统"⑤。李兵则提出截然不同的看法，认为在南宋书院发展史上，科举是促进书院发展的主要因素之一，并且以朱熹为例考察了进士活动与书院发展的紧密联系。⑥肖永明在考察书院与宋元理学关系时，阐释了别样说法，他认为"理学与书院的结合并非完全是理学家基于客观情势的被动选择，而是在很大程度上出于一种自觉的理性的选择。这一选择又与理学思想学术形态自身的价值追求、理论特点和书院这一文化教育机构的性质、组织方式和特点有关"⑦。无论书院研究者们从何种视角分析这一原因，不争的事实是，南宋时期传统书院与学术研究已经形成了命运"共同体"

---

① 李国钧主编：《中国书院史》，湖南教育出版社1998年版，第38页。
② 邓洪波：《中国书院史》，东方出版社2006年版，第136页。
③ 白新良：《中国古代书院发展史》，天津大学出版社1995年版，第18页。
④ 邓洪波：《中国书院史》，东方出版社2006年版，第123页。
⑤ 徐梓：《元代书院研究》，社会科学文献出版社2000年版，第15—16页。
⑥ 李兵：《书院与科举关系研究》，华中师范大学出版社2005年版，第99—103页。
⑦ 肖永明：《儒学·书院·社会——社会文化史视野中的书院》，商务印书馆2012年版，第197—198页。

趋势。

　　南宋时期徽州书院的勃兴与理学发展之互动关系最为典型。宋代理学奠基人程颢、程颐及理学集大成者朱熹的祖籍均在徽州府治下歙县。古徽州地区作为程朱桑梓之邦，历来就有"程朱阙里"之称，以坚持和传播理学为己任。据民国《重修婺源县志》载，淳熙三年（1176）春二月朱熹回婺源扫墓，"日与乡人子弟讲学于汪氏之敬斋，随其资禀循诱不倦，至六月旬乃去"①。朱熹的此次归乡之行并讲学乡里，影响最大。此后，徽州书院出现了迅速发展。在朱熹的一生中，至少有两次②回婺源省亲、扫墓，并在徽州授徒和讲学。朱熹第一次回婺源扫墓是在绍兴二十年（1150），其间还拜望了歙县的外祖父祝确先生，游览了紫阳山、南园寺等风景名胜。淳熙三年（1176）春，已是饱学硕儒的朱熹在门人蔡元定的陪同下再次回到故乡，受到了当地官员、族人以及门生故旧的热情接待。朱熹不仅赠书于当地县学，而且又在朋友汪清卿家讲学，问难答疑、诲人不倦。③朱熹每次返乡均讲学访友，传播理学。回到福建之后，朱熹仍对桑梓之邦念念不忘，经常与徽州士人有书信往来，互通磋学之道。④徽州府最大的紫阳书院也是为祭祀朱熹而建。南宋理宗淳祐六年（1246），太守韩补在歙县南门的临河并面向紫阳山的地方，创建书院以祀朱熹，并请理宗御书"紫阳书院"匾额悬于书院正门。⑤

　　除朱熹及其弟子外，还有休宁的程大昌、程若庸、陈栎、赵汸、朱升、范准，歙县的郑玉、钱时、吴曰慎，婺源的胡炳文，黟县的李希士，祁门的汪克宽、谢琼等儒家学者。他们不但潜心钻研程朱理学，而且还到处创办书院，积极传播程朱理学。如程大昌创办休宁西山书院、胡炳

---

　　① 葛韵芬等修：民国《重修婺源县志·朱子世家》，民国十四年刻本。
　　② 关于朱熹回婺源的次数，有两次和三次之说，学界争论的焦点在宁宗庆元二年（1196）朱熹有没有第三次回到婺源。但前两次回乡是确定无疑的事实。
　　③ （明）赵汸：《程朱阙里志》卷4《晦庵先生年谱》，明万历刻本。
　　④ 据侯外庐先生统计，与朱熹书信来往的学生有200人左右，其中包括了众多徽州籍学子。详见侯外庐主编《宋明理学史》上卷第13章《朱熹的理学思想》（下），人民出版社1997年版，第423页。
　　⑤ （清）施璜：《紫阳书院志》卷18《艺文·紫阳书院建迁源流记》，清雍正三年刻本。

第一章 中国传统书院教育的历史流变

文等创办婺源明经书院、郑玉创办歙县师山书院、谢琼创办祁门南山书堂、朱升在休宁商山书院讲学、汪克宽在祁门中山书堂主讲。① 他们均是以书院为基地来实现其教育目标，宣传其学术思想，由此也推动了徽州书院教育的发展。由于朱熹等人推动的理学传播，不仅使徽州书院获得了迅速发展，也改变了徽州一地的学术风气。理学传播之前，徽州地区虽教育发达、儒风茂盛，但是士子们多倾心科举应试，而在朱熹的学术教育活动影响之下，徽州学风为之一变，正如地方志中所载："自唐宋以来，卓行炳文，固不乏人，然未有以理学鸣于世者。至朱子得河洛之心传，以居敬穷理启迪乡人，由是学士各自濯磨以冀闻道。"②

此外，陆氏学子在书院与理学结合方面也作出了贡献。江西东湖书院是陆学中心所在。淳祐年间，王遂作《重修武夷书院记》，将东湖书院与白鹿洞书院、岳麓书院和考亭书院并提。南宋著名理学家、蜀学集大成者魏了翁也说，东湖书院与濂溪书院等"皆尝有请于朝，风声所形，闻者兴起"③。远在四川和福建的学者皆闻其声而称其名，这说明陆学与书院的互动发展也相当成功。

通过南宋理学家们的努力，理学与书院二者之间从形式到内容相互交融渗透，形成一种互为依托、互为表里、盛衰同时、荣辱与共的命运"共同体"关系。

二 元代书院的官学化

元代是中国历史上第一个由少数民族建立的封建大一统王朝。正如马克思著名论断"野蛮的征服者总是被那些他们所征服的民族的较高文明所征服，这是一条永恒的历史规律"④ 中的描述一般，元政权建立后，统治者大肆笼络汉族士人，重视教育和奖励书院创建，以期实现对文化

---

① （清）丁廷楗等纂修：康熙《徽州府志》卷7《营建志上·学校》，清康熙三十八年刻本。
② （清）吴鹗修：光绪《婺源县志》卷3《风俗》，清光绪九年刻本。
③ 陈谷嘉、邓洪波主编：《中国书院史资料》，浙江教育出版社1998年版，第130页。
④ 《不列颠在印度统治的未来结果》，《马克思恩格斯全集》第9卷，人民出版社1961年版，第247页。

17

中国传统书院教育及其当代价值研究

思想的控制。早在中统二年（1261），元世祖即有诏令，曰："凡有书院，亦不得令诸人骚扰。"① 至元二十八年（1291），再次明文昭示："先儒过化之地，名贤经行之所，与好事之家出钱粟赡学者，并立为书院。"② 在确保书院经费方面，明确要求"路府州书院，设直学以掌钱谷"③，为书院建设提供基本保障。

在元代中央政府的倡导下，全国书院的发展呈一派繁荣气象。正如时人许有壬所言："我皇元戡定伊始，即崇文教，南北既一，簧舍遂遍区宇，渐濡百年，而书院之辟，视前代百倍矣。"④ 清代学者甚至评价说："书院之设，莫盛于元，设山长以主之，给廪饩以养之，几遍天下。"⑤ 因此，在倡建书院的有利环境下，元代书院承继了南宋时期蓬勃发展的势头，并呈上升趋势。当然，这种蓬勃发展仅就全国书院的数量而言。⑥

元代书院发展的显著特征是官学化趋势日益加强，这也成为我国传统书院性质发生重大转变的因素之一。元统一江南后，汉族的儒家学者不愿在元朝政府中做官，也不愿到元朝政府的官学中去任教，而是退居书院中自行讲学。元朝政府对此采取因势利导的方针，采取各种措施加强对书院的控制，使书院进一步走向官学化。从此，书院渐渐失去了志在修身问道、研讨学术的初衷，被纳入官学系统，成为科举之附庸。具体而言，元朝政府采取了以下三方面的措施来加强对书院的控制，使书院日益官学化。

首先，控制书院办学的行政权。

元代中后期，书院山长或洞主由朝廷和地方政府委任。他们作为朝

---

① 《元典章》卷31《礼部·禁止骚扰文庙》，清末石印本。
② 《元史》卷81《选举志一·学校》，中华书局1976年版。
③ 同上。
④ （元）许有壬：《猴山书院记》，《至正集》卷43《记》，咸丰元年刊本。
⑤ （清）朱彝尊：《日下旧闻》卷11《国朝宫室》，清康熙二十七年刻本。
⑥ 目前学界对元代书院数量的考证，主要有四种意见：一是227所，以曹叶松为代表；二是296所，以陈谷嘉、邓洪波为代表；三是406所，以白新良为代表；四是408所，以王颋为代表。分别参见以下著作：曹叶松《宋元明清书院概况》，《中山大学语言历史研究所周刊》第十集，第111—115期，1929年12月至1930年1月版；陈谷嘉、邓洪波主编《中国书院制度研究》，浙江教育出版社1997年版，第356页；白新良《中国古代书院发展史》，天津大学出版社1995年版，第37页；王颋《元代书院考略》，《中国史研究》1984年第1期。

第一章 中国传统书院教育的历史流变

廷命官,被纳入官制系统,并按品级领取官俸。按有关规定,命于礼部及行省及宣慰司者"曰学正、山长、学录、教授,路、州、县及书院置之";散府书院,设山长二员,其官俸为"月请粮米三石,钞一两"。①元代后期,民办书院山长也要经由政府选派或任命,民办书院实际已被纳入地方官学的系统,变为府州县学的附庸。②元代统治者尊崇程朱理学,由政府创建的全国首所书院——"太极书院记"中有明确表述:"庚子、辛丑间,中令杨公当国,议所以传继道学之绪,必求人而为之师,聚书以求其学,如岳麓、白鹿建为书院以为天下标准,使学者归往,相与讲明,庶乎其可。乃于燕都筑院,贮江淮书,立周子祠,刻太极图及《通书》《西铭》等于壁。请梦云赵复为师儒,右北平王粹佐之,选俊秀之有识度者为道学生。推本谨始,以太极为名,于是伊洛之学遍天下矣。"③在统治者的倡导和控制下,元代各级书院几乎都以程朱理学为教学和讲学的内容。

其次,控制书院师资的聘用权。

元代书院的直学、教授等须经礼部、行省或宣慰司延聘、审批或在朝廷备案。上述这些人的任职都需院、台的推举和政府的委任,即"凡路、府、州书院,设直学以掌钱谷,从郡守及宪府官补试。直学考满,又试所业十篇,升为学录、教谕。凡正、长、谕(学)、录、教谕,或由集贤院及台宪等官举充之"④。至元二十八年(1291)又规定,州县书院的山长与学正、学录、教谕一样,"并受礼部付身";各省所属书院的山长,则与所属州县学正、学录、教谕一样,"并受行省及宣慰司札付"⑤。学官历考合格后可依次递升,"正、长一考,升散府上中州教

---

① 佚名:《庙学典礼》卷2,转引自陈谷嘉、邓洪波主编《中国书院史资料》,浙江教育出版社1998年版,第279页。
② 徐梓:《元代书院研究》,社会科学文献出版社2000年版,第63页。
③ (元)郝经:《陵川集》卷26《太极书院记》,文渊阁《四库全书》本,上海古籍出版社1987年影印本,第1192册,第288—289页。
④ (明)宋濂:《元史》卷81《选举志》,中华书局1976年版。
⑤ 同上。

19

授","上中州教授又历一考,升路教授"。① 此外,书院学生的待遇与各级官学学生的待遇一样。书院学生和京学及州县学生徒一样,肄业后经守令举荐、台宪考核后,或"用为教官"或"取为吏属"。由此可见,书院的师资延聘和待遇与官学的师生已相差无几。

再次,控制书院经费的运用权。

元朝政府通过调拨财物,派遣官员监督等措施对书院经费进行控制。至元二十三年(1286),忽必烈下令将战争期间强占的学田归还学校,严禁以各种名目处置学校和书院的学田。灭宋后,下诏明令:"复给本学,以便教养。"② "世祖平定江南,诸色财富皆归有司,惟养士田粮仍赐于学。"③ 此后,官府还陆续拨置学田给书院。元成宗即位后,继续前朝承让和保护书院的政策,并且继续拨置官田以补书院经费。例如,元成宗早在即位诏书中明确:"其无学田去处,量拨荒闲田土,给赡生徒。"④ 在政府政策的支持下,元代各地书院大多拥有学田,有些数量可观。例如,镇江淮海书院有田一百三十五顷七十亩二分六厘,地五十五顷四十九亩一厘三毫,山九十二亩四分一毫,水池一亩。濂溪书院有田八百三十七亩,地一百四十亩,山一百七十四亩。⑤ 在置拨官田扶持书院发展的同时,元朝官办书院呈增长之势。据学者统计,元代官办书院数量与两宋相比,增加了约两个百分点;官办书院中朝廷直接兴办的数量较少,地方官府创办的数量居多。⑥

最后,元政府还对书院的招生、考试和生徒肄业后的出路等方面严格控制。由此,传统书院自由讲学和自主教学的特色逐渐淡化消失,最后沦为科举的附庸。不过,元朝政府对书院改造所持的极为审慎的理性态度,值得注意。通过元朝政府政策的鼓励和控制,元朝前后不到百年,

---

① (明)宋濂:《元史》卷81《选举志》,中华书局1976年版。
② (明)宋濂:《元史》卷9《世祖本纪》,中华书局1976年版。
③ (清)阮元:《两浙金石志》卷15《嘉兴路重修庙学碑》,清光绪十六年刻本。
④ (明)宋濂:《元史》卷19《成宗本纪》,中华书局1976年版。
⑤ (元)俞希鲁纂:至顺《镇江志》卷11《学校》,清同治二年刊本。
⑥ 曹叶松:《宋元明清书院概况》,《中山大学语言历史研究所周刊》第十集,第111—115页,1929年12月至1930年1月。

第一章　中国传统书院教育的历史流变

书院的数量远远超过了宋代。另外，元朝政府制定的书院政策，也缓和了汉族知识分子的反抗情绪，争取和团结了一批知识分子为元朝服务，元朝政府也通过书院培养了一批统治人才。元代书院发展体现出的最大贡献是将书院范围推广至北方；管理制度推陈出新，将书院的管理职能和教学功能区分开，有利于书院教育组织的有效运行。

宋元时期可以视为我国传统书院教育发展的第二个大的阶段，是书院教育的发展期和成熟期。经过这一时期的发展，传统书院逐渐成为一个普遍性的教育组织，书院的教育理念、办学宗旨、培养目标、课程设置和教学风格等都日益规范和完善。

三　明代中期书院的普及与新气象

明朝建立之后的百余年间，兴办官学和提倡科举一直是政府教育的重点，并且规定"非学校不能科举"，书院教育因而一直处于沉寂状态。史载："明初教士，一归学校，讲学书院之风一变，其存者徒以崇祀儒先耳。"① 明初，政府为着力兴办官学，甚至禁绝各地书院，下令"改天下山长为训导，弟子员归于邑学"，造成"书院因以不治，而祀亦废"②。与此同时，明朝的官学得以极大发展，一时间形成"明天下府、州、县、卫、所，皆建儒学……无地而不设之学……此明代学校之盛，唐宋以来所不及"③ 之盛况。直到正德年间（1506—1521）书院教育才渐渐恢复，至嘉靖年间（1522—1566）大盛。这一变化与王守仁和湛若水的书院讲学有密切联系。从正德年间到万历年间，"王学"得以迅速传播并飞速发展，再到明末禁毁书院而急剧衰落。明代书院的发展情况大致可以分为"沉寂—勃兴—禁毁"几个主要阶段。

（一）"王湛讲学"与明代书院的兴盛

王守仁（1472—1528），字伯安，浙江余姚人，别号阳明，世人尊称阳明先生。阳明先生继承陆九渊的学说，自创"心学"学说，与当时

---

① 柳诒征：《江苏书院志初稿》，《江苏国学图书馆年刊》1931 年第 4 期。
② （清）张廷玉等：《明史》卷69《选举志》，中华书局1974 年版。
③ 同上。

21

思想界和教育界占统治地位的"理学"相对抗。王阳明一生重视创建书院和书院讲学,这与他对当时的教育风气不满以及实施自己的学术抱负和政治理想有紧密的联系。他批评程朱理学机械记诵辞章的陋习,使人"章绘句琢以夸俗,诡心色取,相饬以伪……而圣人之学遂废"①。他批评当时官学弊端"自科举之业盛,士皆驰骛于记诵辞章,而功利得丧,分惑其心,于是师之所教,弟之所学,遂不复知有明伦之意",由此导致的教育风气和社会风气是"从册子上钻研,名物上考索,形迹上比拟。知识愈广,而人欲愈滋;才力愈多,而天理愈蔽"②。

王阳明书院教育思想和书院实践活动初始于贵州。从贵州"龙场悟道"到创建龙冈书院以及讲学贵州等地书院,这是"心学"的初创阶段。在龙冈书院创立之初,"诸生闻之,亦皆来集"③。从《龙场生问答》到《教条示龙场诸生》,王阳明的书院教育思想基本形成。贵州龙场不仅是王阳明首次从事书院教学实践的地方,也是他的悟道之所。据《年谱》记载,阳明"日夜端居澄默,以求静一,久之,胸中洒洒……忽中夜大悟格物致知之旨,寤寐中若有人语之者,不觉呼跃,从者皆惊。始知圣人之道,吾性自足,向之求理于格物者误也。乃以默记《五经》之言证之,莫不吻合,因著《五经忆说》"④。从某种意义而言,"龙场悟道"是心学成立的标志;"龙冈讲学"是心学传播的开始。王阳明在一生二十多年的书院教育实践活动中,形成了自己独特的"书院观",包括他对书院教育的看法、书院的教学方法、书院的制度化建设、书院与学术的关系以及书院的社会教化功用,等等。

王阳明坚持不懈的书院教育和讲学活动,培养和造就了一大批书院讲学人才。王阳明逝后,他的高徒和学生们也纷纷建立书院,一方面以纪念其师,一方面传播其心学学说。经过王阳明弟子在书院教育活动中

---

① (明)王阳明:《王文成公全书》卷7《别湛甘泉序》,《四部丛刊初编·集部》,上海商务印书馆1922年版。
② (明)王阳明:《王文成公全书》卷1《传习录·上》,《四部丛刊初编·集部》,上海商务印书馆1922年版。
③ (明)王阳明:《王阳明全集》卷19《龙冈新构》,上海古籍出版社1992年版,第197页。
④ (明)王阳明:《王阳明全集》卷33《年谱一》,上海古籍出版社1992年版,第1228页。

第一章 中国传统书院教育的历史流变

的努力,形成了贵阳、龙场、思南、凯里、都匀五大黔中"王学"重镇,并掀起了三次书院讲学运动高潮。王门弟子的讲学活动集中在嘉靖年间,分布在江西、福建、浙江、湖南、广东、安徽、河南、山东、江苏等地。上述地区的书院数量均比前代有所增加。例如,徽州地区王学风行,王门高弟钱德洪、邹守益、王畿、刘邦采等一度主讲紫阳书院,"正德壬辰,郡守熊公迁废寺以都形胜,增置堂庑斋舍,凡若干楹,为台为池,莫不备具。乃简七校之士讲业其中,一时人文盖彬彬矣"①;"嘉靖中,南海、东越、西江言学六七君子结辙而入新都(即新安)。过海阳,递式阙里,六邑之士,多就之者。紫阳讲诵之风,视泗河汾垮矣"②。王门弟子的讲学实不拘于地域,各地讲学交流频繁。王畿曾言:"时江、浙、宣、款、楚、广,会城名区皆有讲会书院,随地结会,同志士友咸设皋比以待。"③ 此外,以江西、浙江两省王门学者为主体而建立了"江浙大会"。邹守益曾说:"先师云亡,浙、江为大会,以振微言。乙酉(1549)会于冲玄。庚申(1560)复会于怀玉。怀玉高邃,无力者不能往,乃会徽、宁、芜湖、广德同志以聚于广信。"④ 可见,阳明心学和阳明学派在当时的影响力,并且直接带动了区域书院教育的兴盛。

另一位有力推动明代书院教育的是湛若水。阳明学派的宗旨为"致良知",甘泉学派的宗旨为"体认天理",二人学说并立,时称"王湛之学"。"王、湛两家,各立宗旨,湛氏门人,虽不及王氏之盛,然当时学于湛者,或卒业于王,学于王者,或卒业于湛,亦犹朱、陆之门下递相出入也。"⑤ 可见,湛若水与王阳明比肩并驱,都是明中后期的硕儒,对传统书院教育和思想界影响深远。

---

① 许承尧:民国《歙县志》卷15《艺文志·汪道昆重修紫阳书院记》,民国二十六年刊本。
② (清)廖腾煃修:康熙《休宁县志》卷7《艺文志·邵庶还古书院碑记》,康熙三十二年刻本。
③ (明)王畿:《绪山钱君行状》,《龙溪王先生全集》卷20,万历十五年刻本。
④ (明)邹守益:《广信讲语》,《东廓邹先生文集》卷7《答问》,清刻本。
⑤ (明)黄宗羲:《明儒学案》卷37《甘泉学案一》,中华书局1985年版,第875页。

23

湛若水（1466—1560），初名露，字民泽，避祖讳改名为雨，广东增城县甘泉都（今广州市增城区新塘镇）人，世人尊称"甘泉先生"。据罗洪先《墓表》记载，湛若水在家乡广东地区办有19所书院，在外省办有17所书院。① 从《墓表》所见，湛若水创建的书院遍及江苏、安徽、广东等地，影响广泛。湛若水是著名儒学大师陈献章的学生，他所建书院中必祭祀其师。据《明儒学案·甘泉学案一》记载："（湛若水）平生足迹所至，必建书院以祀白沙，从游者殆遍天下。"② 甘泉先生高龄95岁，曾有55年间无日不授徒，无日不讲学，"平生所至，必建书院"。③ 直至临终前尚讲学于龙潭书院和回禺山书院。

在甘泉先生创建和讲学的诸多书院中，云谷书院和大科书院占据着重要地位。云谷书院建于正德十二年（1517），是西樵四书院中最早建立的，位于西樵大科峰之南的天峰之下。④ 正德十四年（1519），湛若水五十岁时在家乡创办了大科书院，其言："五十忧病归西樵，樵中有烟霞之洞，四方英才集焉。乃胥与集石为台，因台集木为居，为堂，为馆，为讲学进修之地。以迩大科峰，因曰大科书院。"⑤ 他亲自订立著名的《大科训规》和《大科书堂训》（共61条），明确"大科书院"办学宗旨与官学迥异之处为："朝廷立有大学及府州县学，所以教养人材甚密，本书院不过初为退居求志之地，四方儒士而相从，间有生员向慕而来，亦在所不却。"⑥ 大科书院是湛甘泉书院教育实践的典范，也是传统书院精神的榜样。据《广东新语》载："其曰石泉书院者，方文襄所营，在紫云峰。曰大科书院者，湛文简所营，在大科峰。曰四峰书院者，霍文韬所营，在鸡冠、紫姑、龙爪、聚仙四峰之间。当时三书院鼎足而立，三公讲学其中历十年。世宗御极，相与应诏而起。方为内阁辅臣。霍为

---

① （明）湛若水：《湛甘泉先生文集·外集》卷32《罗洪先·墓表》，齐鲁书社1997年版。
② （明）黄宗羲：《明儒学案》卷37《甘泉学案一》，中华书局1985年版，第876页。
③ （清）张廷玉等：《明史》卷283《儒林二》，中华书局1974年版。
④ （清）刘南畲：《西樵游览记·名贤》卷10，清乾隆五十五年刊本。
⑤ （明）湛若水：《湛甘泉先生文集》卷6《大科训规》，齐鲁书社1997年版。
⑥ 同上。

第一章 中国传统书院教育的历史流变

太子少保礼部尚书，入弼东宫。湛为南京兵部尚书，参赞机务。同时尊显。"① 湛若水与其他两位儒学名士在西樵山创建书院并积极讲学的活动，推动了岭南区域书院教育的兴盛，并在全国形成了传播"心学"的一大重镇和基地。

综上所述，王阳明和湛若水两位书院大师及其弟子的书院建设和讲学活动，直接推动了明中期传统书院的复兴，是明代书院勃兴的直接原因和关键因素。

（二）明中叶以后的四毁书院与明代书院的劫难

明代书院因"王湛"讲学而兴盛，却也恰恰因讲学而招致数次禁毁的厄运，并因此走向衰落。明嘉靖以后因受政治斗争和学派斗争的影响，传统书院命运多舛，屡遭劫难，甚至遭到四次全国性禁毁。嘉靖十六年（1537）和嘉靖十七年（1538）的两次禁毁书院，《明史》为了掩盖未予记载。我们在《续文献通考·学校考》和《皇明大政记》中可以找到相关的记载。②

嘉靖十六年（1537），御史游居敬以湛若水"倡其邪说，广收无赖，私创书院"③ 为借口，上疏要求罢黜各地私创书院。明世宗遂诏从其言，造成了明朝历史上第一次禁毁书院。此次禁毁书院，根本原因是"王湛心学"动摇了宋元以来由官府树立的程朱理学的统治地位，从而引起了明朝政府的警惕。嘉靖十七年（1538），吏部尚书许赞以朝廷学校废坏不修而别起书院，造成"动费万金，供亿科扰尤甚"④ 为借口，请旨继续禁毁天下书院，这是明代第二次禁毁书院。嘉靖年间两次禁毁书院，湛若水只是禁毁书院和禁止讲学的突破口，打击的对象还有王阳明及其弟子，打击的范围由南京进而扩展至全国。

第三次禁毁书院发生在张居正当政时期。张居正变法中教育变革的思想首先体现在要求天下学人以重实学为念。他强烈反对空谈之风，认

---

① （清）屈大均：《广东新语》，中华书局1985年版，第466页。
② 张晓婧：《明代安徽书院研究》，硕士学位论文，安徽师范大学，2007年。
③ （明）王圻：《续文献通考》卷60《学校考》，万历三十一年刻本。
④ （明）朱国祯：《皇明大政记》，《四库全书存目丛书》，齐鲁书社1997年版。

为："以足踏实地为功，以崇尚本质为行，以遵守成宪为准，以诚心顺上为忠。"① 其次，他认为书院自由讲学必然会摇撼朝廷，扰乱名实。《万历野获编·卷八》载，"张居正最憎讲学，言之切齿"，遂于万历七年（1579）正月，"诏毁天下书院"②，造成明朝历史上第三次禁毁书院。从张居正的愿望来看，他欲将官学与书院合二为一，从而一统天下教育。因此，他的政令十分严厉，拆毁的书院非常多。据《明通鉴》第六十七卷记载："万历七年春正月戊辰，诏毁天下书院。先是，原常州知府施观民，以科敛民财，私创书院，坐罪褫职。而是时大夫竞讲学，张居正特恶之，尽改各省书院为公廨，凡先后毁应天等府书院六十四处。"③ 但是，当时国学衰微，地方官学名存实亡，书院讲学制度已深入士人之心，社会影响较大；加之张居正于万历十年（1582）卒去，此次推行禁毁书院的措施也就烟消云散了。

天启年间，宦官魏忠贤当道，东林党人以东林书院为阵地和中心大肆抨击其各种恶行。为铲除异己，"阉党"把禁毁书院作为打击东林党人的重要手段，东林书院首先成为政治斗争的牺牲品。天启六年（1626）正学御史张讷请毁首善，且言："海内书院最盛者四：东林、江右、关中、紫阳。南北主盟，互相雄长。余懋衡、冯从吾、邹元标、孙慎行为四大头目，并宜处分。遂俱削夺一切。书院皆毁，买以助殿工。"④ 魏忠贤见到御史张讷的奏疏后，由此借口矫旨禁毁天下书院，将"东林、关中、江右、徽州（紫阳）一切书院，俱著拆毁。暨田土房屋，估价变卖，催解助工"⑤。至同年五月，东林书院几乎被夷为平地，不留片瓦寸椽，院内树木也遭砍伐一空，禁毁殆尽。可以看出，同前三次相比较，此次禁毁书院完全是出于政治斗争的需要，以禁封士大夫之口。因而，天启之毁的内在原因是宦官魏忠贤残害"东林学派"。在明代学

---

① （明）张居正：《答南司成屠平石论为学》，《张太岳集》，上海古籍出版社1983年版，第362页。
② （清）张廷玉等：《明史》卷69《选举志一》，中华书局1974年版。
③ （清）夏燮：《明通鉴》卷67，中华书局1959年版，第2613页。
④ （清）徐开任：《明名臣言行录》卷83《尚书余公懋衡》，清康熙刻本。
⑤ 《明实录》卷130《明熹宗实录》卷62，台湾"中央"研究院历史语言研究所1962年版。

第一章　中国传统书院教育的历史流变

术史上，东林学派与其他学派均有区别，它不是一个纯粹的学术流派，而是关注现实的政治流派。东林学派演变成东林党①是政治斗争所导致的。东林党人以书院为基地积极议政、参与社会现实讨论，试图恢复正常统治秩序。而以魏忠贤为首的"阉党"结党营私，专断国权，对公开抨击他的东林书院深恶痛绝，以致不问其他书院所讲内容，都一律冠以"聚众讲学、结党营私"的罪名加以毁弃，造成传统书院教育的大劫难，对明代教育、文化产生了极其恶劣的影响。

（三）书院与政治：东林书院的学风

第四次所要禁毁的东林书院，是明朝后期最著名的书院之一。东林书院"创建于宋，延续于元，兴盛于明，普及于清"，是一座历史悠久的书院。北宋政和元年（1111），知名学者杨时于无锡城东七箭河畔创建东林书院（又称龟山书院）。东林书院在明代之所以著名和兴盛，主要有两个原因：其一，完备的东林讲会制度使之成为学术交流的中心；其二，心忧天下、密切关注时政的讲学，将学术活动和政治斗争紧密结合起来。据《明史》载："八月壬午，毁天下东林讲学书院。"② 以东林书院而泛称"天下讲学书院"，表明东林书院已成为天下书院的代名词，体现出它在全国极强的政治影响力。

东林讲会倡导经世务实而反对阳明后学的空疏虚浮。顾宪成等人主要的社会活动是在东林书院及附近其他书院讲学论道，但是，他们对于时政的关注热情并没有丝毫的降低。因此"讲习之余，往往讽议朝政，裁量人物"③，力图通过"清议"来影响朝政。关于东林讲会的盛况，胡佳胤于万历三十七年（1609）曾有亲历并且记载道："仲秋十九日，吴子往邀余入东林社。时泾阳先生为会主，而高、刘诸公翼之。予与子往，及一方外楚人为客，列东西坐。坐定，泾阳先生讲《孟子》首章，析义利之旨。自是互相送难，及尽心、天命诸义。讲罢，一人从东席趋下，

---

① 学界关于东林学派可否称为东林党有着争论。具体参见赵承中《东林是党非党问题研究综述》，《南京晓庄师范学院学报》2009年第1期。
② （清）张廷玉：《明史》卷22《熹宗本纪》，中华书局1974年版。
③ （清）张廷玉：《明史》卷231《顾宪成传》，中华书局1974年版。

中国传统书院教育及其当代价值研究

正立揖,出所书魏庄渠先生励学语读一过,闻者悚然。罢会,设鸡黍供客,酒数巡,各散出。微言久绝,此会为东南领袖,风动四方,真千古一事矣!"① 诚如黄宗羲所言:"东林何不幸而有是也?东林何幸而有是也?然则岂真有名目哉?亦小人加之名目而已矣!"②

以顾宪成和高攀龙为代表的东林书院领袖人物还频频出访其他书院,举行讲会活动,这种学术上的互动交流进一步扩大了东林书院的影响,以致最终形成一个以东林书院为中心,涵盖附近周围书院的书院网络,学者称其为"东林书院网络"。陈时龙认为:"吴中东林书院网络的形成,是东林、江右、徽州、关中四大书院群进一步结成为一个遍及全国的书院网络的基础,而 1624 年由邹元标、冯从吾、高攀龙三人主持的京师首善书院的建成,标志着晚明全国性书院网络的结成,也标志晚明讲学书院互通声气之高峰。"③"东林"的声名越来越大,史料记载:"三十八年二月东林时为清议所归,海内称公顾宪成曰东林。近而同乡诸贤,远而吉水、高邑、及一时守正忤权、建言抗节者概籍之曰东林人,而闻声附和之流亦皆自负以为我东林人也。"④ 吴应箕在《东林本末》中说:"予追溯东林所自始,而本之于争夺情,以其为气节之倡也。"⑤ 万历年间,吏治腐败和政治衰落,而东林党那种积极有为、"立朝居乡,无念不在国家,无一言一事不关世教"⑥ 的忧世态度则彻底改变了沉闷压抑的士风。东林书院著名的对联"风声雨声读书声声声入耳,家事国事天下事事事关心",至今让人感慨和怀念书院学子的"家国情怀"。

明代是传统书院发展历史中极为关键的阶段,发挥着承上启下和承

---

① (清)高廷珍:《东林书院志》卷21,清光绪七年刻本。
② (清)黄宗羲:《明儒学案》卷58《东林学案》,中华书局1985年版。
③ 陈时龙:《晚明书院结群现象研究——东林书院网络的构成、宗旨与形成》,《安徽史学》2003 年第 5 期。
④ (明)顾与沐记略,顾枢辑,顾贞观订补:《顾端文公年谱》卷下,《续修四库全书本》。
⑤ (明)吴应箕、(清)吴伟业等:《东林本末》卷下《江陵夺情》,北京古籍出版社2002年版,第21页。
⑥ (明)顾与沐记略,顾枢辑,顾贞观订补:《顾端文公年谱》卷首《章嘉祯・祭文》,《续修四库全书本》。

第一章　中国传统书院教育的历史流变

前启后的重要作用。这一时期传统书院的数量突飞猛进，虽然历经四次禁毁，但是屡禁不止，反而更加深入人心，出现"平民化"和普及化的趋势。尤其是作为一种先进的教育制度，书院教育被海外移植和借鉴。明正统四年（1439）《李朝世宗实录》中最早提到朝鲜移植中国书院制度，并且首次提到朱熹所订立的《白鹿洞书院学规》[①]。从此，传统书院经由朝鲜而日本而东南亚，甚至远到欧美，成为中国传统教育和优秀文化的象征。

第三节　传统书院教育的兴盛与变革

清代书院的发展大致经历了沉寂、勃兴和改制三个阶段，每一阶段都有特定的历史环境，并形成了明显的阶段特点。有清一代，全国十八个行省的通都大邑和乡村水寨都可寻见书院的踪影，书院教育已成普及态势。道光以降，伴随社会整体转型，传统书院也开启变革历程，演变为融合西学和新学的新式书院。教会书院和华侨书院等与传统书院类型完全不同的新型书院开始出现。继明代以后，书院继续被海外移植，走向世界，成为中外文化交流的窗口。

一　清代书院的普及与兴盛

清初，统治者鉴于明末东林党人的教训，为了防止书院聚集生徒讽议朝政，对书院采取抑制的政策。顺治九年（1652），清廷发布了一条谕令表明对书院的态度，谕令写道："各提学官督率教官生儒，将平日所习经书义理，着实讲求，躬行实践。不许别创书院，群聚徒党，及号召他方游食之徒，空谈废业。"[②] 提学官是负责一省文教事务的官员，后改称学政，谕令要求提学官专心本职，不要多事去创建书院，致"群聚徒党""空谈废业"。所以，自顺治元年（1644）至雍正十一年（1733），

[①] 邓洪波：《中国书院史》，东方出版中心 2006 年版，第 350 页。
[②] （清）素尔纳等：《钦定学政全书》卷 26，乾隆十九年武英殿刻本。

29

中国传统书院教育及其当代价值研究

书院教育未有发展,除了白鹿洞书院等著名书院还能勉强维持外,其他书院大多荒废了。

"康乾盛世"时期,在统治地位已完全巩固的情况下,清廷改变了对书院的抑制政策,转而采取积极兴办、加强控制的政策。雍正十一年(1733),颁布诏令:"近见各省大吏,渐知崇尚实政,不事沽名邀誉之为,而读书应举者,亦颇能屏去浮嚣奔竞之习。则建立书院,择一省文行兼优之士读书其中,使之朝夕讲诵,整躬励行,有所成就,俾远近士子观感分发,亦兴贤育才之一道也。督抚驻扎之所,为省会之地,著该督抚商酌奉行,各赐帑金一千两。将来士子群聚读书,须预为筹画,资其膏火,以垂永久。其不足者,在于存公银内支用。"① 此道诏令拉开了清廷官办书院的序幕,同时也是各地省会书院建立的标准。乾隆时期,书院在数量和规模上均呈现空前盛况。除了修复和重建前代留存下来的书院之外,清廷又在各地新建了众多书院,真可谓:"是时京师京台,直隶莲池、江苏钟山、紫阳,浙江敷文,江西豫章,湖南岳麓、城南,湖北江汉,福建鳌峰,山东泺源,山西晋阳,河南大梁,陕西关中,甘肃兰山,广东端溪、粤秀,广西秀峰、宣城,四川锦江,云南五华,贵州贵山,奉天沈阳,各省书院依次设立,其余州府县或绅士出资,或地方官筹拨经费,置产置田之创立呈报者亦多。"②

从中国传统书院发展史来看,清代书院进入了前所未有的鼎盛时期。在清廷文教政策的导向下,传统书院发展的重要特征是普及全国和制度完善。首先,以其数量而言,修复重建和新建的书院总量远超之前各朝书院的数量。其次,以其分布地域而言,不但以往已建书院的地区书院数量持续增加,而且清代以前一直处于书院建设空白状态的地区也先后兴建了多所书院。再次,书院管理制度的严密、书院类型的多样、书院大师的频出以及书院学术成果的显著,都是之前各朝传统书院所不能比拟的。清代书院之于教育的发展、人才的培养以及学术的繁荣,都发挥了十分重要的作

---

① 《清实录》第 8 册《世宗宪皇帝实录(二)》卷 127,中华书局 1985 年版。
② 张立文:《中国学术通史》(清代卷),人民出版社 2004 年版,第 43 页。

用。所以，我们可以说，至清代中期，书院教育进入鼎盛时期。

二　清代书院的类型分化

有清一代，三百多年的时间里，学风和学术思想发生过较大变化，传统书院也受其影响对教育内容进行了侧重点的改变，并且形成了四种主要类型，包括：以讲授程朱理学为主的书院；以专攻科举应试，研习八股文为主的书院；以钻研考据学为主的书院和以传播西学为主的书院。具体而言：

第一类，以讲授程朱理学为主的书院。清初，程朱理学一度复兴，以讲授程朱理学为主的书院大多仍盛行讲会制度。例如，徽州府紫阳书院、休宁还古书院、关中书院、鳌峰书院、姚江书院、东林书院等。

第二类，以专攻科举应试，研习八股文为主的书院。此类书院以官办的省会书院为代表，它们多数以科考为教学目标，以时文制艺为核心教学内容，以考课为主要教学考评形式。

第三类，以钻研考据学为主的书院。此类书院崇尚考据，不为科举以业。以阮元创建的诂经精舍和学海堂为代表。除此之外，安徽桐城的桐乡书院也是该类型的典型代表。

第四类，以传播西学为主的书院。此类书院以学习西学，培养时务人才为目标。以颜元主持的漳南书院、张之洞创办的两湖书院、上海格致书院和上海中西书院为代表。

上述四类书院的教育内容和办学特点，在本书第三章中有详细介绍。

三　晚清书院改制

19 世纪 60 年代由举办洋务而开始的近代教育转型，首先遇到的是人才问题。近代社会需要的是新式人才，然而由书院、官学、义学和社学等为主体构成的晚清传统教育以八股文为内容、以科举入仕为目标，无力承担培养新型人才的任务。近代书院的变革，则是以甲午战争为转变的关键。甲午战败，使得上层知识分子开始警觉，要实现国家富强不仅需要有新式之政治，而且需要新式之教育。甲午战争之后，中国的思想界也发生了变化。在此之前，中国思想界并存着两种思想形态，一方面是少数沿海开埠城市，受到西方文化的影响；另一方面是广大内地地区，以儒家文化为主。1895年之后，这种情况出现了极大的转变，其中最明显的变化是西学在传统士大夫的圈子里渐渐广泛流传。① 在社会转型和思想文化发生变革的大背景下，书院改制和新学堂的设立被提上议程。早在1895年以前，书院改学堂就已起步。② 例如，张之洞在广州创办的广雅书院，在武汉创办的两湖书院；康有为在广州设立的万木草堂。但是，大规模的改变还是在甲午战后。时人普遍认为，"时局日急，只有兴学育才为救危之法"，而"整顿书院，尤刻不容缓"③。

　　清末，绝大多数传统书院已经沦为科举附庸。史载："院中传习，仅以时文帖括猎取科名，而经史之故籍无存也，圣贤之实学无与也。山长则瞻徇请托，不校其学行，惟第其科名，甚则贿赂苞苴喧腾众口。"④ 时人痛心道："各省书院义塾，除八股试帖词赋经义而外，一无讲求，又明知其无用……相沿不改，人才消耗，实由于此。"⑤ 一些倡导书院改制的奏折，也谈到书院的弊端，例如，1896年山西巡抚胡聘之上《请变通书院章程折》："查近日书院之弊，或空谈讲学，或溺志词章，既皆无裨实用，其下者专摹帖括，注意膏奖，志趣卑陋，安望有所成就？"⑥ 桐乡书院主讲戴钧衡对山长品行的丢失尤为感叹，"今天下山长所以教士者，可慨矣！津津焉于科举文章，揣摩得失，剽窃影响，而罕有反而求之于实学者……苟不为实学是务，而徒从事于揣摩得失，剽窃影响之位，则吾未见其出而实有裨于民生君国也，适以縻禄而已矣。为山长者，必时本此意，为诸生恳恳言之，俾事事求之于实，而无徒以揣摩得失，剽窃

---

① 有关晚清思想界变化的详细论述，参见张灏等《近代中国思想人物论——晚清思想》，台湾时报出版社1980年版，第19—33页。
② 张晓婧：《清代安徽书院研究》，博士学位论文，安徽师范大学，2014年。
③ 熊希龄著，周秋光编：《熊希龄集》（上集），湖南出版社1996年版，第49页。
④ 陈次亮：《书院》，求是斋主人辑《皇朝经世编五集》卷5《书院》，光绪二十八年上海宜今室石印本。
⑤ 胡燏棻：《条陈变法自疏强》，转引自朱有瓛《中国近代学制史料》（第一辑下册），华东师范大学出版社1986年版，第473页。
⑥ 陈谷嘉、邓洪波主编：《中国书院史资料》，浙江教育出版社1998年版，第1987—1989页。

影响为能，则虽曰取科举以课士，亦未尝不可以验心得而收实效也。如其不然，则虽有山长，已无与于风俗人才之故，而况复以之为应给上官之具，则书院何为者哉？"① 上述弊端之种种，被近人盛朗西概括为三点：一曰山长充数不问品学，一曰士风浮夸动滋事端，一曰注意膏奖志趣卑陋。② 可见，晚清时期传统书院内部出现了种种弊端，急需变革。

甲午战后，人们对书院改制的方法有两种：一种主张利用书院的物质条件，重新制定章程，创办新式学堂；另一种主张保留书院形式，而变通其内容。朝廷最初的主张是"全省添设学堂"，即以扩充新式学堂为主，但政府财政困窘，设立学堂，经费不足，难以为继。③ 1896年，李端棻奏请"自京师以及各省府州县皆设学堂"，同时提出了变通方法"令每省每县各改其一院，增广功课，变通章程，以为学堂"④，即书院改学堂。1898年，张之洞在《劝学篇》中指出："或曰：'天下之学堂以万数，国家安得如此财力以给之？曰：'先以书院改为之'。"⑤ 随后，"百日维新"期间，康有为于1898年7月3日上书光绪帝，称："我各直省及府州县，咸有书院，多者十数所，少者一二所，其民间亦有公立书院、义学、社学、学塾，皆有师生，皆有经费"；"今既罢弃八股，而大学堂经济常科，皆须小学、中学之升擢，而中学、小学直省无之，莫若因省府州县乡邑，公私现有之书院、义学、社学、学塾，皆改为兼习中西之学校，省会之大书院为高等学，府州县之书院为中等学，义学、社学为小学"⑥。光绪帝基本接受了康有为的建议，下旨令督抚监督地方官将各省、府、厅、州、县现有之大小书院，一律改为兼习中学、西学的学校。然而，戊戌变法失败，新法大多废除，举国复于沉寂。光绪二

---

① 戴钧衡：《味经山馆文钞》卷1《桐乡书院四议》，清光绪三十年刻本。
② 盛朗西：《中国书院制度》，《民国丛书》第三编第45册，上海书店1991年版。
③ 张晓婧：《清代安徽书院研究》，博士学位论文，安徽师范大学，2014年。
④ 《刑部左侍郎李瑞棻奏请推广学堂折》，转引自朱有瓛《中国近代学制史料》（第一辑下册），华东师范大学出版社1986年版，第484页。
⑤ （清）张之洞：《劝学篇·设学第三》，转引自朱有瓛《中国近代学制史料》（第一辑下册），华东师范大学出版社1986年版，第704页。
⑥ （清）康有为：《请饬各省改书院淫祠为学堂折》，转引自朱有瓛《中国近代学制史料》（第一辑下册），华东师范大学出版社1986年版，第439页。

十七年（1901），慈禧在综合国内形势下，被迫宣布新政，恢复戊戌时期书院改制的措施。光绪二十七年八月初二日（1901年9月14日），清廷颁布书院改学堂的上谕，又称"书院改制诏"，即："著各省所有书院，于省城均改设大学堂，各府及直隶州则均改设中学堂，各州县均改设小学堂，并多设蒙养学堂。"[1] 制度层面的传统书院至此消失，在千年发展过程中积累的优秀书院传统亦随之失去了其生存的土壤。此后，书院改制的举措在全国依次展开。

从1903年"癸卯学制"的颁布以及1905年科举制度的正式废除，至1908年全国书院改制的基本完成，新的学堂教育制度在我国基本建立。延续千年的传统书院教育走到了历史的尽头。

---

[1] 陈谷嘉、邓洪波主编：《中国书院史资料》，浙江教育出版社1998年版，第2489页。

第二章　中国传统书院的教育理念

近些年来,"教育理念"一词被教育界热衷讨论和频繁使用。但是,纵观教育类和综合类的权威性辞典,均未见"教育理念"之词目。由于研究者的学科视角和关注层面不同,对教育理念的内涵与外延的理解也迥然有别。[①]虽然学界尚未对教育理念作出明晰的界定,但大家普遍认同教育理念是人们所追求的教育理想,它是建立在教育规律基础之上的。教育理念是哲学中所说的"理念"在教育这一现象和活动上的延展。由于教育理念超越现实、指向未来,具有终极关怀的特点,因而在推进教育发展过程中起着极其重要的作用。传统书院的教育理念是传统书院之灵魂,反映了书院教育的本质和时代特征。本章从传统书院的办学宗旨、培养目标和教学特色来系统阐述传统书院所追寻的教育理念。

第一节　传统书院的办学宗旨

传统书院是建立在审视和批判官学流弊基础上而创建的。因此,它

---

① 关于"教育理念"代表性的观点。例如,有学者提出,"在某种意义上说,教育理念是教育思想家乃至整个民族的教育价值取向的反映"(朱永新:《中国古代教育理念之贡献与局限》,《教育研究》1998 年第 10 期);有学者认为,"教育理念是指学校的高层管理者以学生前途与社会责任为重心,以自己的价值观与道德标准为基础,对管理学校所持的信念与态度"(罗海欧:《通识教育与大学文化发展》,《高等教育研究》1999 年第 4 期);还有些学者指出,"教育理念是指人们对于教育现象(活动)的理性认识、理想追求及其所形成的教育思想观念和教育哲学观点,是教育主体在教育实践、思维活动及文化积淀和交流中所形成的教育价值取向与追求,是一种具有相对稳定性、延续性和指向性的教育认识、理想的观念体系"(韩延明:《理念、教育理念及大学理念探析》,《教育研究》2003 年第 9 期)。

不仅是有别于官学和私学的教育组织，而且具有独树一帜的办学宗旨。在长期的办学过程中，传统书院教育形成了以"明伦传道"和"发扬学术"为核心的办学宗旨。

一　古代官学教育之弊端

对于古代官学的界定，学界大多从官学的性质和类别加以概况。例如，顾明远主编的《教育大辞典》中，将官学界定为："中国古代官府举办、管辖的学校。它由朝廷直接举办、管辖的中央官学和官府按行政区域在地方设置的地方官学组成。"[①] 李国钧、王炳照在《中国教育制度通史》中，把宋代的官学分为中央官学和地方官学两大系统。其中，中央官学又具体可划分为三类，即国子监系统学校、专科学校以及宗室学校。[②]

我国古代官学教育滥觞于西周时期，王公贵族为教育子弟设立了小学和大学两级学校。《孟子·滕文公上》云："夏曰校，殷曰序，周曰庠。""校""序""庠"是三代地方官学的不同名称，国家层面的学校统称为"学"。《礼记·学记》则对周代的学制情况进行了更为详细的描绘："古之教者，家有塾，党有庠，遂有序，国有学。"[③] "国有学"又有天子国与诸侯国之分，"天子曰辟雍，诸侯曰泮宫"[④]。古代官学制度的建立始于汉代。除了由直接管辖的中央官学——太学、宫邸学和鸿都门学之外，还有地方管辖的郡国学校，并且都有严格的建制和标准。在奴隶社会，官学教育是统治者的一种特权，为统治者所垄断，"学在官府"是西周时期教育的显著特征。俗语有言："惟官有书，而民无书；惟官有器，而民无器；惟官有学，而民无学。"官学在长期发展过程中，积累了丰富的办学经验，培养了大量的有用之才。隋唐时期，科举制度作

[①] 顾明远主编：《教育大辞典》（增订合卷本），上海教育出版社1998年版，第479页。
[②] 李国钧、王炳照：《中国教育制度通史》第3卷，山东教育出版社2000年版，第135—215页。
[③] 《礼记·学记》。
[④] 孟宪承等编：《中国古代教育史资料》，人民教育出版社1961年版，第18页。

第二章 中国传统书院的教育理念

为朝廷选拔人才的主要方式开始推行。但是,当科考成为选拔人才的唯一标准后,官学逐渐沦为科举的附庸,失去了育人的教育功能,演变为追逐名利的场所。具体而言,延至宋代,官学的流弊主要表现在以下两方面。

第一,学生"为学而不学",舍本逐末。

朱熹认为学生平日读书的目的只是:"以钓声名、干禄利而已。是以天下之书愈多而理愈昧;学者之事愈勤而心愈放;词章愈丽,议论愈高,而其德业事功之实,愈无以逮乎古人。然非书之罪也,读者不知学之有本,而无以为之地也。"① 可见,官学学生日常学习只是为了博取功名利禄,因而,读的书越多反倒越愚昧。朱熹言辞尖锐地描述和揭露出的弊端,并非危言耸听。实际上,当时学生"理愈昧""心愈放"之弊有目共睹。与朱熹几乎同时代的赵汝愚在奏折中对此种弊端进行了猛烈抨击。他说:"中兴以来,建太学于行都,行贡举于诸郡,然奔竞之风胜,而忠信之俗微。亦惟荣辱升沉,不由学校,德行道艺,取决糊名。工雕篆之文,无进修之志。"②

即便是太学这样的最高学府,许多学生也是弃"忠信"之义,舍"德行"修养,一味地投机取巧,"涉猎可为也,诬艳可尚也,于政事何为哉?于义理何取哉"③。生徒们热衷于功名仕途的奔走忙碌,"政事""义理"早已被抛于脑后,根本无心无时成为真才实学之人。宋仁宗"讲学久废,士不知经"④ 八个字形象描绘了官学的颓废。可见,官学已经沦为科举之附庸,丧失了教育教学功能。

第二,教师"为师而不师",急于速成。

北宋统治者为鼓励读书人积极加入士阶层行列,给予科举及第者丰厚的物质奖励和精神支持。宋真宗亲自撰写《劝学诗》来鼓励士人科

---

① (宋)朱熹:《晦庵先生朱文公文集》卷80《福州州学经史阁记》,《朱子全书》第24册,上海古籍出版社、安徽教育出版社2002年版,第3813页。
② (元)脱脱等:《宋史》卷157《选举志三》,中华书局1997年版,第3671页。
③ (宋)王安石:《临川先生文集》卷69《取材》,文渊阁《四库全书》本,上海古籍出版社1987年影印本,第1105册,第572页。
④ (宋)李焘:《续资治通鉴长编》卷104,中华书局1986年版,第3423页。

举，诗曰："富家不用买良田，书中自有千钟粟。安居不用架高堂，书中自有黄金屋。出门莫恨无人随，书中车马多如簇。娶妻莫恨无良媒，书中有女颜如玉。男儿欲遂平生志，六经勤向窗前读。"① 科举入仕后的优渥生活和社会地位晋升的刺激，使得北宋时期士人的数量急剧增加，社会的尚学风气也逐渐浓厚。

  朝廷开设官学的目的是为国家培育和输送人才。为实现这一目标，管理者和教师必须恪尽职守、各尽其职。然而，科考制度的导向下，官学对教师的考核不以教学能力和水平来衡量，而是以生徒及第人数的多寡来衡量，造成教师不按照课程体系授课，而是"责于速成"。为求速成，甚至提前将"义疏未详，习读未遍"的学生"辄充举送，以希侥幸"②。在科举价值观的引导下，出现了"为父兄者，以其子与弟不文为咎；为母妻者，以其子与夫不学为辱"③ 的社会现象，形成了"五尺童子耻不言文墨"的社会氛围。此外，为了助力学生应试，教师的教育教学职责逐渐演变为帮助生徒应对科举考试，并由此形成了"干禄文风"。诚如朱熹所言："掌其教事者，不过取其善为科举之文，而尝得隽于场屋者耳。"④ 在科举之名的诱惑下，师生之间的关系也出现了变异。朱熹有一段描绘官学沦为科考附庸的经典论述，曰："所谓太学者但为声利之场，而掌其教事者不过取其善为科举之文，而尝得隽于场屋者耳。士之有志于义理者，既无所求于学，其奔趋辐辏而来者，不过为解额之滥，舍选之私而已。师生相视漠然，如行路之人。间相与言，亦未尝开之以德行道艺之实，而月书季考者，又袛以促其嗜利苟得，冒昧无耻之心。殊非国家之所以立学教人之本意也。"⑤

  有鉴于官学沦为科举考试的附庸和追逐名利的场所，宋代许多学者

---

① （元）黄坚编：《古文真宝》卷1《真宗皇帝劝学》，转引自何怀宏《选举社会及其终结》，生活·新知·读书三联书店1998年版，第34页。
② （清）董诰：《全唐文》卷26《元宗（七）·令举实才诏》，清嘉庆刻本。
③ （宋）洪迈：《容斋随笔·四笔》卷5《饶州风俗》，上海古籍出版社1978年版，第666页。
④ （宋）朱熹：《晦庵先生朱文公文集》卷69《学校贡举私议》，《朱子全书》第23册，上海古籍出版社、安徽教育出版社2002年版，第3363页。
⑤ （宋）朱熹：《朱熹集》卷69《学校贡举私议》，四川教育出版社1996年版，第3641页。

为坚守儒家教书育人之理想，纷纷"立书院以救学校之失"。传统书院由此成为与官学不同的教育组织，以站在官学的对立面自期。在官学弊端丛生的时候，依靠书院教育来"扶其弊"，成为众多书院创办者的共识。

二 传统书院的办学宗旨

办学宗旨是教育过程中实质性和根本性的问题，决定着教育教学的性质和方向。历代书院教育家在对官学教育种种弊端的基础上深刻反思，凝练出以"明道传道""济世斯民"为核心的办学宗旨。传统书院的办学宗旨要求书院教育必须担负起发明圣道、承接道统和为国为民的重要使命。围绕这一核心办学宗旨，他们从不同角度和不同层面进行了阐述。

北宋初年，著名理学家、湖湘学派一代宗师胡宏在《碧泉书院上梁文》中，集中而详细地阐述了自己兴办书院教育的原因及宗旨。他认为："永惟三代之尊，学制遍乎家巷。爰从两汉而下，友道善若烟云。尼父之志不明，孟氏之传几绝。颜回克己，世鲜求方，孔伋论中，人希探本。弃漆雕之自信，昧端木之真闻。干禄仕以盈庭，鬻词章而塞路，斯文扫地，邪说滔天，愚弄士大夫如偶人，驱役世俗如家隶。政时儒之甚辱，实先圣之忧今。将寻绎五典之精微，决绝三乘之流通。穷理既资于讲习，辅仁式籍于友朋。"[①] 在胡宏看来，两汉以后，孔孟之志不明，圣贤之道不传。汉代学校，一味沉溺于对儒家经典的章句训诂，而唐代开科举取士之制以后，教育机构又流为科举的附庸。北宋官学教育不重视对学生进行道德教育，不重视对圣贤之道的探究、发明和传承，最终造成了"斯文扫地，邪说滔天"的严重后果。胡宏所言"道学衰微，风教大颓，吾徒当以死自担"[②]，正是众多书院创办的初心使命和办学宗旨的具体体现。

南宋书院大师和理学家张栻强调，设立书院绝不仅仅是为了给士人

---

① （宋）胡宏：《胡宏集》卷3《碧泉书院上梁文》，中华书局1987年版，第201页。
② （清）黄宗羲、全祖望：《宋元学案》卷42《五峰学案》，中华书局1986年版，第1371页。

提供一个群居闲谈的场所，也不为生徒提供猎取功名利禄的地方。他在《潭州重修岳麓书院记》中对儒家的教育宗旨概括道："惟民之生，厥有常性，而不能以自达，故有赖于圣贤者出而开之，是以二帝三王之政，莫不以教学为先务。至于孔子，述作大备，遂启万事无穷之传。其传果何与？曰仁也。仁，人心也，率性立命，知天下而宰万物者也。今夫目视而耳听，口言而足行，以至于食饮起居之间，谓道而有外夫是，乌可乎？虽然，天理人欲，同行异情，毫厘之差，霄壤之谬，此所以求仁之难，必贵于学以明之与。"① 他指出："侯（按指刘珙）之为是举也，岂将使子群居族谭，但为决科利禄计乎？抑岂使子习为言语文词之工而已乎？盖欲成就人才，以传斯道而济斯民也。"② 在张栻看来，书院教育是"为己之学"和"成己之学"，通过分辨"天理人欲"以实现"求仁""明仁"为修习目标，其崇高使命是成就人才、接续圣道。

南宋著名学者王应麟在《慈湖书院记》中写道："古者乡有庠，党有序，闾有塾，里居有父师少师之教，是以道德一而礼义明。书院之设，意犹近古，睢阳、白鹿为称首。若周、程、朱、吕治教之地，文献尤盛，天典民彝之统纪，赖以不坠。"③ 可见，王应麟将书院教育视为"天典民彝之统纪"得以运行不坠的有力保障。南宋学者袁甫在绍定六年（1233）所作《象山书院记》中明确表示，创建书院的目的就在于发明圣贤之道。他认为："三代以后学道沉溺，梏章句者自谓质实，溺空虚者自诡高明，二者交病而道愈晦。"④ 学者们或者拘泥于蹈空虚玄之学而自以为高明，致使儒学衰颓，圣贤之道晦而不明。因此，他们创建书院，振兴儒学，讲明圣道，即所谓"书院之建，为明道也"。清康熙年间，学者黄元治在大理桂香书院碑记中写道："书院者，所以集大儒讲正学，

---

① （宋）张栻：《南轩集》卷10《潭州重修岳麓书院记》，文渊阁《四库全书》本，上海古籍出版社1987年影印本，第1167册，第506页。
② 同上。
③ 陈谷嘉、邓洪波主编：《中国书院史资料》上册，浙江教育出版社1998年版，第122页。
④ （宋）袁甫：《蒙斋集》卷十三《象山书院记》，文渊阁《四库全书》本，上海古籍出版社1987年影印本，第1175册，第487页。

树道德之防而破邪僻之迳也。"① 这是从社会教化角度来说书院的办学宗旨，强调道德继承与创办书院的密切关系。

何为"道"？《说文解字注》中认为："道者人所行，故亦谓之行。道之引申为道理。"② 显然，"道"所指的"道理"，就是儒家强调的忠孝为本、合乎纲常伦理的做人道理。朱熹在白鹿洞书院办学宗旨中认为"学校之设，所以教天下之人为忠为孝也"③，并且对此作了详细的说明，即："古者圣王设为学校，以教其民，由家及国，大小有序，使其民无不入乎其中而受学焉。而其所以教之之具，则皆因其天赋之秉彝而为之品节，以开导而劝勉之，使其明诸心，修诸身，行于父子、兄弟、夫妇、朋友之间，而推之以达乎君臣、上下、人民、事物之际，必无不尽其分焉者……此先王学校之官，所以为政事之本、道德之归，而不可以一日废焉者也。"④ 这段话包括了朱熹对传统书院办学宗旨三个层面的理解。首先，国家设教立学的目的是使百姓普遍接受大小有序的教育，即人伦道德教育。其次，人伦道德教育不能流于形式，必须内化为受教育者自身的主体意识，提高个人道德修养，真正形成道德人格。再次，"明道"一方面是为化育个人，从而达到"内圣"的境界；另一方面还要"传道"，化育天下百姓，从而致君泽民。显然，在朱熹看来，这种"明道""传道"的教育宗旨，不仅是"政事之本"，也是"道德之归"。⑤

为了明确体现办学宗旨，一些书院直接以明道或弘道作为书院之名。例如，明代弘治年间，陕西三原士人王君宇等建弘道书院。书院以"弘道"为名，所表达的正是以"弘扬儒道、讲明正学"为目的的办学宗旨，追求的是一种超越科举功名的以"明人伦""赞化育""参天地"为目标的文化理想。正如弘道书院记中云："君以弘道为名，凡学于此者，

---

① 云南《大理县志稿》卷17，民国五年铅本。
② （东汉）许慎撰，（清）段玉裁注：《说文解字注》，上海古籍出版社1981年版，第75页。
③ （宋）黎靖德编：《朱子语类》卷109《朱子六·论取士》，朱人杰等主编《朱子全书》第17册，上海古籍出版社、安徽教育出版社2002年版，第3542页。
④ （宋）朱熹：《晦庵先生朱文公文集》卷78《静江府学记》，朱人杰等主编《朱子全书》第24册，上海古籍出版社、安徽教育出版社2002年版，第3741页。
⑤ 陈谷嘉：《论中国古代书院的教育理论及人文精神》，《湖南大学学报》2003年第3期。

亦惟尽吾性焉耳……吾性既尽，然必尽人物之性。至于赞化育、参天地，乃为弘道之极功，而亦非吾性外事也。若徒以举业为务，以科目为念，以功名显达自期，待毁方瓦合，以求避世俗之笑，则安用此书院？"① 有些书院的创办宗旨虽然未直接以"道"称之，但其意相同。一些地方官员还将兴建书院与维护社会秩序联系起来。例如，明代云南提学黄琮在《修建五华书院记》中称："蠢贼溃讧，寇攘窃据，无时无之；兴师问罪，扑而旋起者何以故？岂非教道衰而彝伦斁，爱人易使者少而犯上作乱之萌无自销欤？则庠序之外，复于书院课督之，夫亦世道人心之虑有不得不然者。"② 清代中兴名臣张之洞在《请颁广雅书院匾额折》中，更是明确具体地表达了书院的办学宗旨。他认为："臣设立书院之举，窃欲鼓舞士类，维持世风。上者阐明圣道，砥砺名节，博古通今，明习时务期于体用兼备，储为国家桢干之材，次者亦能圭璧饬躬，恂恂乡党，不染浮嚣近利习气，足以淑身化俗。"③ 书院关乎人才培养、朝廷用才和世风维持，这就是张之洞对书院宗旨的具体认识。

　　传统书院的办学宗旨在其学规和章程中有最直接的体现。例如，朱熹制定的《白鹿洞书院揭示》（下称《揭示》），对书院办学目的和宗旨、为学之序与修身之事等做了一系列的明确规定，其核心是道德教育。他在《揭示》中明确指出"五教之目"，即"父子有亲，君臣有义，夫妇有别，长幼有序，朋友有信"，并强调"学者学此而已"。④ 这就指出了书院发明圣道和传承圣道的教育宗旨。为使这一教育宗旨具有可操作性，朱熹接着提出了培养生徒道德主体人格的"三要"：第一为"修身之要"，要求生徒"言忠信，行笃敬，惩忿窒欲，迁善改过"；⑤ 第二为"处事之要"，要求生徒正确处理好义和利的关系，做到"正其义不谋其利，明其道不计其功"；第三为"接物之要"，要求生徒对此对彼一视同

---

① （清）王云凤：《弘道书院记》，陕西《三原县新志》卷4，光绪六年刊本。
② （清）黄琮：《修建五华书院记》，《云南府志》卷21，康熙三十五年刊本。
③ （清）张之洞著，苑书义主编：《张之洞全集》卷26，河北人民出版社1998年版，第695页。
④ 邓洪波编著：《中国书院学规》，湖南大学出版社2000年版，第114页。
⑤ 同上。

仁，"己所不欲，勿施于人，行有不得，反求诸己"。①《揭示》言简意赅地概括了书院的办学宗旨，并使之规范化、程序化，因此为历代众多书院奉为圭臬。再如，文石书院山长胡建伟在《文石书院学约》中指出："古者庠序学校之教，皆所以明人伦也。是人伦者，非教者之所最重，而为学者之所必先也哉！试思人生哪有一日不与五伦之人相周旋？圣贤哪有一言不与五伦之理相发明？"②他将书院的办学宗旨定位在"明人伦"的层面上。认为任何人的日常生活都在与"五伦"之理相"周旋"，故通过书院可传授"圣贤、人伦之至"的道理。又如，陈寿祺在《示鳌峰书院诸生》中指出："书院之设，始于宋时。所以招徕有志之士，使之群萃其中，相与讲明义理，以为身心性命之助。顾性命精微之理，即寄于圣贤经传中，必先析疑辨难，而后至当不易者始出，于是取而淑其身心，以求无忝于古昔圣贤之所授受。"③

由此可见，以"明道"和"传道"作为办学宗旨，是历代书院教育家不谋而合的观点和孜孜以求的目标。书院的办学宗旨也为统治者所认同。例如，乾隆元年（1736），清高宗就曾褒奖书院育才之功，谕称："书院之制，所以导进人材，广学校所不及。"④一些官员还把创办书院、培养人才作为任期职责。例如，元至正年间（1341—1368），江西吉安郡守吴师尹在《重修白鹭洲书院记》中指出："书院亦讲学明人伦之地，若废弛不葺，牧守责也。"⑤清代福建福宁府知府李绂也有此意，他指出："书院之设，仿先王造士之意，所以助学校之所不及也。"⑥虽然各传统书院创建缘起、主创身份和建设过程各不相同，但是办学宗旨颇为一致。毫无疑义，"明道""讲道""传道"即是传统书院办学的根本宗旨。

---

① 邓洪波编著：《中国书院学规》，湖南大学出版社2000年版，第115页。
② 同上书，第543页。
③ 同上书，第92页。
④ 《清实录》第9册《高宗纯皇帝实录（一）》卷20，中华书局1985年版，第487页。
⑤ （明）吴师尹：《重修白鹭洲书院记》．《中国历代书院志》第2册，江苏教育出版社1995年版，第640页。
⑥ （明）李绂纂修：《福宁府志》卷13《学校志·书院》，清乾隆二十七年刻本。

第二节　传统书院的培养目标

培养目标是办学宗旨的具体化，它是指各级各类学校对人才的具体培养要求。办学宗旨与培养目标的关系是普遍与特殊的关系。不同级别和类型学校的培养目标存在区别。同一级别、类型的学校由于种种具体条件的不同，培养目标也可能会不同。传统书院在漫长的历史发展中，形成了几种区别明显的类型。盛朗西《中国书院制度》有曰："清之书院方式，大别为三：一为讲求理学之书院，一为考试时文之书院，一为博习经史词章之书院。"[①] 纵观千年书院发展历程，传统书院形成了三种主要类型：考课型、学术型和实学型，每种类型书院的培养目标具有相应的侧重点。

一　考课型书院的培养目标

考课型书院的人才培养目标是应试型人才，主要是科举人才。如前所述，书院得以兴办的契机之一是官学的衰败，而导致书院衰败的一个重要原因是官学成为科举制度的附庸。需要注意区别的是，书院创建者并不反对科举制度本身，而是反对将书院变为逐利场所，为科举而科举。书院大师对官学批判最多的是生徒忘却学习之本意，用科举中第的功名利禄取代为学之志。况且，书院大师大多经历科举入仕，也赞成生徒应试科举。当然，书院与科举的关系是因时代不同而有所变化的。总体上来说，科举仕进是考课型书院的重要培养目标。

传统书院与科举的关系十分密切。北宋时期，在官方兴学无力之时，书院成为官学的代替者，负担起培养人才的使命。"庆历兴学"之后，传统书院被排斥在科举教育体系之外，二者之间的关系相对疏远。理宗即位后，书院的教学内容与官学和科考内容基本一致，直接为科举教育服务。元代书院最突出的特点就是官学化。官学化的特点是使得书院直

[①] 盛朗西：《中国书院制度》，《民国丛书》第三编第 45 册，上海书店 1991 年版。

第二章 中国传统书院的教育理念

接为科举应试服务。元代中后期，程端礼的《程氏读书分年日程》进一步明确了传统书院服务科举应试的合理性，为传统书院进行科举教育提供有力的理论支持和实践操作。

明初，太祖朱元璋通过实行"科举必由学校"的文教政策，将不属于国家教育体系的书院排斥在科举教育之外，书院沉寂了将近百余年。明代中后期，随着官学教学和育人功能的丧失，书院重新承担了培养科举人才的重任。王阳明、湛若水等书院大师发明的心学理论与官方哲学有着较大的差异，但这并不妨碍他们坚持讲学与科举并重，鼓励生徒应举，这使得明代中后期书院为科举服务的色彩比较明显。清代，无论何种类型的书院均教授科举之学，讲授程朱之学的书院也转而为科举服务，将培养科举人才作为主要职能。乾嘉时期，汉学书院虽然不以教授科举之学为主要教学内容，甚至反对教授科举知识，但学习乾嘉汉学有利于生徒应举却是不争的事实，汉学书院成为当地科举及第率最高的机构。有学者通过数据分析得出结论："清代大多数书院从事以八股文为核心的科举教学，并取代官学成为培养科举人才的主要机构，而科举取士制度也是清代书院在科举社会中存在与发展的重要原因，二者之间相互关联，密切联系。讲求汉学的书院虽然不直接教授科举之学，但研究和传播汉学有利于生徒应举。"[①] 光绪二十七年（1901），书院改学堂措施在全国推行，但是士子们却对科举仕进仍抱有向往，因而，书院改制的效果并不明显。光绪三十一年（1905），废除科举诏下达后，书院改制的进程才迅速推进，书院成为历史名词，书院制度由此终结。

考课型书院因科举而生，课程内容自然离不开科举考试。此类书院课程主要设置儒家经典等相关著述，教学内容是"四书五经"《春秋三传》《性理大全》《性理精义》《文章正宗》等，并习作诗赋。南宋时期，多数传统书院认同在提高生徒个人德性的基础上参加科考，以达到科考取士报效国家的科举观。例如，景定四年（1263），杨允恭在为湖南濂溪书院修复的御书阁提记时写道："国家之建书院，哀笔之表道州，

---

① 李兵：《书院与科举关系研究》，博士学位论文，厦门大学，2004年。

岂徒为观美乎？岂使之专习文词为决科利禄计乎？盖欲成就人才，将以传道而济斯民也。士之由是路出入是门者，盖亦果确用工希贤希圣，庶不负圣天子立道作人之意。"① 姚勉明确表达了对西涧书院生徒先学好为己之学，然后再通过科举出仕为官的办学要求："学颜志尹，家租人皋。由德行之科，而冠国家进士之科；修仁义之爵，而得公卿大夫之爵。先觉后觉，己立立人。与贤师良友以切磋，皆由体达用之学；得明王圣主而辅相，收致君泽界之功。"② 李纯朴言其书院培养目标："诸士子居斯、游斯，必也脱凡近而游高明，由下学以期上达，观六艺之广崇，穷道德之渊深，近稽濂溪，上溯沫洒，潜必圣学，瘤瘵性真，广于江海，崇于山岳，养之为天德，发之为王道，旷然无不通，昭然无不明，则其所观，岂不大哉！不然蔽于训诂，都于章句，塞于功利，是终乎卑陋而不足以语君子之观矣。"③ 这种看法具有普遍性，考课型书院大多要求诸生在书院学习应当精研六艺，穷道德性命，以传承先圣先师学术职责，反对仅仅钻研章句、训诂之学，汲汲于利禄功名，否则不得见大道，终不能成为君子。

  传统书院山长对待科举应试的做法有所不同，但是大多数山长并不反对科举制度。其中，白鹿洞书院的做法较为灵活。朱熹曾为即将奔赴临安参加省试的举人举办培训班。为此，他发布《招举人入书院状》，称："窃惟国家以科举取士，盖修前代之旧规，非以经义、诗赋、论策之区区者为足以尽得天下之士也。然则，士之所以讲学修身以待上之选择者，岂当自谓止于记诵、缀缉无根之语，足应有司一旦之求而遂已乎？今岁科场，解赴省待补之士二十有八人，文行彬彬，识者盖称之，郡亦与有荣焉。然惟国家之所以取士与士之所以为学待用之意，有如前所谓者。是以更欲与诸君评之。今白鹿洞诸生各已散归，山林闲寂，正学者潜思进学之所。诸君肯来，当戒都养，给馆、致食以俟。"④ 总体而言，

---

① （宋）杨允恭：《濂溪书院御书阁记》，《湖南通志》卷279，光绪十一年刻本。
② （宋）姚勉：《雪坡集》卷43《西涧书院换新梁文》，文渊阁《四库全书》本，上海古籍出版社1987年影印本，第1184册，第302页。
③ （明）李纯朴：《大观书院记》，王柏也等撰《同治监利县志》，江苏古籍出版社、上海书店、巴蜀书社2001年版，第276页。
④ （宋）朱熹：《招举人入书院状》，转引自陈谷嘉、邓洪波主编《中国书院史资料》，浙江教育出版社1998年版，第70页。

考课型书院源于教化应举之士，主要培养科举人才。

二　学术型书院的培养目标

学术型书院的目标是培养各类学术人才和学派传人。书院大师们的理想育人目标是不以科举为唯一目的，而是以发扬学术为旨归。朱熹曾清楚地表述为："前人建书院，本以待四方士友相与讲学，非止为科举计。"① 书院自产生之日起，就是以传承学术为目标，重视学问的研究和创新。书院研究者认为："书院不只是主张讲学，还自觉地把学术发展与流播同学校教育紧密地结合在一起，使书院教育变成了学术发展的策源地与传播基地。"② 在重科举的时代，官学教育和科举教育一定程度上冲击着传统书院的学术研究，然而，自宋至清，书院却从未放弃过传承学术的教育理念。传承学术同时也是书院的使命和功能，尤其是当官学颓败，不能讲学问道之时，书院的学术功能就显得尤为重要。

南宋时期，以朱熹为代表的"新儒家"高举理学大旗，一扫儒学章句、训诂、考据的空虚和繁复，转而讲求义理心性，重视圣贤意蕴的发挥，使儒学焕发了新生机，吸引了广大士人。理学家们以书院为基地和平台，传播新思想和新学说，培养学派弟子。这些弟子在书院内传承学派，在书院外传播学说，由此更加扩大了理学的影响。"自北宋末期以降，书院之发展每与理学之升降互为因果，相为表里。"③ 南宋时期，书院与理学相互结合和促进，理学型书院占据重要地位。

元代是书院发展的兴盛期，也是书院传承理学的重要时期。此时，书院与理学实现了全面结合，二者的发展密不可分，相互促进。程朱理学北传的重要贡献者是湖北名儒赵复。他讲学燕京太极书院，积极传播程朱之学，为北方培养了大批理学弟子。明人编写《元史》，作《儒学传》，将赵复列为首位，凸显了对其传播程朱理学突出贡献的认可。在

---

① （宋）黎靖德：《朱子语类》卷106《朱子三·外任潭州》，朱人杰等主编《朱子全书》第17册，上海古籍出版社、安徽教育出版社2002年版，第3481页。
② 丁钢、刘琪：《书院与中国文化》，上海教育出版社1992年版，第48页。
③ 吴万居：《宋代书院与宋代学术之关系》，台湾文史哲出版社1991年版，第245页。

太极书院讲学之后,赵复回到家乡德安府,主讲江汉书院,也以传承理学培养生徒为目标。除了赵复之外,龙仁夫、吴澄、姚灯等著名理学家讲学的书院,同样以传承理学为书院培养目标。

明中后期,王阳明和湛若水创立"心学"学说,倡导"致良知""随处体认天理""知行合一",为僵化沉闷的思想界吹来清新之风,为传统书院注入新活力。"心学"学说异军突起,赢得了广大士人的赞同和支持。如同前代理学家一样,心学家也热衷创建书院、倡导讲学,以传承心学为目标,将书院视为阐释传播学说的大本营。广大心学弟子通过在书院讲学积极传播心学,扩大心学的影响范围。明代江西和浙江各地的阳明学讲会更是学术型书院人才培养效果的集中展示。

乾嘉时期汉学勃兴,乾嘉汉学与书院密切关联,汉学书院以培养汉学人才为直接目标。乾嘉汉学学者或学成或讲学或执教于书院,并且"吴派""皖派"和"扬州学派"都有直接进行培养汉学人才和传播汉学学术的书院基地。例如,吴派的苏州紫阳书院、南京钟山书院;皖派的徽州府紫阳书院、洋川毓文书院、婺源明经书院;扬州学派的安定书院和梅花书院。除此之外,作为乾嘉汉学中坚的阮元更是通过创办诂经精舍和学海堂,以卓有成效的汉学研究和人才培养等方式直接扩大了乾嘉汉学的影响。据学者统计,学海堂的学长和生徒共有40人次执教过23所书院,地域涉及广东、广西、湖北、河南等省[①],远远超过兴盛期汉学书院影响的地域范围。

三 实学型书院的培养目标

实学型书院的目标是培养经世致用人才。明清时期一些书院崇尚实学,倡导经世致用学说,并且开设了大量应用类课程。此类书院的杰出代表是浙江甬上证人书院和河北漳南书院。以下以两所书院为例,介绍实学型书院的培养目标。

清康熙七年(1668),黄宗羲赴宁波讲学,创立甬上证人书院。黄

---

① 王建梁:《清代书院与汉学的互动研究》,博士学位论文,北京师范大学,2002年。

第二章 中国传统书院的教育理念

宗羲在甬上证人书院讲学期间，强调穷经、读史和经世，力改明末"高谈性命，束书不观"的学风，倡导实学思想。黄宗羲认为："明人讲学，袭语录之糟粕，不以六经为根柢，束书而从事于游谈，故受业者必先穷经，经术所以经世，方不为迂儒之学，故兼令读史。"① 可见，甬上证人书院强调经世致用，是为了改变自明中叶以后已成积弊的空疏浅薄的学风，主张明经通史，经世应务。除了重视实学，甬上证人书院还重视天文、地理、数学等应用类知识的传授。有士子谈及甬上证人书院学习经历回忆道："维时经学、史学以及天文、地理、六书、九章至远西测量推步之学，争各磨厉，奋气怒生，皆卓然有以自见。"②

明代中晚期从王阳明至东林学派，讲学之风盛行，但是在黄宗羲看来空谈道德性命，不讲求实学是当时讲学非常恶劣的弊端，即全祖望所批评"高谈性命，直入禅障，束书不观，其稍平者则为学究，皆无根之徒耳"③。为了达到实体达用的实学教育目的，黄宗羲把经史之学列为甬上证人书院的主要讲学内容。正如他的高足弟子李邺嗣所言："黄宗羲先生教人必先通经，使学者从六艺以闻道。尝曰：'人不通经，则立身不能为君子不通经，则立言不能为大家。'于是充宗兄弟与里中诸贤，共立为讲五经之集会。"④ 除了经史之学，黄宗羲受西方历算知识传入的影响非常推崇《崇祯历书》，称其"所列恒年表、周岁平行表之类，犹之未来历也……盖作者之精神，尽在于表，使推者易于为力"⑤。他亲自注《回回历》《西洋历》（又称《泰西历》），撰成《回回历假如》《西历假如》（又称《西洋新法假如》）等书，并且还亲自教授《西洋历》和《回回历》。不仅如此，他还培养出了陈訏等数学人才。有学者认为："在黄宗羲的思想和学术风格的熏陶下，一个以甬上证人书院子弟为主力、其流风被于浙东乃至全国，其学脉传于乾嘉乃至清末的清代浙东学

---

① （清）全祖望：《鲒埼亭集》卷11《梨洲先生神道碑文》，上海古籍出版社2000年版。
② （清）郑梁：《寒村杂录·寒村七十寿序》，清康熙刻本。
③ （清）全祖望：《鲒埼亭集外编》卷16《甬上证人书院记》，上海古籍出版社2000年版。
④ （清）李邺嗣：《杲堂文钞》卷3《送万充宗授经西陵序》，清康熙十七年刻本。
⑤ （清）黄宗羲：《黄梨洲文集》，中华书局1959年版，第453页。

派形成了。"① 清代浙东学派在史学、经学、文学和自然科学等方面都作出了重要贡献,而这一重要学派的主力都是甬上证人书院培养的实学型人才。

颜元主持的漳南书院是实学型书院的另一典范。颜元明确提出培养应用型人才或称专业型人才思想。针对宋明空谈心性的浮躁之风,颜元专门写作《论开书院讲学》,批判宋儒的讲学风格,文中写道:"嗟呼!何不曰道院,何不曰学堂,而直以书院名乎?盖其实不可掩也,亦两派诸先生迷而不之觉也。"② 并告诫生徒:"今不学,何讲哉?学习、躬行、经济,吾儒本业也。舍此而书云书云,讲云讲云,宋明之儒也,非唐虞三代之儒也。然则今日者,讲之不学,是吾忧矣。"③ 有鉴于宋明书院的空谈之风和鲜有人才的弊端,颜元晚年执掌漳南书院时,从经世致用的实学宗旨出发,力图将其建设成为一个以实学教育为特色的书院。

漳南书院提倡培养专门人才,认为只要具有某方面的专门才艺,并能具体运用于实践,便是某方面的有用之才。颜元并不强求"通儒济济",而是认为"学须一件做成,便有用,便是圣贤一流",提出"各专一事,未尝兼摄,亦便是豪杰"④。颜元认为书院教学的目标就是培养各种经世致用的实业人才,并把培养人才作为平治天下的重要策略。颜元所说的人才是指"实才和实德之士"。在当时书院教学以科举应试为培养目标的情况下,敢于提出培养"实才和实德"之士,极具创新意义。他从治国平天下的宏大视野出发,明确指出书院、人才、政事之间的关系,即"学术者,人才之本也。人才者,政事之本也。政事者,民命之本也。无学术则无人才,无人才则无政事,无政事则无治平、无民命"⑤。此外,为具体地实现书院实学型人才培养目标,漳南书院设置"文事""武备""经史""艺能""理学""帖括"六斋。这种教学法可

---

① 吴光主编:《黄宗羲论》,浙江古籍出版社1987年版,第132页。
② (清)颜元:《习斋记余》卷6,《颜元集》,中华书局1987年版,第519页。
③ 同上。
④ 同上。
⑤ (清)颜元:《习斋记余》卷1,《颜元集》,中华书局1987年版,第403页。

视为近代大学分科教学的前身。

第三节 传统书院的教学特色

自古以来，儒家学者就倡导"大学之道，在明明德，在亲民，在止于至善"的教育理念，希望通过教育教学达到君子之道和至善的境界。书院教育作为传统教育中的佼佼者，从办学宗旨的确立到培养目标的细化，在漫长的岁月中形成了自身的教学特色，很多方面值得我们今天的教育学习和借鉴。总体而言，传统书院的教学特色主要体现为以下四方面。

一 "育德为先"：书院教育首要任务为培养生徒的道德品质

中国古代儒家历来重视道德品质的教育。作为儒家思想的传承基地，书院尤为重视生徒道德素质的培养，并把道德教育作为书院教学的核心，置于书院教育的首位。① 书院研究者对比育德在书院和官学教育中的地位时说："儒家以德育人的教育理念，在享有例外权的官学是行不通和不必要的，或者说被排除在官学之外。正是因为如此，儒家人伦道德教化，严格地说被看作是对下层民众的，所谓教化乃是一种社会教化，并未真正成为古代官学教育所必须实施的教育理念。"②

早在南宋时期，书院教育大师们就注重生徒的品德教育。湖湘学派集大成者张栻认为："孩提之童，莫不知爱其亲；及其长也，莫不知敬其兄……迁于物欲而天理不明，是以处之不尽其道，以至于伤恩害义者有之。此先王之所以为忧而为之学以教之也。"③ 为了防止"天理不明"，张栻认为只有通过道德品质的教育和培养，才可以达到"明人伦"的目的。在《静江府学记》《袁州学记》《桂阳军学记》等诸多名篇中，张栻

---

① 张晓婧：《清代安徽书院研究》，博士学位论文，安徽师范大学，2014年。
② 陈谷嘉：《中国古代书院教育理念及人文精神再论》，《大学教育科学》2006年第3期。
③ （宋）张栻：《南轩集》卷15《送张荆州序》，文渊阁《四库全书》本，上海古籍出版社1987年影印本，第1167册，第546页。

反复阐述教育的根本目的在于"明人伦",使学生懂得如何做人。把道德品质纳入教育的轨道,体现了张栻书院教育的特点,也是为了反对那种只顾追求功名利禄,不以天下为己任的求学态度,批评不以儒家人伦教民,而去讲求文辞华丽,以此沽名钓誉的做法。张栻告诫学者"尘世利名无著意,圣门事业要精求"①,表现出他德育为先、德育为主的教育观。

与张栻同时代的朱熹更是倡导"先王之学以明人伦为本"的教育宗旨,主张"兴德业",并将伦理道德转化为个体的品德修养。朱熹告诫生徒:"今之朋友,固有乐闻圣贤之学,而终不能去世俗之陋者,无他,只是志不立尔。学者大要立志,才学,便要做圣人是也。"②朱熹认为:"圣人千言万语,只是教人明天理,灭人欲。学者须是革尽人欲,复尽天理,方始是学。"③他还强调"修德是本,为要修德,故去讲学"④,直接表明要将修德作为先于求道、讲学的位置。因此,朱熹在其书院教学中,将育德作为首要之事。朱熹教导生徒要砥砺德行,坚持克己复礼,以义统利,力行忠恕,彰明天理。他还教授学生主敬、涵养、克己、格致、力行等具体修德的方法。显然,自南宋以来,书院大师们就将道德教育置于书院教育的首位。

传统书院的学规直接体现着书院育德为先的教育理念。成为诸多书院学规蓝本的《丽泽书院学规》《白鹿洞书院揭示》和《程董学规》中,无不将"德育"写在第一位。《丽泽书院学规》共十一条,首条就强调:"以孝悌忠信为本,其不顺于父母,不友于兄弟,不睦于宗族,不诚于朋友,言行相反,文过饰非者,不在此位。"⑤从第二条到第十一条,全

---

① (宋)张栻:《南轩集》卷4《赠乐仲恕》,邓洪波点校《张栻集》,岳麓书社2017年版,第487页。

② (宋)黎靖德编:《朱子语类》卷8《学二·总论为学之方》,朱杰人等主编《朱子全书》第14册,上海古籍出版社、安徽教育出版社2002年版,第281页。

③ (宋)黎靖德编:《朱子语类》卷13《学七·力行》,岳麓书社1997年版,第200页。

④ (宋)黎靖德编:《朱子语类》卷34《论语十六》,朱杰人等主编《朱子全书》第15册,上海古籍出版社、安徽教育出版社2002年版,第1206页。

⑤ (宋)吕祖谦:《丽泽书院学规》,邓洪波编著《中国书院学规》,湖南大学出版社2000年版,第31页。

第二章　中国传统书院的教育理念

属于立品为学和人格陶冶方面，涉及生徒日常生活的各个方面。《白鹿洞书院揭示》在《跋语》中指出："圣贤所以教人为学之意，莫非使之讲明义理以修其身，然后推己及人。"整个《揭示》的核心就在于"讲义理，重笃行"，明确了白鹿洞书院的教育理念就是五种人伦道德。朱熹指出："圣人教人有定本。舜使契为司徒，教以人伦：父子有亲，君臣有义，夫妇有别，长幼有序，朋友有信……皆是定本。"① 岳麓书院同样如此，山长张栻把书院"明道""传道"的办学宗旨概括为"忠孝廉节"的四字院训，并请朱熹手书讲堂墙壁告诫生徒。此四字院训成为岳麓书院院规，千年不坠。不仅如此，清初在此基础上又制定出著名的《岳麓书院学规》十八条。儒家"德育为先"的教育理念在传统书院中出现的新景象即是涌现出的院训、学规、学箴等明确具体的规定。

明清以来，书院不仅传承了南宋以来书院大师育德为先的思想，而且更加注重道德践履，即德育培养的实践操作。例如，清康熙间，徽州府《紫阳书院规约》均为关于道德品质的教育内容，包括：敦伦之学、择善之方、执礼之本、存诚之功、寡过之法、崇俭之效。② 强调生徒在院学习，首重"明人伦"，"志学君子，欲治人而先自治者，宜何如其皇皇也！"③。清乾隆年间，广德《复初书院条约》开宗明义地提出："周官三物宾兴，首重德行，先王之语于郊也，亦祗德进言扬。况是邦承文庄之教泽，沐至德之涵濡，平日所闻于父兄师长者，谅早示之准绳，罔或逾越。"书院条约中前三条即要求生徒：立志、敦本和立诚。④ 复初书院将"立志"作为培养生徒首要之任务，并且针对时人为科举所累的现象，指出："朱子云，古圣贤所以教人为学之意，无非使之讲明义理，以修其身，然后推以及人，非欲其务记览为词章，以钓声誉取利禄已

---

① （宋）黎靖德编：《朱子语类》卷8《学二》，朱杰人等主编《朱子全书》第14册，上海古籍出版社、安徽教育出版社2002年版，第276页。
② （清）施璜：《紫阳书院志》卷15《会规》，雍正三年刻本。
③ 同上。
④ （清）周文业：《蓬庐文钞》卷8《杂著·复初书院条约》，民国二十九年铅印本。

也……若初学时毫无志趣，但急急于声名利禄，其末流必至委琐龌龊，全无品谊，岂是真读书人？"①

书院的祭祀活动是书院道德践履的重要组成部分。许多书院研究者都将"祭祀"作为书院的标志性特征之一。例如，盛朗西将祭祀视作书院的"三大事业"之一②；章柳泉也认为书院的特点之一是"祀先贤"③。祭祀过程是文化符号的交流过程，通过祭祀活动，先圣先贤与书院参祭者实现了精神上的对接。祭祀朱子和乡贤可以激发学生对于家乡的自豪感和荣誉感。通过对先贤先师的顶礼膜拜，学生就会在极其生动的场景中领受先贤、先师的生平业绩、思想品格以及为学进德、修身处世等方面的道德教育。可见，对于学生和老师而言，祀乡贤都是德育中十分必要的内容。然而，随着书院改学堂的完成，祭祀文化也随之消失。虽然祭祀的方法和仪式在今天看来并不可取，但是书院祭祀文化中注重学术源流、人格理想和社会责任等方面内容的传播以及榜样作用的激励和示范作用，对于当今大学的道德伦理建构，仍具有一定的启发和借鉴意义。④

二 "为学与举业不相妨"：学术研究和科举应试并重，培养不同类型人才

教育的对象是生命个体。教育活动的根本出发点就是围绕一个个生命个体，努力挖掘个体潜能，使之成为尽可能完善的人。传统书院即是以培养尽可能完善的人——"儒生"为根本出发点和终极目标。有学者将传统书院的教育理念概括为"全人教育"，认为"全人教育"理念，首先是致力于使学习者的生命达到"身心一如""成己成人不二""天人合一"的状态。传统书院的教育目标是学生"主体性的觉醒"与"完整人格的建立"，可称之为"全人教育"⑤。

---

① （清）周文业：《蓬庐文钞》卷8《杂著·复初书院条约》，民国二十九年铅印本。
② 盛朗西：《中国书院制度》，《民国丛书》第三编第45册，上海书店1991年版。
③ 章柳泉：《中国书院史话——宋元明清书院的演变及其内容》，教育科学出版社1981年版，第13—15页。
④ 参见张晓婧《中国传统书院文化对现代高等教育的启示》，《江苏高教》2016年第1期。
⑤ 黄俊杰：《传统书院的"全人教育"与现代大学的建立》，《高教发展与评估》2017年第2期。

第二章 中国传统书院的教育理念

传统书院的"全人教育"不仅注重传道济民,同时也将"学术研究"与"科考应试"调适结合,培养不同类型的人才。传统书院自产生之日起,就没能摆脱官学化和科举化的命运。章柳泉先生评论道:"书院官学化的结果是学习内容的僵化和学习空气淡薄,尽管官学化的书院也标榜传习理学,但只是程朱理学的躯壳,是当作应对科举考试的敲门砖而学习的。"① 官学化和科举化给书院的发展确实带来了制约和阻碍,导致书院中出现"其所日夕咿唔者,无过时文帖括,然率贪微末之膏火,甚至有头垂白而不肯去者"② 的"职业学生"现象。但是,科举化对于书院教育而言并非全无益处。有些学者经过长期研究提出了不同观点,例如"科举制是古代书院发展的动力和基础";"书院的科举化保证了政府对教育的控制、扩大了统治的基础、传递了主流文化,并保证了教学水平"等。③

传统书院教育是将科举应试与学术研究融合在一起,培养各种类型人才。在科举利益的驱动和刺激下,官学中师生间的感情淡漠、形如路人。而在传统书院中,师生学在书院,住在书院,生活在一起,互相了解,相互切磋,深入对方的思想世界甚至心灵深处。在《白鹿讲会次卜丈韵》诗作中,朱熹描绘了与学生相处时的愉悦情形:"宫墙芜没几经年,秪有寒烟锁涧泉。结屋幸容追旧观,题名未许续遗编。青云白石聊同趣,霁月光风更别传。珍重个中无限乐,诸郎莫苦羡腾骞。"④ 可见,传统书院的教育目标不全是为了应付科举考试,同时注重学习愉悦感的体验和个体素养的提升。书院大师都是其学派学说的积极研究者,同时又将其学术研究融入书院的教育教学之中。正如书院研究者所云:"真正的学问研究所,却在书院。求道问学,非书院不可。书院是孕育新的

---

① 章柳泉:《中国书院史话》,教育科学出版社1981年版,第28页。
② (清)刘锦藻:《清续文献通考》卷100《学校考七·书院》,民国景十通本。
③ 胡青:《科举制是古代书院发展的基础和动力》,《湖南大学学报》(社会科学版)2005年第6期。
④ (宋)朱熹:《白鹿讲会次卜丈韵》,陈俊民编校《朱子文集》第2册,台湾德富文教基金会2000年版,第255页。

学术思想，产生新学派的孵化器。"① 学术研究是书院教育教学的基础，而书院的教育教学又是学术研究成果得以传播和进一步发展的必要条件。书院的学术研究最终落脚点还是服务于人才培养。

三 "辩难争鸣"：自由的学风和思辨的态度

中国传统书院教育最大的特色就是倡导学术自由和质疑辩论。1924年，胡适在《东方杂志》发文，对书院的自由学风十分赞赏，并对清末废除书院制度表示惋惜。他指出："书院代表了一个时代的精神，是自由讲学的地方，绝大多数师生能够在学术研究上孜孜不倦，书院制度的废除导致一千多年来传统学术中的自主研究精神不复存在，实为近代中国的一大不幸之事。"② 书院教育中倡导的自由学风和思辨态度，集中体现在"讲会"制度和"讲会"精神中。书院讲会的产生最早可以追溯到南宋时期。淳熙二年（1175），吕祖谦在江西信州鹅湖寺主持了"鹅湖之会"③，请朱熹与陆九渊前来论道。两位儒学大师从形而上的"无极"到"太极"，再到形而下的具体为学工夫展开了激烈辩论，首开讲会之先河。"讲会"在清代已形成一整套完善的制度，各地书院的讲会都具有明确的宗旨、详细的规约、规定的日期、严密的组织、隆重的仪式、专门的经费开支以及固定的会期和程序。

何为"讲会"？学者们的说法不一。从文献记载来看，"讲会"一般是对应"课士"而言。清代书院大师施璜说："明代数建书院，诸生肄举子业于其中者，实繁有徒，谓之课艺；其坐皋比，主讲席，诸学者环列以听，乃谓之讲会。"④ 自南宋发端的书院讲会，至明清时期又出现不同的类型和各种称法。胡适先生在谈论明代书院讲会时，将其概括为"会讲式"和"考课式"两类。吴景贤是民国书院讲会研究之第一人，他提出"讲会"是书院中的另一种组织。吴景贤认为："书院中另有一

---

① 胡适：《书院制史略》，《东方杂志》1924年第21期。
② 同上。
③ （清）黄宗羲：《宋元学案》卷51《东莱学案》，中华书局1986年版。
④ （清）施璜：《紫阳书院志》卷16《会纪》，雍正三年刻本。

第二章 中国传统书院的教育理念

种组织，与书院有连带关系，而复自成系统，对于学风之传播，为力至大，斯为'讲会'。会中有严密之组织，会时有固定之仪式，会友有共信之宗旨。厘而订之，各为'讲规'或'会约'，是即讲会之章程。此种讲会讲规，在教育上学术上，均有极大之意义。今日之学者，研究学问，往往聚集同志多人，有所谓'学会'之组织者，似亦滥觞于此。是故，此种讲会，在当时可谓书院之灵魂，传播学术思想之有效方法，在今日仍不失其存在价值。"[1] 王炳照认为："讲会类似于近代的学会组织，以书院为中心，联合附近社会人士共同组成，书院之间也联合经办，轮流主持，成为一个影响广泛的学术教育活动。"[2] 邓洪波在博士论文《明代书院讲会研究》中将讲会分为学术型讲会、教学型讲会、教化型讲会等几种类型，提出"聚徒会众，以讲为学"是明代讲会一大特色的观点。[3] 有研究把讲会的内涵归纳为："一种是把讲会看作是与书院教学，书院学术活动有紧密联系的学术组织；另一种则认为讲会除了作为学术组织之外，它也应该包括任何形式的学术活动，而且其学术活动的开展并不仅仅限制于书院之内。"[4] 综合各家学说，我们认为"讲会"的内涵应是广泛的，包含多方面。学术组织包括学术活动，因而不能把研究视野局限于学术组织，否则会使"讲会"的外延缩小，不利于全面把握"讲会"的作用和意义。本书中所讨论的"讲会"，除讲会本身外，也包括"会讲"的相关内容。既包括传统书院内部所建立的各种学术组织和举办的各种学术活动，也包括各书院之间开展的学术交流和谈论，还包括具有相当规模和完备组织形式的各地联讲会。

传统书院教育中的"讲学"和"讲会"均是开放自由的。胡美琦在《中国教育史》中云："书院讲学是自由讲学，超出于政治法令影响之外，实可说是先秦诸子讲学之风。故其精神不在学校与考试。"[5] 明清两

---

[1] 吴景贤：《紫阳书院沿革考》，《学风》1934 年第 4 卷第 9 期。
[2] 王炳照：《中国古代书院》，中国国际广播出版社 2009 年版，第 132 页。
[3] 邓洪波：《明代书院讲会研究》，博士学位论文，湖南大学，2007 年。
[4] 侯兴菲：《清代书院讲会及其特点研究》，硕士学位论文，江西师范大学，2015 年。
[5] 胡美琦：《中国教育史》，台湾三民书局 1986 年版，第 385 页。

朝将程朱理学奉为儒学正宗，但是，在朱子故乡，我们也可以发现书院的讲坛上不仅仅传播朱子学说。与朱熹学术观点相对立的王阳明学派学者也被邀请至徽州各大书院举办规模盛大的讲会，每会会期十天，听众有时多达千余人。正是这种宽松的学术环境，使得当时的徽州人思想特别活跃。讲会建立在平等、信任、包容基础之上，注重对儒家经典的解读，并强调提问、倡导质疑，为自我对话和人本对话创造了开放的空间。从这个意义上而言，书院的讲会精神与当代大学精神本质上是相通的。

自宋元以来，传统书院讲会发展的高峰出现在明代。明代书院与王湛之学的结合，促进了书院与学术的共同繁荣，这已经成为学术界的共识。正德、嘉靖年间（1506—1566），是明代讲会最为兴盛的时期。《明史》对此曾有描述："正嘉之际，王守仁聚徒军中，徐阶讲学于端揆之日，流风所被，倾动朝野，于是搢绅之士，遗佚之老，联讲会，立书院，相望于远近。"[①] 当时著名的区域联讲会有十几处，例如，惜阴会、青原会、西原会、云兴会、水西会、同善会、水南会、君山会、光岳会、南樵会等，还有许多设在书院内部的讲会。王门弟子积极奔走，致力于讲学讲会，使得明中叶之后讲会如雨后春笋般地发展起来，并迅速推广到全国各地。其他学派纷纷效仿创立讲会，例如朱熹后学设有紫阳会，湛若水及其门人设有天泉会，等等。明代中叶以后，书院讲会除了具有广泛性，同时向普通百姓倾斜，尤其是泰州学派坚持"百姓日用之学"，积极调动平民百姓参与讲学论道。例如，泰州学派的主要代表人物王艮，晚年回乡讲学，并且向百姓开放。李春芳于此记载："见乡中若农若贾，暮必群来讲学"[②]。邓洪波等学者提出，明代书院发展的新动向是具有"平民化"倾向，这种倾向，很大程度上应是得益于书院教育中的"讲会"。

但是，与此同时，也正因为这种宽松自由的学风使生徒们崇尚思考和思想活跃，特别是讲学和联讲会触及封建正统思想传播时，政府就会采取一定的措施加以限制。因此，就有了因自由讲会而导致书院禁建和

---

① （清）张廷玉：《明史》卷231《徐阶传》，中华书局1974年版。
② （明）李春芳：《崇儒祠记》，陈祝生《王心斋全集》，江苏教育出版社2001年版，第104页。

第二章 中国传统书院的教育理念

禁毁的现象。明代三次大规模禁毁书院,包括清初对书院采取禁建的态度,都是书院教育所倡导的自由学风和思辨精神使统治者感到害怕所致。这也从反面反映了书院教育在民间的受欢迎程度和影响力。而且即使在禁毁禁建的年代,书院教育家们仍然在努力,民间是"禁而不绝",是一种"官方越禁,民间越办"的逆反心理。正如《万历野获编》中所说:"虽世宗力禁,而终不能止。"①

清代初期,统治者严禁书院讲会,随着书院政策的渐渐宽松,清代书院讲会才得以缓慢发展。一时之间,书院讲会之风再次掀起并且成为传播学术思想的主要方式。王门学子和姚江学派等各家学派重启讲会之风。据时人记载:"文公为徽学正传,至今讲学,遂成风尚,书院所在多有,而郡之紫阳书院,古城岩之还古书院,每年正、八、九月衣冠毕集,自当事以至齐民,群然听讲。"② 其间一些著名书院如无锡东林书院、歙县紫阳书院因有名师大儒主持,影响较大,还跨地域进行讲会。康熙初年,施璜和李颙主讲安徽歙县紫阳书院和陕西西安关中书院时分别制定了《紫阳讲堂会约》和《关中书院会约》《关中书院学程》,成为当时书院讲会规范的典范。但是,与明代相比,有清一代,书院讲会的数量和规模无法与之相较,这与书院官学化以及统治者的文教政策有着直接的联系。三藩叛乱平定之后,清政府统治基本完全巩固,与此同时开始加强对百姓的思想统治,集中体现在将程朱理学确定为政府的官方哲学思想。此后,书院讲学顿时清冷下来,专为科考的书院大量涌现。清代书院讲会中评议时政的色彩淡化。清初,黄宗羲曾对书院讲会中关于评议时政的现象有一段很精准的描述:"士之有才能学术者,且往往自拔于草野之间……于是学校变而为书院,有所非也,则朝廷必以是而荣之;有所是也,则朝廷必以为非而辱之。伪学之禁,书院之毁,必欲以朝廷之权与之争胜。"③ 清代书院讲会的内容大多是就某一学术观点的

---

① (明)沈德符:《万历野获编》卷24《书院》,上海古籍出版社2012年版。
② 安徽通志馆编:民国《安徽省通志稿·教育考三》,台湾成文出版社1985年版。
③ (清)黄宗羲:《明夷待访录·学校》,转引自李伟《明夷待访录译注》,岳麓书社2008年版,第40页。

讨论。在高压的文教政策下，清代考据学盛行，这无疑影响了书院学风和讲会。明清史学家孟森先生曾批评考据学者："宁遁而治经，不敢治史，略有治史者，亦以汉学家治经之法治之，务与政治理论相隔绝。故清一代经学大昌，而政治之学尽废，政治学废而世变谁复支持，此雍、乾之盛而败象生焉者二也。"① 这段评价一针见血地指出乾嘉学派在学术上的避重就轻，不敢针砭时事，而将个人精力和才华都用在了考订训诂上。

肇始于南宋时期的书院讲会至清初的历程，其自由的讨论和思辨的态度，成为传统教育中的一股清流。书院大师聚众讲会，传播学术，教化民众，对区域教育和区域文化的发展都起到了积极的推动作用。讲会作为一种独具特色的教育理念和教学方式，凝聚了诸多儒学大师的智慧，在书院教育中扮演了重要的角色，是书院教学的明显特色之一。

四 "家国情怀"：务实的精神和爱国的品质

传统书院教育理念一直强调"家国情怀"的培育。家国情怀需要情感认同和感性基础，这是前提，然而仅仅具有感性基础远远不够，传统书院还坚持对家国情怀的理性培育，这就体现为书院培养生徒家国情怀的教育理念，并将其转化为生徒内在的品质建设。主要体现为以下两个方面。

一是，培养生徒注重实学的务实精神。

传统书院具有经世致用的传统，书院大师们普遍认同"致良知"不如"致良策"。他们批判空谈心性，倡导实用务实。从北宋开始，一些书院大师们就倡导书院教学内容需要关注国家和社会的发展，学习实用知识。例如，北宋书院大师张栻提出要以"天下之事"为学习对象。当时国家战乱频繁，急需军事方面的人才，因此，张栻明确提出书院生徒要学习"兵事"。他认为学习兵事的重要性一是因为"夷虏盗据神州，有年于兹，国家仇耻未雪，圣上宵衣旰食，未尝忘北顾。凡在臣子，所当仰体圣意，思所以效忠图称者。然则于是书，又可以忽而不讲哉？"②

---

① 孟森：《明清史讲义》（下册），中华书局1981年版，第558页。
② （宋）张栻：《南轩集》卷34《跋孙子》，文渊阁《四库全书》本，上海古籍出版社1987年影印本，第1167册，第1016页。

第二章　中国传统书院的教育理念

二是因为："盖君子于天下之事，无所不当究者，况于兵者，世之兴废生民之大本存焉，其可忽而不讲哉？"① 在张栻主持的城南书院和岳麓书院中，军事知识是教学和讲学的重要内容之一。除了军事知识，张栻认为在纪律法度、权变机谋等方面的实用知识，书院生徒都应该学习。《宋元学案·岳麓诸儒学案》中记载："南轩弟子多留心经济之学"。被全祖望颇为赞赏的南轩弟子们，几乎个个都是经世致用的人才。例如，骁勇善战、战功赫赫的赵方；发展生产、安定民心的彭龟年；满腹才华、遇事可解的陈琦；通晓军务、注重调查的宋文仲；等等。岳麓书院士子们能够留心致用之学在各领域取得成功，很大程度上深受张栻实用知识教学思想的影响。

明清时期，大多数书院沦为科举附庸，和官学一样为了应付科举应试而对实学知识不闻不问甚至于排斥。有学者将这种不关注实学的陋习形象地比喻为："闭户而学操舟之术。"② 但是，有一些书院敏锐地感受到实用知识尤其是此时已传入中国的西方自然科技知识对于国家发展的重要作用，积极进行书院改革，教授实用知识，走在了时代的前列。例如，白鹿洞书院山长章潢、舒曰敬与利玛窦交往亲密，于万历间多次邀请传教士利玛窦来院讲授天文历法、机械数学等理工科知识。再如，康熙中期，湖南宁乡程祐祉"主讲岳麓书院，撰学约授诸生，曰《经术》《品谊》《治事》《文藻》，凡四篇，又立《为学日程十二则》"③ 从篇目上可以看出实学是岳麓书院的三要教授课程。清代后期，岳麓书院更是提倡实学，积极实行课程改革。山长王先谦认为根据当时的国情，朝廷急需讲究实用之学的人才。为此他改革岳麓书院课程，将书院的课程重新分为经、史、掌故、算、译五门，加大实学课程的学时和内容。这种以培养社会所需人才为终极目标的教育理念，使得岳麓书院吸引了大批求学问道的有志之士，形成了"关心现实，注重经世"的湖湘学派

---

① （宋）张栻：《南轩集》卷34《殿孙子》，文渊阁《四库全书》本，上海古籍出版社1987年影印本，第1167册，第1016页。
② （明）王廷相：《雅述》上篇《石龙书院学辩》，明嘉靖十七年刊本。
③ 杨布生：《岳麓书院山长考》，华东师范大学出版社1986年版，第132页。

特征。

二是，培育生徒精忠报国的爱国品质。

传统书院的创建源于补官学弊端和发明学术。黄宗羲明言："其所谓学校者，科举嚣张，富贵熏心，亦遂以朝廷之势力一变其本领；而士之有才能学术者，而往往自拔于草野之间，于学校初无与也，究竟养士一事亦失之，于是学校变而为书院。"[①] 南宋一些学者"梏章句者自谓质实，溺空虚者自诡高明，二者交病而道愈晦"[②]。因此，书院之建为明道。何为"道"？"道者人所行，故亦谓之行。道之引申为道理。"[③] 显然，在儒家看来，"道"所指的"道理"就是以忠孝为本、符合人伦纲常的做人道理。"明道"就是发明忠孝之道，"传道"则是传承忠孝之道，这才是书院的办学宗旨。故而，白鹿洞书院的办学宗旨申明，"学校之设，所以教天下之人为忠为孝也"[④]，并对此有详细的说明，"古者圣王设为学校，以教其民，由家及国，大小有序，使其民无不入乎其中而受学焉。而其所以教之之具，则皆因其天赋之秉义而为之品节，以开导而劝勉之，使其明诸心，修诸身，行于父子、兄弟、夫妇、朋友之间，而推之以达乎君臣、上下、人民、事物之际，必无不尽其分焉……此先王学校之官，所以为政事之本、道德之归，而不可以一日废焉者也"[⑤]。孝与忠相互为本，在家尽孝，为国尽忠。书院的办学宗旨及其实践都是由身及家，由家及国的扩展过程，其他的个人道德都需要忠和孝来成就。"忠孝一体"不仅满足了个人自身的道德需求，也是维持社会稳定和国家发展的实际需要。在这种价值观的支撑下，书院不仅是情感共同体，更是价值共同体。

[①] （清）黄宗羲：《明夷待访录·学校》，转引自李伟《明夷待访录译注》，岳麓书社2008年版，第40页。

[②] （宋）袁甫：《蒙斋集》卷13《象山书院记》，文渊阁《四库全书》本，上海古籍出版社1987年影印本，第1175册，第487页。

[③] （东汉）许慎撰，（清）段玉裁注：《说文解字注》，上海古籍出版社1981年版，第75页。

[④] （宋）朱熹：《朱子语类》卷109《朱子六》，朱人杰等编《朱子全书》第17册，上海古籍出版社、安徽教育出版社2002年版，第3542页。

[⑤] （宋）朱熹：《晦庵先生朱文公文集》卷78《静江府学记》，朱杰人等编《朱子全书》第24册，上海古籍出版社、安徽教育出版社2002年版，第5141页。

第二章　中国传统书院的教育理念

书院大师们心系国家，时时体现着心忧天下的爱国情怀。尤其在国家战乱之时，更是如坐针毡，出谋划策。例如，绍兴三十一年（1161）九月，金国大举南侵，朱熹作《感事》一诗，不仅为国家前途忧心忡忡，更是为此出谋划策。诗云："闻说淮南路，胡尘满眼黄。弃躯惭国士，尝胆念君王。却敌非干橹，信威藉纪纲。丹心危欲折，伫立但彷徨。"[①] 他感慨报国无门的无奈，为自己在国家危难时不能捐躯而深感惭愧，并建议君王应学越王勾践卧薪尝胆的精神。再如，《次韵彦采病中口占》诗云："一榻流年度，篝灯遥夜阑。短衾闲自拥，清镜莫频看。竹密初惊雪，梅疏却耐寒。从今花木梦，无复在雕栏。"[②] 此时，朱熹虽身躺病榻，仍心系国家安危，并以竹和梅顽强不屈的品格来比喻和赞美沙场上坚毅不屈的将士们。朱熹将自己对家与国的责任与担当通过诗和文的形式表现出来，由此激励书院生徒的爱国热情和报国之志。

书院大师在教学中传递爱国精神的同时，还在实践中以身作则。例如，宋元之际，长沙陷入元兵之时，岳麓书院师生毅然放下课本操戈上阵。再如，明清之际，王夫之、顾炎武、黄宗羲等书院大师举兵反抗清军，失败后拒不投降。由此可见，书院历代师生都具有强烈的爱国精神，甚至不惜将生死置之度外，表现出浓厚的家国情怀。

[①]（宋）朱熹：《晦庵先生朱文公文集》卷2《诗》，朱杰人等编《朱子全书》第20册，上海古籍出版社、安徽教育出版社2002年版，第289页。

[②] 同上。

第三章 中国传统书院的教育内容

传统书院的办学宗旨和教育理念,指明了书院的办学方向和培养目标,为书院的持续发展打下了基础。但是,良好的办学宗旨和教育理念还需要精心设计和完善充实的教育内容来体现,这也是关系到书院的教育教学能否体现办学宗旨和培养目标的大事。传统书院的教育内容并非一成不变,而是随着朝代更替而变化,因循办学类型而迥异。按照教育内容在书院出现的顺序、占据书院比例的大小,我们将传统书院教育内容分为经史之学、学派成果、实用知识和西方科学等几大方面。

第一节 经史之学

"经"与"史"是传统书院教育的基本内容。俗语有言:"经学通则经术有本,史学熟则议论有据。"在书院教育家看来,儒家经典的经史之著充满哲理,不仅是"入学之门",而且是"积德之本",以"四书五经"为核心的经史之学成为传统书院课程的主体。

一 经学著作

历代书院教育家都认为,士子读书当"从经学始","《六经》为载道之书","舍经则无以为学"[1]。生徒个体修身若不以儒家经典为本,则"终为无根之学"[2]。书院大师朱熹在教学中明确要求诸生将"四书"及

---

[1] (清)戴震:《戴震文集》卷11《题惠定宇先生授经图》,中华书局1980年版,第168页。
[2] (清)周在炽:《玉潭书院条约》,清乾隆三十二年刊本。

第三章 中国传统书院的教育内容

《诗》《书》《礼记》，二程、张栻的著作"分明易晓处反复读之，更就自己身心上存养玩索，著实行履"①。一些书院学规中还明确了读经的具体计划，例如，"在院生童等，每日必读熟经文三百字。查《诗经》四万八百四十八字，应以一百三十六日读完；《书经》二万七千一百三十四字，以九十日读完；《易经》二万四千四百三十七字，以八十日读完；《礼记》九万八千九百九十四字，以三百三十日读完；《春秋》一万五千九百八十四字，以五十四日读完，共须六百九十日，不及两年即能遍诵"②。

经学著作中又以"四书"为书院生徒研习之首之最。朱熹说："《四子》，六经之阶梯。"③ 明清之际，李颙对"四书"曾予以极高评价，他分别予以阐述，即曰："《大学》一书，乃孔门授受之教典，全体大用之成规也。吾人无志于学则已，苟志于学，则当依其次第，循序而进……自然德成材达，有体有用，顶天立地，为世完人。"④ 曰："《中庸》一书，圣学之统宗，吾人尽性至命之指南也。"⑤ 曰："《论语》一书，夫子之语录也。开卷第一章首标'学'字，以为天下万世倡。由是愚以之明，塞以之明，不肖以之贤，犹鱼之于水，无一时一刻而可离焉者也。"⑥ 曰："《孟子》一书，君相由之，足以拨乱返治，旋乾转冲；韦布由之，足以壁立万初，守先待后。"⑦ 明代学者杨廉在《白鹿洞书院宗儒祠记》中强调："书院之教，其来尚矣。所以讲明而切剖者，儒之道而已。三纲五常，吾身之所系也；四端万善，吾心之所统也；五经四书，作吾之阶梯也。"⑧ "四书""为六经之精华，乃读书之本务"⑨ 是阅读儒家经典的基础，是进入儒学之门的必由之路，而且"四书"还是为人处

---

① （宋）朱熹：《晦庵先生朱文公文集》卷74《沧洲精舍谕学者》，朱杰人等主编《朱子全书》第20册，上海古籍出版社、安徽教育出版社2002年版，第3593页。
② （清）王昶：《友教书院规条》，清乾隆五十四年刻本。
③ （宋）朱熹：《朱子语类》卷105《论自注书》，朱杰人等主编《朱子全书》第17册，上海古籍出版社、安徽教育出版社2002年版，第3450页。
④ （清）李颙：《四书反身录·大学》，《二曲集》卷29，中华书局1996年版，第401页。
⑤ （清）李颙：《四书反身录·中庸》，《二曲集》卷30，中华书局1996年版，第414页。
⑥ （清）李颙：《四书反身录·论语》，《二曲集》卷30，中华书局1996年版，第426页。
⑦ （清）李颙：《四书反身录·孟子》，《二曲集》卷30，中华书局1996年版，第534页。
⑧ （明）李梦阳：《白鹿洞书院新志》卷6，朱瑞熙等《白鹿洞书院古志五种》，中华书局1995年版，第108—109页。
⑨ （清）李文炤：《岳麓书院学规》，《恒斋文集》卷4《学规》，道光二十三年刻本。

事的根本、为学治国的根基。因此，在以"四书五经"为代表的经学著作中，书院尤其要求生徒认真研读体会"四书"。

"六经"也是传统书院生徒必须学习的重要内容。儒家认为："《诗》以道志，《书》以道事，《礼》以道行，《乐》以道和，《易》以道阴阳，《春秋》以道名分。"①《六经》在培养生徒个体德性过程中各具作用，被总结为："其为人也：温柔敦厚，《诗》教也；疏通知远，《书》教也；广博易良，《乐》教也；洁净精微，《易》教也；恭检庄敬，《礼》教也；属辞比事，《春秋》教也。"② 许多书院都强调读经、穷经的重要性，例如，玉潭书院制定的《读书法九则》指出："读书最要穷经。六经是无底之海，奇文妙理，日索日出，万变不穷。学者当以此为水源木本，不可畏难。"③ 经学著作体现了儒家"内圣外王"、积极入世的价值追求，反映出传统书院培养明道传道、经世济民理想人才的办学宗旨，并且还是科举考试的重要内容。前已述及，书院教育并非完全抵触和反对科举，而是将明道传道与科举应试融合，因而，经学著作是传统书院教育内容的主体部分之一。

以岳麓书院为例，建院后大部分山长都认为经史是为学之根基。他们将研习经史之学作为生徒的学习之要，屡屡申明于学规之中。胡安国所作《春秋传》奠定了湖湘学派的治学风格，是湖湘学派的代表著作，又是他给弟子传道授业的重要教材。岳麓书院早期山长彪居正、张栻均是胡宏的得意门生，他们的教育思想一脉相承。明末山长郭金台在《上澹庵先生纪言序》中对胡宏、张栻"偕诸子门徒讲《春秋》大义"的情景大为赞赏。④ 张栻在书院教学时将讲学内容编辑撰写成《孟子说》《论语解》，后被刊刻成书，是岳麓书院生徒学习的主要教材，他常与生徒"论《大学》次第，以开其学者于公私义利之间，闻者风动"⑤。乾道三

---

① 曹础基：《庄子浅注》，中华书局2007年版，第387页。
② 夏剑钦主编：《礼记·经解》，《十三经今注今译（上册）》，岳麓书社1994年版，第944页。
③ （清）周在炽：《新修宁乡县玉潭书院志·学规》卷3，清乾隆三十二年刊本。
④ （清）罗汝怀编纂：《湖南文征》卷31《序七》，岳麓书社2008年版，第757页。
⑤ （宋）朱熹：《晦庵先生朱文公文集》卷97《观文殿学士刘公行状》，朱杰人等主编《朱子全书》（修订本）第20册，上海古籍出版社、安徽教育出版社2010年版，第4490页。

年，朱熹来访岳麓，与张栻探讨《中庸》之义，朱、张的弟子随之听讲。后朱熹知潭州时兴学岳麓书院，为书院颁《朱子书院教条》，将儒学思想融入培养学生的道德规范中。岳麓书院所聘主讲者大都是研治经史且颇有学术成就的学者。王文清任岳麓书院山长期间，非常注重经史的传授。他在《岳麓书院学箴九首》中阐明了学习经史的必要性和重要性，曰："日月不灭，万古六经。囊括万有，韬孕经纶。"① 又曰："史书廿二，纲目星陈，如何不学，长夜迷津。"② 在主讲岳麓书院期间，他独治朴学，撰写了大量经学学术著作，并且总结了自己研究经史的经验，写成《读经六法》《读史六法》，以此教导生徒和培养人才。魏源"十五岁补县学弟子员，始究心阳明心学，好读史"③，而到岳麓书院求学后即探究宋儒程朱之学，这也反映出当时岳麓书院教学的主体内容是经史之学。

岳麓书院山长倡导经史之学，尤其以李文炤为代表。康熙五十六年（1717），李文炤掌教岳麓书院，他学识渊博，著述宏富，是岳麓书院最有声望的山长之一。在他主持下，修订后的《岳麓书院学规》不仅规定"每日于讲堂讲经书一通"，"四书"为读书"本务"，"身通六籍，所传六经"为立教之务，而且要精研宋儒之书，博洽而旁通六经。除此之外，还将《朱子集注》《四书或问》《朱子语类》《太极》《通书》《西铭》《正蒙》《纲目》及程朱语录、文集等理学著作列入必学课程，告诫众生徒应"择经史子集之书以正学术"④。李文炤在任岳麓书院山长期间专门为书院生徒编写《岳麓讲义》，阐述《大学》《中庸》等儒家经典篇章，其内容深入浅出，是上好的经学教材。除了重视和提倡研读经学，他还在生活中实践经世致用的思想。《岳麓书院学规》中有言："《书》言：'知之非艰，行之惟艰。猩猩能言，不离走兽；鹦鹉能言，不离飞

---

① （清）王文清：《王九溪先生学箴九首》，丁善庆《长沙岳麓书院续志》卷1《规条》，同治六年刊本。
② 同上。
③ （清）魏耆：《邵阳魏府君事略》，《魏源集》（下册），中华书局1976年版，第847页。
④ （清）李文炤：《岳麓书院学规》，《恒斋文集》卷4《学规》，道光二十三年刻本。

鸟。'为士而徒以诗文自负，何以自别于凡民乎？故学问思辨，必以力行为归也。"①

传统书院重视经学的教学，不但要求生徒根据儒家经典内容与层次差异，由易而难、由低到高，循序渐进地研读思考，而且为了达到良好的学习效果，要求生徒读经史必须抓住精髓、用心体会。为了考核激励生徒对"经学"之重视和掌握程度，针对是否读经、是否熟读以及研读数量达标与否，书院发给每位生徒的膏火费用有很大差别，例如，陕西略阳县嘉陵书院《定膏火》条规中就明确提到了这一点，史料载："前以读经书定膏火，读经者给膏火，不读经者不给，期于士皆通经。然亦有勤于用功读经而不能如数者，自宜略为变通。今定膏火五十分，读经膏火三十分，不读经膏火二十分。读经以《易》《书》《诗》《周礼》《礼记》《春秋左传》六经为定。六经尤以《春秋左传》《礼记》《周礼》为主。《春秋左传》十二本，《礼记》十本，《周礼精义》六本，诸生童于是三经，能二十日读一本者准膏火……《易》《书》《诗》，每部均限八十日，能读熟者准膏火。然必《周礼》《礼记》《春秋左传》读完再读此三经者方准膏火，但能读此三经者方准膏火，但能读此三经者不准……其不专于读经，或读经不能如数者，生员膏火十分，童生膏火十分。"② 湖南昭潭书院规定："课文定以逢五每月三课，四书经文各一篇，诗一首，生员间试以策论。每课清晨齐集讲堂，院师面课，照依卷号坐次，专静揣摩，课卷未完，不许退归私舍。会食课位，薄暮交卷，夜不给烛。次日院师笔削既定，次其甲乙。分为三等，榜列院前，前列者酌给奖金。"③

二 历史典籍

书院教育家认为，经与史二者是教学内容中的整体，不可分裂，互

---

① （清）李文炤：《岳麓书院学规》，《恒斋文集》卷4《学规》，道光二十三年刻本。
② （清）贾芳林：《嘉陵书院咸规五条》，转引自陈谷嘉、邓洪波主编《中国书院史资料》，浙江教育出版社1998年版，第1669页。
③ （清）张云璈、周系英纂修：《湘潭县志》卷11《学校四·昭潭书院学约八条》，清嘉庆二十三年刊本。

第三章 中国传统书院的教育内容

相依存，曰："治经者，必读史；治史者，必通经。观其会通，不可偏废，这样才能相得益彰。"① 经学著作是传统书院培育"传道济民"理想人才的主要内容，历史典籍中蕴含着经世治国之良策、修身养性之智慧，同样是书院教学的重要内容。清代书院大师王昶将史学归为四类，即："史有四：有纪传之学，自《史记》《汉书》至《明史》，所谓二十二史是也；有编年之学，《通鉴》《纲目》是也；有纪事之学，袁枢《纪事本末》各书是也；有典章之学，《通典》《通志》《通考》《续通考》是也。"② 并且认为，四类史学著作之中"得其一而熟究之，于古今治乱之故，无不了然胸臆间。上之开物成务，足以定大事，决大疑。下之撷华采英，足以宏著作"③。历史典籍浩瀚无穷，底蕴深厚，承载着人类社会世世代代积攒的智慧和经验，因此，在书院教育中，历史典籍也是生徒必修的重要内容。

在各个时期的书院教育中，历史教育均受到重视，并成为书院教育内容的重要组成部分。北宋初年，科举考试有三史科，以《史记》《汉书》《后汉书》为考试内容。进士科与其他诸科考试内容主要是经义、诗赋、策论，虽体裁各异，佢因为出题范围广泛，均需要应试者普遍阅读史书。因此，科举应试与学术研究并重的传统书院，非常重视与科举和学术关系均为密切的史书学习。相应地，书院也非常注重聘任在史学方面颇具造诣的大师来主持书院。例如，王洙博学多才，受聘应天府书院讲学长达八年，曾"校订《史记》、前后《汉书》，编《国朝会要》《乡兵制度》《祖宗故事》《三朝经武圣略》"④，在史学上成就颇高。范仲淹执掌应天府书院时，不仅自己亲自教授《春秋》之学，而且聘请睢阳（应天府）书院创立者戚同文之孙戚寺丞主讲《春秋》，听众达四十人。⑤ 孙复曾游学于范仲淹掌教的应天府书院，后创立泰山书院，以专

---

① （清）邓炬：《华阳书院章程》，转引自邓洪波《中国书院章程》，湖南大学出版社2000年版，第64页。
② 杨布生、彭定国：《中国书院与传统文化》，湖南教育出版社1992年版，第17页。
③ 同上。
④ （宋）欧阳修：《居士集》卷32《翰林侍读侍讲学士王公墓志铭》，《欧阳修全集》，中国书店1986年版，第223页。
⑤ （宋）范仲淹：《范文正公尺牍卷下·睢阳戚寺丞》，李勇先、王蓉贵校点《范仲淹全集》，四川大学出版社2002年版，第694页。

治《春秋》著称,"先生（孙复）尝以谓尽孔子之心者大《易》,尽孔子之用者《春秋》,是二大经,圣人之极笔也,治世之大法也。故作《易说》六十四篇,《春秋尊王发微》十二卷"①。由史学造诣很深的名师主持或掌教书院,在一定程度上有利于促进书院历史教育的开展。

  北宋中后期,伴随着三次兴学运动后官学的兴盛和新儒学的发展,转型后的书院教学内容主要为新儒学等儒家经典,但是,各书院对历史教育仍然十分重视。例如,史学家司马光、理学家程颢和程颐等曾先后在嵩阳书院讲学。司马光在嵩阳书院撰写完成史学巨著《资治通鉴》其中的一部分。二程在嵩阳书院讲学十余年,他们在讲学过程中十分重视指导学生如何读史,要求门人通过学习历史把握"圣人之道"。例如,二程认为:"尝语学者,且先读《论语》《孟子》,更读一经,然后看《春秋》,先识得个义理,方可看《春秋》。"② 又说:"凡读史,不徒要记事迹,须要识得治乱、安危、兴废、存亡之理。"③ 程颐晚年讲学伊皋书院,以经史授徒,朱熹称赞道:"故程夫子教人先读《论》《孟》,次及诸经,然后看史,其序不可乱也。"④ 由此可见,历史学习是程颐理学教育的重要内容。在程颐代表作《程氏易传》中,有着大量关于历史治乱盛衰的史论,他通过对易理的阐发,表达了重人事、重联系和辩证的历史观。⑤ 例如,他说:"上下之义不交,则天下无邦国之道,建邦国所以为治也,上施政以治民,民戴君而从命,上下相交,所以治安也。"⑥ 这是从易理的角度把上和下、君和民两方面结合起来讨论治乱兴亡的原因,体现出重人事的思想。再如,他充分运用易学中联系的思想,辩证

---

  ① （宋）石介：《泰山书院记》,陈植锷点校《徂徕石先生文集》卷19《记十一篇》,中华书局1984年版,第223页。

  ② （宋）程颢、程颐：《程氏遗书》卷15《伊川先生语（一）》,《二程集》,中华书局2004年版,第164页。

  ③ （宋）程颢、程颐：《程氏遗书》卷18《伊川先生语（四）》,《二程集》,中华书局2004年版,第232页。

  ④ （宋）朱熹：《朱文公文集》（二）,上海商务印书馆影印《四部丛刊初编缩本》,上海商务印书馆1936年版,第558页。

  ⑤ 吴怀祺：《易学与史学》,中国书店2004年版,第145页。

  ⑥ （宋）程颢、程颐著,王孝鱼点校：《二程集》,中华书局2004年版,第928页。

地思考君与臣、君子与小人在国家治理中的相互关系,指出贤臣辅佐君王治理天下为安危之关键,但还需要"同志协力",以阻止"小人"的"党胜"①。二程在书院讲学中强调读史的重要性以及他们对历史问题的认识和阐发对书院弟子以及此后的书院教育都产生了相当大的影响。二程之后的书院大师,如杨时、朱熹、陆九渊等都重视研究历史,并继承和发展了二程的书院教育观点。

南宋时期书院几乎取代官学成为主要的教育机构。这一时期的传统书院坚持学术研究和科举应试并重,既强调学术自由、推崇修己至诚之道,同时不反对科举取士,并且力图以讲道、讲学来救正官学之弊。历史教育因此受到更多重视。一方面,为应举需要,这一时期的不少书院直接将科举之学作为主要的教学内容,开设专门的历史课程,进行专门的考课,与官学的教学内容趋于一致。另一方面,书院反对片面读书应举,教学内容除儒学外,百家学问均可为学,史学因其独特的传道和经世作用更是受到重视。在朱熹讲学的书院中,可供学习的史著除了《春秋》《尚书》《左传》外,还有《国语》《史记》《汉书》《后汉书》《三国志》《晋书》《南史》《北史》《资治通鉴》《续资治通鉴长编》《国纪》等诸多史著。②朱熹所撰《资治通鉴纲目》被书院门徒作为必修史籍,地位如同孔子的《春秋》。朱熹要求他的学生要做到"制度之无不考,古今之无不知",并且十分明确提及读史的最终目的是为了加强道德修养,要求学生"读史当观大伦理、大机会、大治乱得失"③。另一书院大师吕祖谦同样重视历史教育,他执掌书院期间对生徒的历史教育非常重视。从《丽泽讲义》可知,当时书院主要的教学内容包括《左传》《史记》《资治通鉴》等史著。吕祖谦还将自己所撰《东莱左氏博议》《左氏传说》《左氏传续说》《大事记》《大事记通释》《大事记解题》《历代制度详说》《通鉴详节》《唐鉴音注》等史著,作为弟子读史的教

---

① (宋)程颢、程颐著,王孝鱼点校:《二程集》,中华书局2004年版,第888—894页。
② (宋)黎靖德:《朱子语类》卷11《学五·读书法下》,朱杰人等主编《朱子全书》(修订本)第14册,上海古籍出版社、安徽教育出版社2010年版,第353—354页。
③ 同上书,第355页。

材和参考书。① 南宋书院历史教育并不是片面适应科举的发展,而是注重应考训练、博闻强记的同时,注重强调明义理、修心性、尚德操、求致用。正如章学诚认为:"南宋以来,浙东儒哲,讲性命者,多攻史学,历有师承。"②

传统书院教育内容中历昊典籍所占比重较大,虽有科考内容的影响,但更与书院大师重视历史教育的借鉴功能、资政功能和道德教化密切相关。书院学规中大都明确规定了生徒研读历史典籍的重要性和实用性。例如,白鹿洞书院在学规中明确提道:"书犹镜也,我有善念或踌路未决,读古人书而奋然兴矣;我有过失或弗能察,读古人书而惶然自愧矣。"③ 康熙二十六年(1687)四月,白鹿洞书院得康熙皇帝所赐《二十一史》,更是激励了生徒学习历史的热情。为了帮助生徒更好地学习历史,台湾澎湖文石书院还专门开设了"三史"课程,强调:"史学不可不通。三史之学,一曰正史,若马、班之书是也;一曰编年,若《通鉴纲目》是也;一曰记事,若谷应泰《明史记事本末》是也。其他三通、地志等书,皆史家之支流,涉猎焉习也。夫史书浩如渊海,苦难遍读,故治史者,必自朱子《纲目》始。"④ 江西凝秀书院在《书院条约》中告知诸生徒:"盖史家牢笼古今,冥搜百代,能使所书之事与所书之人,是善恶了然于心,又复折衷古人发起凡起例,故去取有法,详略有体。然而立言之旨引而不发,或一人事迹互见他传,或一事得失旁证他事,离其篇什不能寻其脉络,滴其章句不能得其精微,所谓作史难,读史亦难也。"⑤ 并且告诫生徒如果想获得"包孕一切,有识见,有根本"的素

---

① (清)黄宗羲:《宋元学案》卷51《东莱学案·丽泽讲义》,中华书局1986年版,第1654—1662页。
② (清)章学诚:《章学诚遗书》卷18《文集三·邵与桐别传》,文物出版社1985年版,第176页。
③ (清)汤来贺:《白鹿洞书院学规》,转引自邓洪波编著《中国书院学规》,湖南大学出版社2000年版,第120页。
④ (清)林豪:《文石书院变学约八条》,转引自邓洪波编著《中国书院学规》,湖南大学出版社2000年版,第108页。
⑤ (清)朱一深:《凝秀书院条约》,转引自邓洪波编著《中国书院学规》,湖南大学出版社2000年版,第152页。

质，必须注重学习与思考相结合、批判地看待和吸收历史典籍中的养分。[1] 嘉庆年间，《宜溪书院条规》规定："每日上堂讲书，务宜沉心静气听讲，不拘四书、五经、诸史，诸生有独得心解者，录出送掌教就正，有疑者不时登堂质问；诸生习五经，须熟读详解，《性理》《小学》《近思录》《大学衍义》，不时讲读；纲目、诸史、三通，各量资性以为多寡。其节次由武英殿颁行御纂、钦定及嘉庆年间奉颁御制、钦定各集，皆宜潜心诵读，仿照《读书日程》限定功课，月计不足，岁计有余，诸生毋以迁远而忽之；诸生各立功课簿一本，将每日清晨、午间、灯下功课逐一开入，如理经史何书，于何起止，理古文某篇，诗某首，或学书临某帖，据实登填，听掌教不时抽阅叩问，并候本县不时取阅。总期靠实，难容捏饰，有捏填者，自欺之人，甘心暴弃，以犯规扶出。"[2] 由《宜溪书院条规》可知，历史经典著作被规定为必修课程，必须不时讲读和潜心诵读。

古代历史典籍浩瀚无穷、汗牛充栋，纪传体史书、编年体史书、典章之学及纪事之学各成风格，各有侧重，其间还蕴含着良好的道德教育素材。很多书院将历史典籍作为德育内容的重要组成部分。例如，岳麓书院将《史记》《左传》《春秋》等历史典籍作为学生道德培养的素材，让学生从历史演进过程中的学习中明辨是非，进而树立正确的思想道德价值观念；从历史人物、历史事件的学习中建立对社会发展的判断标准。

经学与史学虽然阐述问题的方式各有差异，但是互相联系、相互依存，从不同角度揭示了社会和个人的发展规律。因此，传统书院在教育内容中倡导生徒求学问道，穷经与学史并重。例如，台湾《文石书院学规》明确指出："经，经也；史，纬也。学者必读经，然后可以考圣贤之成法，则亦未有不读史而后可以知人论世者也。是十三经、二十二史，

---

[1] （清）朱一深：《凝秀书院条约》，转引自邓洪波编著《中国书院学规》，湖南大学出版社2000年版，第152页。
[2] （嘉庆）《安仁县志》卷6，转引自邓洪波编著《中国书院章程》，湖南大学出版社2000年版，第199—201页。

非学者所以必读之书而学问之根底者哉？"① 再如，乾隆年间，湘潭昭潭书院《学约》在"尚实学"一条中，首先强调经史之学并行的重要性，即"经史者，学问之根柢"。此外，明确指出课程内容经史并重，曰："凡《十三经》《二十二史》以及诸子百家，皆学者所当究心。濂洛关闽之书，阐明性理最足，发人深省，故读宋儒书得力，读经史亦亲切有味。其他如《通典》《通志》《通考》《唐鉴》《大学衍义》《大学衍义补》诸书、唐宋诸大家文集，皆不可不读。视其资力之优黜，为诵读之多少可耳。至诗赋古文诸体，与时文并重。乡会二试改用排律，翰林馆课及岁科两考兼取诗赋。当求师长指示留心学习，不特场屋中可免抄袭之弊，即将来选入馆阁，扬风扢雅，不蒙寡陋之诮。总之，有实学斯征实用。若不讲根柢，徒务词华，亦大失古人论学之旨，何须建立书院哉。"② 又如，江苏华阳书院《章程》强调："治经者，必读史；治史者，必通经。观其会通，不可偏废……兹愿诸生刚日柔日，蕴为通儒。故兼治经史。"③ 如此等等。

　　乾隆后期，随着朝廷的办学导向和学术风气的变化，专研经史类的书院比重增加。乾隆十六年（1751）上谕："经史，学之根柢也。会城书院聚黉库之秀而砥砺之，尤宜示正学。朕南巡所至，有若江南之钟山书院，苏州之紫阳书院，杭州之敷文书院，各赐武英殿新刊《十三经》《二十二史》一部，资髦士稽古之学。"④ 朝廷的支持极大地促进了书院的经史教学，并由此出现了诂经精舍和学海堂两所专课经史、不课时文的"经古学"新型书院。所谓"经古学"，"经"主要指经解，也包括音韵训诂等；"古"则以史学与词章为主。同光年间，全国各地出现了模仿两所经古学堂的省会级经古书院，例如苏州正谊书院、广州菊坡精舍、广州广雅书院、武汉经心书院、武昌两湖书院、成都尊经书院、保定学

---

① （清）胡建伟：《文石书院学规》，转引自邓洪波编著《中国书院学规》，湖南大学出版社 2000 年版，第 104 页。
② （清）潘世晓：《昭潭书院学约八条》，张云璈、周系英《湘潭县志》卷 11《学校四》，清嘉庆二十三年刊本。
③ 邓洪波编著：《中国书院章程》，湖南大学出版社 2000 年版，第 64 页。
④ （清）王昶：《天下书院总志》卷首《乾隆十六年三月初一上谕》，清抄本。

古堂、苏州学古堂等。

从以上两方面论述中，我们可以发现，传统书院非常重视经史内容的教学，将经史之学作为生徒的学业之本。正如陈宏谋在《豫章书院学约十则》中提出："夫文以载道，必贯通经史，义理完足，不求工而自工。昌黎云，根之茂者其实遂，膏之沃者其光华，仁义之人其言蔼如。又云，气盛，则言之短长与声之高下者皆宜。昌黎起衰八代，而其言如此，则知文之所以工有由来矣。柳子厚历道其用力之故，经史百家，无不研求，矜心息气都为消尽。古人以文章名世，取精用宏，苦心实力，具上下千古之识，为阅历有得之言，既非空谈，亦非袭取。即以制艺论，有明三百年，其乡会程墨及文稿何啻数千万首，而传之至今，不能磨来者，亦复不多。盖惟载道以文，是以可传；有物之言，是以可久。后人读其文而不知其文之有本，规模形似，优孟衣冠，即偶尔幸获，何与于作者之林乎？"[1]

第二节 教师讲义和学派成果

传统书院教学内容中极具特色的组成部分是各书院教师在传道授业和学术研究中形成的语录讲义和学术成果。书院教学以自修自悟为主，书院大师在提纲挈领的指导过程中一般会形成语录和注疏，进而以讲义的形式成为生徒的学习书目。在书院与学术一体化进程中，为了传衍学派、发扬学术，书院大师于研究过程中的学术成果同时成为生徒的课程内容。

一 教师语录讲义

书院大师的语录和注疏等常常是书院课程教学的重要内容。对于书院生徒而言，初入书院时，他们的学识水平与理解能力有限，直接研读

---

[1] （清）陈宏谋：《豫章书院学约十则》，转引自邓洪波主编《中国书院学规集成》，中西书局2011年版，第620页。

传统儒家经典著作与历史典籍存在一定的难度。由书院大师解释经典的讲义和注疏，通过揭示经典著作的深刻意蕴，能够帮助生徒有效地学习领会经典著作的精髓所在。

周敦颐《太极图说》和《通书》、张载《正蒙》和《西铭》、陆九渊《语录》以及张栻《南轩易说》《伊川粹言》等书院大师的语录和讲义被诸多书院奉为必读书目。朱熹的《四书集注》、朱熹与吕祖谦共同编撰的《近思录》以及记载朱子与门人问答解惑的《朱子语类》也都曾列为书院的重要读物。此外，《大学章句》《中庸章句》《论语精义》和《孟子精义》等书院大师的阐释性著作是书院生徒学习的重要补充内容。

岳麓书院山长张栻在《论语说序》中指出编辑《论语说》只是为志同道合的朋友提供一点相互刃磋的学说，并要求学生应当尽其终生来领悟其中的真谛。同时，他还广泛吸取其他理学家的思想，编辑和刊行《知言》《五峰集》《太极图说》《张子太极解义》《伊川粹言》等讲义注疏，并在教学中将其作为教材使用教育弟子。另一著名山长李文昭的著述大都是他的教学心得和讲义的汇编。《大学讲义》及由《中庸讲义》和《学庸讲义》合成的《岳麓讲义》就是李文昭讲学岳麓时"与诸生讲论者，逐节解说，节各位篇"的教学讲义。[1]

心学大师王阳明在平时讲学与会讲中，重视在对比的基础上借鉴和批判其他学派的思想理论。他与高足弟子客观批判程朱理学，并在此基础上共同阐述和创建出一套学术思想体系，整理出版了传世著述《传习录》。这部著作收录了他与门人关于学术与教育的重要思想，集中概括和反映了阳明学说的思想精华，成为后来书院教育的重要教材。正如有学者指出："《传习录》不仅在其书院的学生中作为教材对形成阳明学派思想体系产生过重大影响，而且它广泛流布于社会各阶层，特别是士阶层的青年学子，曾产生了不可估量的思想解放作用。"[2] 可以说，阳明学派的建立与阳明学的传播，与《传习录》的编纂和刊刻是分不开的。

---

[1] 杨布生：《岳麓书院山长考》，华东师范大学出版社1986年版，第39页。
[2] 李国钧主编：《中国书院史》，湖南教育出版社1994年版，第680页。

二 学派学术成果

书院自产生之日起,就担负着学派传承的重任。因此,在书院的教育内容中另一个重要组成部分就是各学派的学术成果。

首先是程朱理学。所谓程朱理学,是指宋代程颢、程颐、朱熹、陆九渊的学说。程朱理学创始者和集大成者都是书院大师,他们利用书院为基地招收门徒、聚众讲学。程朱之学在宋代书院中地位神圣,"寻程子所以学圣人者何事"是诸多书院培养生徒的教育宗旨。元初,主讲程朱理学书院的多是宋代遗民。例如,人称"江汉先生"的赵复主讲太极书院。元朝著名学者如许衡、窦默、姚枢、刘因和梁枢等人皆师从于赵复,他们都成为元代程朱理学北传的中坚力量。

明清时期,书院教学内容随着学术变迁而有变化,但讲授程朱理学的书院一直存在。例如,明初书院大师方孝孺、曹端、薛瑄、吴与弼等,他们在书院教学中积极传播程朱理学。明清时期,在"程朱阙里"的徽州地区,书院更是守卫与传播理学的坚固堡垒。明中叶后虽然"王湛"之学盛行,但也有不少书院仍坚持程朱之学,著名的如东林书院。清初,讲求程朱理学的书院影响较大,例如,高世泰主持东林书院,以"继承东林先绪为己任"。再如,张伯行建鳌峰书院、紫阳书院、文溪书院和五贤书院,祭祀五子,讲求程朱之学,刊刻五十余种理学书籍。

其次为王湛之学。讲授"王湛之学"的书院主要集中在明朝中期。所谓王湛之学即王阳明和湛若水的学说。王湛之学始于明正德年间。嘉靖、隆庆、万历三朝,王湛弟子们及其后学建书院、开讲会,将书院教学和学术研究紧密相连。著名的王学书院如贵州龙冈书院、浙江稽山书院和各地的阳明书院。湛若水足迹所至建立了很多传播心学的书院,据罗洪先为其所做墓志[①]和各地方志载可知至少有 50 所。

再次为乾嘉汉学。讲授汉学内容的书院以清代为盛。汉学在书院的教

---

① 罗洪先:《湛甘泉先生墓志表》,四库全书存目丛书编纂委员会《四库全书存目丛书·集部五十七》,齐鲁书社 1997 年版,第 244 页。

学中，前期盛行朴学，注重训诂考据。后期今文经学兴起，拓展了课程范围，开阔了学术眼界。由经学衍生的专门科目，如小学、名物、天算、地理、金石、音韵、目录和校勘等，也成为汉学书院的教育内容。一些著名的大书院都以汉学为重要教学内容，如南京的钟山书院、惜阴书院，苏州的紫阳书院，扬州的梅花书院和安定书院，安徽的毓文书院等。清代还有专为汉学而设置的书院，如阮元的诂经精舍和学海堂。

第三节 实用知识

传统书院教学内容中并不以儒家著作和学派成果为限，书院课程内容还包括实用知识。宋元时期，实用知识就成为部分书院的教学内容，并开设了相关课程，但是所占比重较小。明清时期，实用知识成为很多书院教学内容的重要组成部分。

一 宋元时期书院的实用知识

北宋时期，书院大师们就倡导书院的教学内容需要关注国家和社会的发展，学习相关实用知识。当时国家战乱频繁，急需军事方面的人才，书院大师张栻提出了以"天下之事"为学习对象并明确提出书院生徒要学习"兵事"。张栻本人畅晓军事，曾撰写《孙子兵法》并作跋，将军事知识涵括在教学中，以此号召书院师生研读兵法。他认为："盖君子于天下之事，无所不当究者。况于兵者，世之兴废生民之大本存焉，其可忽而不讲哉！"① 还说："夷虏盗据神州，有年于兹，国家仇耻未雪，圣上宵衣旰食，未尝忘北顾。凡在臣子，所当仰体圣意，思所以效忠图称者。然则于是书，又可以忽而不讲哉！"② 因此，在城南书院和岳麓书院的课程中，军事知识是生徒学习的重要内容。除了军事知识，张栻还认为机谋权变、纪律法度、经世济民方面的实用知识都应学习。《宋元

---

① （宋）张栻：《南轩集》卷 34《跋孙子》，文渊阁《四库全书》本，上海古籍出版社 1987 年影印，第 1167 册，第 1016 页。

② 同上。

第三章 中国传统书院的教育内容

学案》中载:"南轩弟子,多留心经济之学。"① 被全祖望颇为赞赏的南轩弟子们,几乎个个都是经世致用的人才。例如,骁勇善战、战果辉煌的一世英才赵方;发展地方生产、民心所向的彭龟年;注重调查、通晓军事的宋文仲;负用世才、遇事可解的陈琦;等等。② 这些才学优秀的岳麓士子们在各领域均成果突出,很大程度上深受张栻实用知识教育思想和教学内容的影响。

宋代白鹿洞书院在教学内容上也安排了对于实用专业的学习。宋代社会已实现经济重心的南移,农业、商业、手工业的全面发展和勃兴,使得经史之学已经无法满足社会发展的需要。职业划分精细化和人才需求的专业化都对人才培养模式和教育教学内容提出了新要求。与此同时,北宋书院教育家胡瑗的"分斋教学说"应运而生,即书院设立"经义"和"治事"二斋,根据生徒的才能和兴趣分别实施教育。"经义斋"主要教授儒学经典知识;"治事斋"的教学内容则囊括了农田、水利、治民、算术、军事等多门实用型知识技能。白鹿洞书院大体遵循着胡瑗的分斋教学模式开办实用专业课程,旨在培养适应社会需求的实用人才。实用型的教学内容自宋代首开以来颇受好评,一直延续至清朝。实用型专业课程的开设拓展了学生视野,也为白鹿洞书院增添了更广阔的生源,同时为朝廷输送了专业人才。这些实用型人才在某种程度上对宋代经济的繁荣发展起到了推动作用。

二 明清时期书院的实用知识

明清时期,随着书院官学化程度的加深,大多数书院沦为科举附庸,与官学一样为了应付科举应试,对于实用的自然科学知识不闻不问甚至于排斥。王廷相在《石龙书院学辩》中把这种不关注实学的现象比喻为"闭户而学操舟之术"③。

然而,也有一些书院走在了时代的前列,敏锐地感受到实用知识尤

---

① (清)黄宗羲,陈金生等点校:《宋元学案》卷71《岳麓诸儒学案》,中华书局1986年版,第2383页。
② 同上书,第2381—2383页。
③ (明)王廷相:《雅述》上篇《石龙书院学辩》,明嘉靖十七年刊本。

其是西方传入中国的自然科技对于国家发展的重要作用，积极进行书院课程改革，教授生徒实用知识。例如，万历年间，白鹿洞书院多次邀请传教士利玛窦来书院讲授天文历法、数学、机械等实用知识。山长章潢、舒曰敬与利玛窦交往亲密，对书院实用知识的教学非常支持。再如，康熙中期，据民国《宁乡县志·先民传》载："宁乡程祐祉主讲岳麓书院，撰学约授诸生，曰《经术》《品谊》《治事》《文藻》，凡四篇，又立《为学日程十二则》。"① 从篇目上可以看出治事即实用知识是岳麓书院的主要课程之一。清代后期，岳麓书院更是提倡实学，积极实行教学内容改革。山长王先谦认为根据当时的国情，朝廷急需讲究实用之学的人才。为此，他将书院课程重新分为经、史、掌故、算、译五门。又如，清末刘古愚继李颙之后将陕西书院的实用之学推向新高度。他提出教育救国更应高举学以致用的实学旗帜，认为"故今日之弊，非矫虚以实不可，矫之亦必自士子读书始。凡经史中所言之事，皆以为实而默验之身心，必求其可行，而不管其能言，则心入于事理之中，言未有不真切者，而文亦精进矣，求一得两，何惮不为"②，甚至坚持"救世外无学问，致用外无经术"③。他在味经书院首拟六条学规，即"一历耻、二习勤、三求实、四观时、五广识、六乐群"④，使实用知识教学内容制度化。光绪二十二年（1896），刘古愚向时任陕西学政赵唯熙提出"崇实学""预教训""习测算""广艺术"等教育改革的意见⑤，促使同年赵唯熙等奏请在陕西建立格致实学书院。次年，书院获准建成，取名"崇实书院"。刘古愚遂将原来味经书院的"时务斋"归并崇实书院，并将崇实书院先分为四斋："致道斋""学古斋""求志斋"和"兴艺斋"，后又合并为"政事""工艺"两斋，更加注重格致、算学、制造、英文等实用知识的

---

① 杨布生：《岳麓书院山长考》，华东师范大学出版社1986年版，第132页。
② （清）刘古愚：《时务斋学规》，《烟霞草堂文集》卷8，民国七年思过斋苏州刻本。
③ 张季鸾：《烟霞草堂从学记》，《张季鸾先生纪念文集》，陕西人民教育出版社1991年版，第130页。
④ （清）刘古愚：《谕崇实书院诸生》，《烟霞草堂文集》卷8，民国七年思过斋苏州刻本。
⑤ 《讲求实学，"崇实书院"的创建》，西北大学历史系编《旧民主主义革命时期陕西大事记述》1984年版，第97页。

教学。

明清时期传授实用知识的书院中最有代表性的是阮元创建的学海堂和颜元主持的漳南书院。嘉庆二十五年（1820），阮元在广州设立学海堂，教学内容包括经史典籍、天文历法、地理、算学等。学海堂称主讲教师为学长，讲学之所亦不用书院命名，以此区别于此时大多专研科举的书院。阮元在创办学海堂时开宗明义地提出"此堂专勉实学"[1]，旗帜鲜明地宣布反对理学空谈的学风，以实学为旗帜，培养造就通儒式的学者和为国家服务的实用人才，为清中期书院发展带来了清新的空气。经、史虽然是学海堂的重要教学内容，但是阮元不希望书院的生徒死板地学习经书，并且提出训诂考据只是学习的一种途径，而不是学习的最终目的，书院要求学生要有对社会有用，能为百姓服务，即谓之："凡所论述，期实有济于用。"故而学海堂不光讲授基础的文化知识，还学习西方先进的自然科学知识。嘉庆六年（1801），阮元亲自主持选刻了《诂经精舍文集》，其中收入了士子们月课时所写的关于《炮考》的三篇文章。文章从炮字的起源开始介绍，详细描述了炮的发展历史和使用方法，谈到西洋的炮火制造，两相对比之下，要求清政府重视对武器的改进和利用，等等。

清康熙年间，颜元主教漳南书院时，倡导培养"实才"型士子，并且认为"各专一事，未尝兼摄，亦便是豪杰"[2]，提倡对专门人才的培养，践行从"醇儒"到"豪杰"的培养目标。为一改官学中只重科举应试而忽视实际应用知识的弊端，颜元在漳南书院中实行分斋授课制度，大力进行书院教育改革。他把肄业生徒分为六斋，其中，文事、武备、经史、艺能四科抛弃了宋明书院不言习行的空疏陋习，代之以讲求实用、重视践履的教学内容。漳南书院教学内容重点突出一个"习"字，以"习行经济"为宗旨，推广"实文、实行、实体、实用"的实学教育。鉴于当时官学和书院中不少士子只知死读书读死书和空谈性命之学的学

---

[1] （清）林伯桐：《学海堂志·设学长》，道光十八年刻本。
[2] （清）颜元：《颜元集》，《颜习斋先生言行录·卷下》，中华书局1987年版，第667页。

风，颜元还提出了礼、乐、兵、农四种实用之学，进而率先在漳南书院教育中引入水、火、工、虞、兵等实用知识。从六斋的设置和教学内容中可以看出，漳南书院注重时务之学，主张培养文武双全、德才兼备的实用人才。相对于宋明儒家重文轻武轻商的积习，颜元重视兵农钱谷、天文地理等实用知识的教育，并经常与弟子讨论兵农、辩商古今。此外，漳南书院中还教授自然科学知识，突出表现在水利和火学两方面。颜元认为水学之用在于"审势辨形"，火学之用主于"制器辅政"。为了强身健体，颜元还强调体育教育，并且带领弟子们"学射""举石""习刀""击拳"等。梁启超对此称赞道："中国两千年来提倡体育的教育家，除颜元外恐怕没有第二个人了。"[①] 漳南书院虽然是颜元在河北一个小县城所主持的一所普普通通的北方书院，但因其倡导实学实用的教育理念和迥异于官学的教学内容，而为清代书院发展开启了崭新的一面，在中国书院史上具有重要影响。

第四节　西式课程

伴随鸦片战争以后中国社会的近代转型，传统教育也开始了近代化进程。同光年间，无论是传统书院还是新型书院，在教学内容上已经不限于经史典籍和学派成果等，而是加入了以西方科技为主的西式课程。传统书院教育内容在变革进程中经历了由中学为主、西学为用到以西式课程为主，保留读经传统的转变，体现了西式课程在近代教育转变过程中的地位和作用。

传统书院迈向革新之路的尝试首先是在课程设置中加强了西式课程，教授国家发展所需要的实用知识成了课程设置的首要目标。其次，在教学内容上，减少儒家经典的分量，增加了西文、西艺等内容。在一些书院的规章中可知，西方近代的科技知识，主要是天文、地理、化学等自然科学知识受到关注。以下以湖南岳麓书院和陕西味经书院为典型案例，

---

① 梁启超：《饮冰室合集》第14册，中华书局1989年版，第432页。

简要介绍传统书院教育内容的变革过程。

岳麓书院在教育改革的过程中，始终走在时代前列，培养了很多近代社会转型期的优秀学生。有学者就认为："洋务运动中，湘军被认为是中兴的重要力量。而这批湘军将相，十个有九个又都是出自岳麓书院，以曾国藩、左宗棠、郭高寿、胡林翼、刘长佑、曾国荃、罗绕典、刘蓉、李元度、刘坤一这些道光年间的肄业生为主。由于他们在学生时代同处一座庭院中，彼此有文化同感，好像是同一个政治俱乐部的成员，一起在战场上冲锋，在仕途上竞奔，有共同的目标……文化对于他们来说，就是一座庭院，一座像岳麓书院那样能使人格和灵魂升腾的庭院。于是，当他们开始想做一些文化上的事情的时候，最先想到的自然是书院。"①光绪二十三年（1897）六月，山长王先谦正式发布《月课改章手谕》，对岳麓书院课程进行重大改革。他认为，"方今时事多艰，培才为急，将欲讲求实用，不能专制艺试帖以为造就之资"；"岳麓书院称名最古，向为人材荟萃之区，所宜首订章程，创开风气"②。在课程设置上，分为经、史、掌故、算、译学五门，以舆地并归史学。课程设置在保留经、史的传统书院教学科目之外，增加掌故、算学、译学，并将制艺试帖等空疏无用的内容摒弃在教学内容之外。

陕西味经书院在书院变革转型中是又一突出榜样。山长刘光蕡以"人人心目有当时之务，而以求其补救之术于经史"的期望，专设"时务斋"以沟通中西，要求生徒学习"涉外洋语言文字之学以及历算"，地舆、制造、兵事、电气、光镜、化学、医学等西艺也要"精心以究其所以然"③。《味经创设时务斋章程》开篇明确办学宗旨："味经之设，原期士皆穷经致用。法非不善也，而词章之习，锢弊已深，专攻制艺者无论矣，即有研求经史、励志学修者，第知考古而不能通今，明体而不能

---

① 江堤：《书院中国》，湖南人民出版社2003年版，第142页。
② （清）王先谦：《岳麓书院院长王月课改章手谕》，《湘学新报》（第九册），光绪二十三年六月十一日。
③ 邓洪波：《中国书院章程》，湖南大学出版社2000年版，第265页。

达用，则亦无异词章之习矣。"① 因而，在味经书院教育内容里无论是经史之学或者训诂考证之学，都必须兼涉西学。味经书院时务斋中创设讲会，定期给学生讲解西人之艺和国内外时事。为了让学生及时了解时务，书院订购"《京报》《申报》《万国公报》以及新出各报，时务斋均拟购一分"②，提供学生阅览。读报之时，学生需做摘录，"阅报几纸，其是非得失若何，其利害有关于中国否"③。时务斋章程中还对读书内容进行分类，主要有道学类、史学类、经济类、训诂类。无论读哪一类书，学生都需要融会中西。例如，对待史学类书籍，味经书院要求学生"《书经》、《春秋》、历代正史、《通鉴纲目》、《九朝东华录》等书，须兼涉外洋各国之史，审其兴衰治乱，与中国相印证"④。

除了岳麓书院等传统书院较早进行变革，其他一些书院也紧随其后。例如，光绪二十三年（1897），江西宁都仁义书院在《仁义书院变通冬课诗赋改为策论启》中指出："去年以来，内外臣工，皆变通章程，讲求实学。如京师大学堂则分十科，一曰天学科，算学附焉；二曰地学科，矿学附焉；三曰道学科，各教源流附焉；四曰政治科，种植水利附焉；五曰文学科，各国语言文字附焉；六曰武学科，水师附焉；七曰农学科，种植水利附焉；八曰工学科，制造格致各学附焉；九曰商学科，轮舟铁路电报附焉。知风气既变，则我等读书，亦宜与变通，不可拘泥。"⑤ 此时，西方美育观念在书院教学中也有所体现。例如，蔡元培在《剡山二戴两书院学约》中提出以学习伦理学、教育学、政治学、社会学、文辞学、美术学等课程内容，来探寻人与人之间的关系。蔡元培特意指明了"文辞学"指"达意记事之作"；"美术学"指"抒写性灵之作，如诗词绘事"。⑥ 美育观念在书院的出现凸显了近代教育的浓烈色彩。

除了传统书院自身的教学变革，新创建的书院或是秉持"中体西

---

① 邓洪波：《中国书院章程》，湖南大学出版社2000年版，第263页。
② 同上书，第267页。
③ 同上书，第266页。
④ 同上书，第265页。
⑤ 《仁义书院变通冬课诗赋改为策论启》，《知新报》光绪二十四年三月十一日第四十八号。
⑥ 邓洪波：《中国书院章程》，湖南大学出版社2000年版，第53页。

第三章 中国传统书院的教育内容

用"的思想，或是专治西学。光绪十七年（1891），张之洞创办的两湖书院是"中体西用"型书院的代表。甲午战败之后，张之洞深刻体悟到向西方学习科学知识和培养新式人才的重要性，体现在教育方面首先是改革书院的教学内容。在两湖书院教学内容中地理、算学等西方科技知识与中国传统文化并驾齐驱，共同培养既有扎实儒家文化功底，又具备近代实用技能的新型人才。光绪二十三年（1897），张之洞在《新定两湖书院学规课程》中，一语道出了两湖书院新的旨趣，曰："设立书院之意，本为储材致用，经学、文学、地图、算学四门，皆致用必需之学，缺一不可，兹定为四门兼习。"① 光绪二十五年（1899），张之洞再次改革武昌两湖、经心、江汉三书院课程，例如"查两湖书院，现课经学、史学、天文、典地、地图、算学六门，兹除经学、史学原系书院所当讲求外，查测绘、地图本系兵法中最要之务，该书院所分门类正与此次所奉懿旨适相符合，应即将地图一门改称兵法""又经心书院新定章程，除四书大义、中国内政，本系由监督训课讲习外，若天文、算学本系章程所有，其外政，即系讲求典地之学，格致制造，即系讲求兵法之学，此后亦定名为天文、典地、兵法、算学四门"②，大大增加了西方科学知识在教学课程中的比重。

专治西学类新型书院的代表是上海格致书院。格致两字内容广泛，一切西学，无不从格致中来，而以格致之基。③ "格致之学"在近代泛指西方科学技术知识，亦称西学。《格致书院章程》强调书院名称为"格致书院，原意为欲中国士商源悉西国人事"④，具有普及西方知识的性质。王韬出任山长后，积极推进格致之学，他在书院课艺序中记载道："余于乙酉秋间，甫莅院事。拟进业者于庭，而治以格物致知之理，使之由浅入深，由粗以及精。"⑤ 对所学西学课程，格致书院有严格的季考

---

① 《新定两湖书院学规课程》，转引自朱有瓛主编《中国近代学制史料》（第一辑下册），华东师范大学出版社1986年版，第395页。
② （清）张之洞：《札两湖、经心、江汉三书院改定课程》，《张文襄公全集》卷102《公牍十七》，中国书店1990年影印版。
③ 《格致书院拟以艺文考试章程》，《申报》1886年2月13日。
④ 《格致书院章程》，《申报》1874年3月18日。
⑤ （清）王韬：《格致书院戊子课艺序》，《格致书院课艺》，上海科学技术文献出版社2016年版，第271页。

制度，"每月一次，于礼拜六晚为考试之期，凡学者可如期到院面试，果觉存熟，则给课凭后再换新课。不熟者仍需温习前课，凡习熟一学全课，或一门专课，考试中式，则发给本院课凭，指明其人已精此门学业，足为行用"①。格致书院最成功之处是1886年的重组以及推行的课艺活动。《格致书院课艺》所载1886—1894年之课艺，九年间共18人命题，考课48次，凡89题。熊月之将命题分为人才、时务、科学、经济、史论及其他六类，其中时务题45道、科学24题、经济12题，完全以洋务事业和西学为中也。②王尔敏将其所见八年课艺归纳为77题，其中格致类22题、富强治术类25题、国际现势及边防类9题，共56题。③无论何种分类方法，时务题及西学题皆为格致书院命题的主体部分。

近代新型书院中还有一种类型特殊的教会书院。上海中西书院是教会书院的代表，其创办者是美国基督教传教士林乐知。中西书院是在我国急需洋务人才的背景下开设的，同样侧重传播西学知识、培养西式人才。清光绪八年（1882）中西书院开馆施教，招中国学生，学习西语、翻译、各国地理、代数、化学、微分、天文、航海等西学课程。具体课程分年进行，八年习完，从"认字写字"开始，到"翻译作文"；从"数学启蒙"开始，到"微分、积分"；从"考究天文"开始，到"航海测量"；从"讲解浅书"开始，到"富国策"；④等等。课程内容丰富，先易后难，层次清晰。中西书院按照生徒年岁大小，因材施教，"超等、一等以上午学西学，下午学中学；二等以上午学中学，下午学西学；三等因年较小，专习中学而缓西学，恐西学以分其心也"⑤。可见，中西书院采用分层次教学模式，先打好学生的中学基础，再专注于传授西学，最后根据学生所长归于不同西学专业，以求培养"中西并重"和各有所长的西学专门人才。

---

① ［英］傅兰雅：《格致书院西学课程》，清光绪二十一年上海格致书院本。
② 熊月之：《西学东渐与晚清社会》，中国人民大学出版社2011年版，第293—297页。
③ 王尔敏：《格致书院志略》，香港中文大学出版社1980年版，第56—69页。
④ ［美］林乐知：《中西书院课程规条》，《万国公报》1881年11月26日。
⑤ （清）沈毓桂：《创立中西书院说》，《申报》1882年3月15日。

通过上述书院的变革进程可看出,传统书院在课程设置和教学内容上已有较大改变,具有较为明显的西方教育色彩。鸦片战争以来,由于备受西方侵略,有识之士将西方先进的科学技术作为书院的主要教学内容,以期培养出新式人才用于救国救民。在学习西方科技知识的同时,大部分传统书院不忘教授儒家经典,坚守中国传统文化。

传统书院的教育内容除了以上详细介绍的四大方面,还包括日常的诗词歌赋教学。诗歌的吟诵和学习一方面为了陶冶生徒的情操和进行道德教化;另一方面为了应备科考,为生徒应举服务。大部分传统书院将音韵优美、自然生动的诗词歌赋纳入书院的德育内容中,不仅引导书院弟子以诗歌抒发情怀,还通过诗歌潜移默化地实施道德教育。在对生徒进行诗歌教育时,书院大师张栻首提《诗经》,他认为,"诗三百篇,美恶怨刺虽有不同,而其言之发,皆出于恻怛之公心,而非有他也"[1];"学诗则有以兴起其性情之正,学之所先也"[2]。除了经典诗词歌赋,生徒还要学习大量与区域文化和书院大师所作相关的诗歌作品。例如,张栻《南轩诗集》、王阳明《王阳玥诗集》和朱熹的诗词。这类诗歌大量咏颂书院的自然与人文风光,同时也有对生徒提出努力积极进取、钻研学业的劝学诗。清代,为应付科考而选择诗赋教育成为传统书院教育内容的组成部分。例如,张之洞在淡及书院时指出,学诗时要研读《唐人试帖》《庚辰集》以及七家诗,学赋时要研读《文选》中赋、六朝赋、唐赋以及清代吴、鲍、顾、陈四赋。此外,张惠言的《七十家赋钞》古雅详备,能读更佳。[3] 四川锦江书院学规指出,为了应付科考诗赋,生徒要研读《文选》《文苑英华》《唐人试帖》《历朝应制诗选》《凤池集》等诗作。[4] 台湾海东书院学规指出,研习试帖诗时,宜取前代试帖诗如《国秀集》《中兴间气集》《近光集》以及近代试帖诗如《玉堂集》《和

---

[1] (宋)张栻:《张栻全集·论语解》,长春出版社1999年版,第74页。
[2] 同上书,第131页。
[3] (清)张之洞:《张文襄公全集》卷205,中国书店1990年版,第7—10页。
[4] 邓洪波主编:《中国书院学规集成》,中西书局2011年版,第1447页。

声集》《依水集》等诗作。① 为了完全避免沦为科举附庸,坚持学术与科举并重,一些传统书院纷纷将各体诗赋纳入教学内容和课试范畴。例如,福建鳌峰书院自道光三年(1823)起,每月十六日馆课,在八股文、试帖诗外,兼课经解、史论以及各体诗赋;湖南龙潭书院每月三课,初五、二十五日课四书文与试帖诗,望日课五经文、杂文以及各体诗。② 阮元创立诂经精舍时,更是明确提出"只课经解史策,古今体诗,不用八比文、八韵诗"③。

---

① 邓洪波主编:《中国书院学规集成》,中西书局2011年版,第1745页。
② 陈谷嘉、邓洪波主编:《中国书院史资料》,浙江教育出版社1998年版,第1595页。
③ 张鉴著,黄爱平点校:《阮元年谱》,中华书局1995年版,第41页。

第四章 中国传统书院的教育方法

教育方法不仅是教育活动的主体部分，更是实施教育活动的基本途径，在教育活动中发挥着方法论层面的作用。基于我国高等教育近代化"欧美模式的凯旋"中出现的种种问题，学者们开始反思传统书院教育的优点，其中，被赞誉最多的是书院优质的教育方法。这一点在五四时期"书院热"中被研究者屡屡提及，也为当今教育学者热衷探讨。具体而言，传统书院的教育方法主要包括自修和自省的自我教育方法，研讨和对话的互动教育方法，讲授和体验的探究教育方法以及开放式的平民化教育方法，等等。本章就传统书院的几种主要教育方法加以探讨。

第一节 自修和自省的教育方法

一 自修的教育方法

传统书院以生徒自学读书钻研的自我教育方法为主，十分注重培养学生的自学能力，提倡知识要靠自己积累，义理要靠自己感悟。具体来说，传统书院的自我教育方法主要有自修和自省，正如胡适先生所言："书院之真正的精神惟自修与研究。书院里的学生，无一不有自由研究的态度，虽旧有山长，不过为学术上之顾问，至于研究发明，仍视平日自修的程度如何。"[①] 1921 年 8 月 15 日毛泽东在湖南《大公报》上发表

---

① 胡适：《书院制史略》，《东方杂志》1924 年第 3 期。

了《湖南自修大学组织大纲》，阐明学校的宗旨是"发明真理，造就人才"，教育方法则是采取古代书院"自动"的研究方法。① 可见，传统书院改制新式学堂后，时人针对学堂之弊端就已经反思书院优秀的教育方法，并在此后的近代教育中提倡借鉴应用。

中国传统书院倡导自修的教育方法，源于南宋时期。朱熹早在白鹿洞书院和岳麓书院讲学授徒时就主张教师只是学生的"引路人"，只能"示之于始而正之于终"。他强调："读书是自家读书，为学是自家为学，不干别人一线事，别人助自家不得。"② 因此，他教导书院诸生要学有所成，必须充分利用时间自主研习。除了日常教学外，书院的讲会讲学通常也只作提纲挈领的讲解，或是就某一学术问题进行阐释讨论。生徒想要全面掌握知识，必须提前阅读各类书籍，并领会其中的精髓。生徒自修，主要是通过阅读书籍和疑问反思来提高学习能力。为了提供生徒自修的保障，书院大多建有"藏书楼"，购置大量经、史、子、集各类书籍，充牣斋馆，以供使用。

传统书院注重自修，并不意味着对学生放任自流。书院对学生的读书方法有明确的规定指导。白天或升堂讲学，或学员自学；夜晚或个别请教，或集体讨论。在指导学生如何读书方面，朱熹提出了许多有益的见解，后被其再传弟子元代程端礼归纳为六条经验，曰："循序渐进，熟读精思，虚心涵泳，切己体察，着紧用力，居敬持志。"③ 书院特别强调学生在自学过程中，要善于思考和善于质疑，正如朱熹反复强调："读书无疑者，须教有疑；有疑者却要无疑，到这里方是长进。"④《读书分年日程》是程端礼主持江东书院时为指导学生自学而制定的具体读书方法，包括：开书目，分阶段，厘定先读后读的程序，标出各阶段读书

---

① 毛泽东：《湖南自修大学组织大纲》，湖南《大公报》1921年8月16日。
② （宋）黎靖德：《朱子语类》卷119《朱子十六·训门人七》，中华书局1986年版，第2873页。
③ （宋）黎靖德：《朱子语类》卷116《朱子十三·训门人四》，朱杰人等主编《朱子全书》第18册，上海古籍出版社、安徽教育出版社2002年版，第3655页。
④ （宋）黎靖德：《朱子语类》卷11《学五·读书法下》，朱杰人等主编《朱子全书》（修订本）第14册，上海古籍出版社、安徽教育出版社2010年版，第343页。

第四章　中国传统书院的教育方法

的目的和要求等。明末清初的陆世仪曾先后在东林书院和常州、太仓书院讲学，他提出分年、分等和分类读书的意见，指导学生自学时的精读和略读。一些书院要求学生自学时"宽着期限，紧着课程"，用意在既保持"优游暇豫"的精神，又避免松懈拖沓的弊病。还有些书院指导学生读书时要红笔标注重点，使用眉批夹注辨别异同，用摘要概括段落大意，等等。例如，《北山四先生学案》载"（何基）凡所读书，朱墨标点，义显意明，有不待论说而自见者"①；"（王柏）发愤奋励，读书精密，标抹点检，旨趣自见"②。

传统书院保障生徒自修自学的重要和有效办法之一是日记教学法。日记教学法，始于宋代书院教学。文天祥在《安湖书院记》就有"置进学日记，令躬课其业，督以无怠"③的记载。后世书院继承沿用并增加具体操作规则，使其日臻完善。具体而言，书院预设每日功课，刊印日记、日程、日课等各类册簿，学生依程序学习，按日填记相应册簿，送交山长或学长审阅查核。例如，明万历年间，吉安府白鹭洲书院立日课簿，规定诸生："每日将用过工夫登簿内，或看经书若干，或读论、策、表、判若干，或看过《通鉴》《性理》若干，或看过程墨及时艺若干，或看古文若干，各随意见力量，但要日有日工，月无忘之。"④太守将时时抽签稽查。清同治年间，上海龙门书院分设行事日记册、读书日记册，前者按晨起、午前、午后、灯下四节记每日所习功课，后者则记读书心得与疑义，规定学生："读书有心得有疑义按日记于《读书》册。所记宜实，毋伪，宜要，毋泛。不得托故不记。逢日之五、十，呈于师前，以请业请益，师有指授，必宜服膺。"⑤清光绪年间，江阴南菁书院生徒除用日记记载日常活动和学习心得外，还须参与每月论文检查即月

---

① （清）黄宗羲：《宋元学案》卷82《北山四先生学案》，中华书局1986年版，第2727页。
② 同上书，第2733页。
③ （清）曾国藩、刘坤一等修：光绪《江西通志》卷82《建置》，续修四库全书本编委会《续修四库全书·史部·地理类》，上海古籍出版社2002年版。
④ 高立人主编：《白鹭洲书院志》，江西人民出版社2008年版，第34页。
⑤ （清）刘熙载：《龙门书院课程六则》，邓洪波主编《中国书院学规集成》，中西书局2011年版，第119页。

课，按月课分只有策论、经解等文章，"每岁仲冬，例由观察（上海道）甄别"①。以上各家书院虽然具体要求有些差异，但均是山长或学长通过日记教学法来指导生徒自修自学。日记教学法，既可锻炼学生自学能力和意志力，又可促进良好的师生关系，教学相长，师生均受益匪浅。

传统书院自修教育方法在岳麓书院中有着详细的规定，此后历代书院大多以岳麓书院自修教育的方法为蓝本。此处以岳麓书院为例，全面介绍书院自修教育法。

首先，岳麓书院虽有正式升堂讲学，但是，次数和时间并不多。陈宏谋在《申明书院条规以励实学示》明确规定："每月初三、十八日课文，初二、十六日上堂讲书。"② 大部分时间是生徒自己读书、研究学问。书院老师对于生徒的学习并不是放任自由，他们主要负责"解惑"，书院生徒可以随时去请教、问难，严禁质疑于胸中而不鸣。李文炤在《岳麓书院学规》中就明确规定："有不明处，反复推详。或照所不晓者，即烦札记，以待四方高明者共相质证，不可质疑于胸中也。"③ 岳麓书院不仅监督学生的"输入"，即读经、读史，也关注学生的"输出"，即文章的写作和思想的表达。《岳麓书院学规》对学生的自修成果同样提出了一些要求，要求"每月各作三会。学内者，书二篇，经二篇，有余力作性理论一篇。学外者，书二篇，有余力作小学论一篇"④。

其次，对于书院生徒读什么书、怎样读书、读书效果如何，岳麓书院的老师都给予及时监控与指导。在读什么书的问题上，岳麓书院的老师多推荐经史典籍，以"四书五经"为代表。以山长张栻为例，他在主教岳麓书院时期将儒家经典作为教学基本教材，他认为"今日大患，是不悦儒学，争驰乎功利之末，而以先王严恭寅畏、事天保民之心为迂阔迟钝之说。"⑤ 在儒家经典的选择上，张栻推崇《大学》《中庸》《孟子》

---

① （清）王韬：《瀛壖杂志》，上海古籍出版社1989年版，第84页。
② 陈谷嘉、邓洪波主编：《中国书院史资料》，浙江教育出版社1998年版，第1585页。
③ 邓洪波编著：《中国书院学规》，湖南大学出版社2000年版，第173页。
④ 同上。
⑤ （清）黄宗羲：《宋元学案》卷50《南轩学案》，中华书局1986年版，第1627页。

《论语》为书院最基本的教材，他还撰写了《论语解》《孟子说》作为讲义以教导学生。对于如何指导学生读书，张栻提出了以下三方面建议：第一，读书要平心静气。在《答潘端叔》中有言："大抵读经书须平心易气，涵泳其间，若意思稍过，当亦自失却正理。"[①] 第二，读史要触类旁通。在《孟子说·万章下》中有言："古人远矣，而言行见于诗书。颂其诗，读其书，而不知其人，则何益乎？颂诗读书，必将尚论其世，而后古人之心可得而明也。"[②] 第三，读史要重视思考。在《西汉蒙求跋》中有言："读史之法，要当考其兴坏治乱之故，与夫一时人才立朝行已之得失，必有权度则不差也。欲权度之在我，其惟求之六经乎！"[③] 在张栻看来，读书不能滞留在读的层面，不仅要知其然还要知其所以然，在读的过程中更多要赋予个人的思考。学习儒家经典尤其是学习历史，目的是以史为镜。清代曾先后两任岳麓书院山长的王文清也注重对学生读书方法的指导，他认为读经要正义、通义、余义、疑义、异义、辨义，读史要记事实、玩书法、原治乱、考时势、论心术、取议论。[④] 除此之外，《读书法九则》作为生徒的读书指导原则，强调：读书要专、读书要简、读书要极熟、读书要立志、读书要看书、读书要养精神、读书最要穷经、读书要看《史鉴》、读书要下笔不俗。[⑤] 由此可见，岳麓书院的教育方法是教授学生自修的方法和经验，"授人以渔"才能真正帮助学生获取丰富的知识和学术探索的能力。

再次，岳麓书院颇具特色的"日记教学法"充分反映了教师对生徒自修的严格要求。其中，包括对生徒自修的时间、频率、疑难和成果等都给予积极关注。具体程序为书院设立日记簿、日课簿、日程簿等册簿，发给生徒并记录、考查诸生每日课业。山长和学长可随时查看以验学生之勤惰，考其学业之成果。陈宏谋就明确规定："诸生各立功课簿一本，

[①] （南宋）张栻：《张栻集》，岳麓书社2010年版，第667页。
[②] 同上书，第341页。
[③] 同上书，第814页。
[④] （清）赵宁等修纂，邓洪波、杨代春等校点：《岳麓书院志》，岳麓书社2012年版，第559页。
[⑤] 邓洪波编著：《中国书院学规》，湖南大学出版社2000年版，第181页。

将每日清晨、午间、灯下功课逐一开入。如理经史何书,于何起止,理古文某篇,诗某首,或学书临某帖,据实登填,听掌教不时抽阅叩问,并候本院不时取阅。"①

独学而无友,易致孤陋寡闻。传统书院的自修教育不仅强调生徒个人的自修自学,而且注重集体讨论。朱熹就认为:"群居最有益,而今朋友乃不能相与讲贯,各有疑忌自私之意。不知道学问是要理会个甚么?若是切已做工夫底,或有所疑,便当质之朋友,同其商量。须有一人识得破者,已是讲得七八分,却到某面前商量,便易为力。"② 书院的群居生活为集体讨论疑难提供了便益。一些书院明确规定山长必须住院,也为组织生徒集体研修提供了保障。

二 自省的教育方法

何谓"省"?《说文·眉部》曰:"省,视也,从眉"。③ "省"就是察看、审视和醒悟。"自省"就是个体以自我为思考对象,以社会道德准则和规范作为评价标准,反省内求、省察克己的修身方法。

"自省"是儒家修身养性的重要标准和主要途径,它具有道德情感和道德智慧的双重源头。孔子最早提出内求反省、克己省察的修身方法,例如,"内省不疚,夫何忧何惧"④;"见贤思齐焉,见不贤而内自省也"⑤;"三人行,必有我师焉,择其善者而从之,其不善者而改之"⑥。孔子所言"自省"强调个体修身过程中的道德自觉,强调个人通过自身的努力来获得道德完善。这种道德自省的方法被孔子归结为"自讼"。子曰:"已矣乎!吾未见能见其过而内自讼者也。"⑦ 在孔子看来,"自

---

① 陈谷嘉、邓洪波主编:《中国书院史资料》,浙江教育出版社1998年版,第1585页。
② (宋)黎靖德编:《朱子语类》卷121《朱子十八·训门人九》,岳麓书社1997年版,第2644页。
③ 张章主编:《说文解字(下)》,中国华侨出版社2012年版,第582页。
④ 杨伯峻:《论语·颜渊》,《论语译注》,中华书局2006年版,第140页。
⑤ 杨伯峻:《论语·里仁》,《论语译注》,中华书局2006年版,第43页。
⑥ 杨伯峻:《论语·述而》,《论语译注》,中华书局2006年版,第82页。
⑦ 《论语·公冶长》,北京师范大学出版社2014年版,第70页。

省"并不困难，只要个体存在自觉性，日常生活中随时随地都能自省。孔子认为，主体若能经常进行"自省"，就能成为具有理想人格的君子，曰："君子之过也，如日月之食焉。过也，人皆见之；更也，人皆仰之。"① 孟子继承并创新了孔子"自省"的方法。他认为，"恻隐""羞恶""辞让""是非"是人生而有之的本性，曰："凡有四端于我者，知皆扩而充之矣，若火之始然、泉之始达。苟能充之，足以保四海；苟不充之，不足以事父母。"② 孟子认为只有将人的本性"扩而充之"为"仁""义""礼""智"之德性，才能达成儒家的君子人格。而要想达到君子人格的修养目标，自省是非常重要的途径。荀子同样提倡"自省"的道德修养方法。他认为："见善，修然必以自存也；见不善，愀然必以自省也。善在身，介然必以自好也；不善在身，菑然必以自恶也。"③

传统书院继承了儒家优良的修身标准，非常注重生徒个体的"自省"功夫，要求生徒通过不断自我审视、自我检查和自我修正而努力塑造理想人格。朱熹认为："要知天之与我者，只如孟子说：'无恻隐之心，非人也；无羞恶之心，非人也；无是非之心，非人也；无辞逊之心，非人也。'今人非无恻隐、羞恶、是非、辞逊发见处，只是不省察了。若于日用间试省察此四端者，分明迸赞出来，就此便操存涵养将去，便是下手处。只为从前不省察了，此端才见，又被物欲汩了。所以秉彝不可磨灭处虽在，而终不能光明正大，如其本然。"④ 可见，朱熹认为个体具有行善的能力，之所以产生恶的念头和恶的行为是因为平常不注意自我省察和自我反思而造成的。并且朱熹强调"自省"无时不有、无处不在，是时时刻刻都必须做的功课，即："未发已发，只是一项工夫，未发固要存养，已发亦要审察。遇事时，时复提起，不可自怠，生放过底心，无时不存养，无事不省察。"⑤ 无论是不善的念头还未出现或者已经

---

① 杨伯峻：《论语·子张》，《论语译注》，中华书局2006年版，第230页。
② 杨伯峻：《孟子·公孙丑上》，《孟子译注》，中华书局2008年版，第59页。
③ 章诗同：《荀子·修身》，《荀子简注》，上海人民出版社1974年版，第9页。
④ （宋）黎靖德编：《朱子语类》卷118《朱子十五·训门人六》，朱杰人等主编《朱子全书》第18册，上海古籍出版社、安徽教育出版社2002年版，第3724页。
⑤ （宋）黎靖德编：《朱子语类》卷62《中庸·第一章》，朱杰人等主编《朱子全书》第16册，上海古籍出版社、安徽教育出版社2002年版，第2041页。

出现，朱熹认为都要"自省"：一是"省察于将发之际"，即在恶的意念情感刚刚开始萌动时，就应该立刻自省和克制，将此不良念头扼杀在"将发之际"，以保证自己不会产生非道德的念虑；二是"省察于已发之后"，即人的喜怒哀乐等情感意念均已激发，更应该积极地反省检查自己的思想言行，纠正可能出现的任何道德错误，"谓省察于将发之际者，谓谨之于念虑之始萌也。谓省察于已发之后者，谓审之于言动已见之后者。念虑之萌，固不可不谨；言行之著，亦安得而不察"。① 唯有如此，才能具备"圣贤"之德、达到"圣贤之域"，即成为"圣人"或"君子"。

著名书院教育家胡宏同样指出"自省"的重要性。他认为，生徒若能够时时对思想动机进行自我省察、自我检视，及时发现不良思想倾向，遏制于未发之机，就不至于造成不良后果，即："情一流则难遏，气一动则难平。流而后遏，动而后平，是以难也。察而养之于未流，则不至于用遏矣，察而养之于未动，则不至于用平乎。是故察之有素，则虽婴于物而不惑，养之有素，则虽激于物而不悖。"② 《关中书院学程》曰："每晚初更，灯下阅《资治通鉴纲目》或濂洛关闽及河会姚泾语录，阅讫，仍静坐。默检此日意念之邪正，言行之得失，苟一念稍差，一言一行之稍失，即焚香长跪，痛自责罚。如是日消月汰，久自成德。即意念无差，言行无失，亦必每晚思我今日曾行几善，有则便是日新，日新之谓盛德；无则便是虚度，虚度之谓自画。昔有一士自课，每日必力行数善，或是日无善可行，晚即自恸曰：'今日又空过了一日。'吾人苟亦如此，不患不及古人也。"③ 由此可见，关中书院要求生徒每日通过自省自察而不断长进，有则改之、无则加勉。在山长李颙看来，生徒只要坚持每天对自己的言行和思想审视和反省，就可以达到古之圣贤的境界。

传统书院"自省"的教育方法与学规、章程紧密联系，目的是从制度层面确保生徒德性水平的提高。明代顾宪成在东林书院中就严格要求生徒从一言一行、一举一动出发，时时不断反省克制自己，他强调：

---

① （清）李光地：《御纂性理精义》卷7《学类一·小学》，康熙五十四年刻本。
② 胡宏：《胡宏集》，《知言·一气》，中华书局1987年版，第28页。
③ 李颙：《二曲全集》卷12，光绪二十六年刻本。

第四章 中国传统书院的教育方法

"以至修身也,言能自忠信乎?行能自笃敬乎?忿能自惩、欲能自窒乎?善能自迁、过能自改乎?处事也,谊孰从而正?道孰从而明乎?接物也,有不欲,孰禁之使勿施,有不得,孰引之使反求乎?不可不察也,察之斯识之矣。"① 清光绪年间,黄懋和在为诗山书院制定的课规中同样明确规定:"诸生有时类聚讲习,宜交孚以诚,相待以敬,有善相劝,有过相规。务须意甚恳至,语又详勉。或议论偶有不合,宜先反身相问:所言有无过当,俟有可言之时,再尽吾心而善道,不可辞色遽厉,致启猜嫌,亦全交之道也。"② 学规和章程确保了生徒"自省"的规范,不仅对自己的不足要反躬自省而且对别人的过错也要及时指出以互帮互助。

除了学规、章程提供了"自省"的制度保障,书院大师还注重教导生徒在日常生活学习实践中时时自省修身。阳明弟子萧良余主持稽山书院时,就告诫生徒不断省察自身、多做自我批评,他说:"诸友今日会后,务各各从伦理应感处实用其功,各就吾病所重者,克治消融。如往时骄傲,自后谦和得来;往时放纵,自后检饬得来;往时委靡,自后振作得来;一切人伦日用之际,俱从吾一念之微处自修自改,方是实功,方为有益。"③ 此外,一些书院的规约明确指出,"读书至圣贤言不善处,则必自省曰:吾得无有此不善乎?有不善,则速改之,毋使一毫与圣贤所言之不善有相似焉。至圣贤言善处,则必自省曰:吾得无未有此善乎?于善则速为之,必使事事与圣贤所言之善相同焉"④;"学者须虚心服善,文字果佳,亦本分内事,且学业无尽,进一步又有一步,工夫何用矜夸?若文字未到,便当克己自反。用功求进,忌毁他人,何与己事?至于课列前后,文有一日之短长,学有异时之消长,正当各自努力,前列者勿遽自夸张,后殿者亦无漫相诋毁"⑤。传统书院大师始终以先圣先贤为学

---

① (明)顾宪成:《东林会约》,转引自邓洪波编著《中国书院学规》,湖南大学出版社 2000 年版,第 9 页。
② (清)黄懋和:《诗山书院课规十则》,转引自邓洪波编著《中国书院章程》,湖南大学出版社 2000 年版,第 114 页。
③ (明)萧良余:《稽山会约》,《泾川丛书》第 12 册,清道光刊本。
④ 罗国杰:《中国传统道德》(教育修养卷),中国人民大学出版社 1995 年版,第 371 页。
⑤ (明)杨绳武:《钟山书院规约》,转引自邓洪波编著《中国书院学规》,湖南大学出版社 2000 年版,第 28 页。

习榜样,激励生徒时时和及时反省。他们告诫生徒德业和学业的进步是分内之事,优异者不能骄傲自满、失败者也无须气馁妥协,只要肯于自修自省,就会实现为德为业的目标。

第二节 研讨和对话的教育方法

一 研讨式教育方法

朱熹是使书院复兴并给它重新定义的代表人物,其中"讲学"一词是朱熹恢复使用并使之广为流传的书院术语之一。以朱熹为代表的新儒家兴起之后,"讲学"成为代表传统私立书院的教学方法而受到欢迎。加强交流、展开讨论和提倡争鸣,进而发展为讲会和会讲制度,这是书院的优良传统之一,也是书院研讨式教学的突出特点。书院的讲学和讲会此后逐渐发展成为中国教育史上影响深远的教育方法。

书院的讲学形式主要分为两种。其一,进行知识讲授和学术传承的讲学。此种讲学一般在书院内部进行,目的在于阐发儒家经典或学派要领,一般由学派大师主讲。例如,吕祖谦在明招寺讲学、朱熹在白鹿洞书院讲理学、陆九渊在象山书院讲学、张栻在岳麓书院讲学等。大师们讲学的要点或写成讲义,或录为语录,如吕祖谦《丽泽讲义》、朱熹《语类大全》、张栻《讲义发题》、陆九渊《象山语录》等,都属于讲授性讲学的内容。其二,讲会式的讲学。此种讲学目的在于相互研讨和争辩,或发挥一个学派的核心和精义,或辨析不同学派之间的异同,此类讲学可在书院内部以及不同书院之间进行。

南宋时期出现了有组织的讲会。嘉定年间(1208—1224),史载:"朱门弟子周漠、李播、胡泳等人于江西南康,率其徒数十人,惟先生(朱熹)书是读,季一集,迭主之。至期集主者之家,往复问难,相告以善,有过规正之。"[1] 至明代,有组织的讲会已被阳明弟子发展为宣传儒家伦理道德的阵地。朱熹经常带弟子参加讲会,有时还令其高足弟子

---

[1] (宋)黄干:《勉斋集》卷38《周舜弼墓志》,康熙正谊堂全书本。

第四章 中国传统书院的教育方法

登台代讲。陆九渊与会亦常有弟子随从，也不时让其弟子代讲。这种自由讲学、各抒己见、互相辩难、共同探讨的精神在书院教学中形成了良好的学术风气，为学生创造了有益的学习环境和学习气氛，在学术交流中开阔了学生的眼界，也造就了学生成为本学派的继承人[1]。明代讲会最早是由胡居仁发起的。胡居仁一生以书院教育为业，其与同道罗伦、娄谅、张元祯等在弋阳之龟峰、余干之应天寺组织讲会，开创了"余干之学"[2]，也开启了明代讲会之先河。此后，王门讲会之势遍及全国。王门讲会始于嘉靖三年（1524），王阳明在家乡浙江绍兴府组织的稽山书院讲会，四方学者闻讯而至，以致"宫刹卑隘，至不能容，盖环坐而听者三百余人。先生临之，只发大学万物同体之旨，使人各求本性，致极良知以止于至善"[3]。余姚的中天阁讲会是王门第一个有会约的讲会。该讲会每月集会四次，定初一、初八、十五、二十三为期，不论王阳明本人是否出席到会，同志务要相聚，目的在于"诱掖奖劝，砥砺切磋，使道德仁义之习，日亲日近"[4]。中天阁讲会制度的确立，开启了明代中后期讲会繁盛的序幕。

传统书院的讲会不仅是有组织的讲，而且在讲的过程中，还存在不同学派间的辩论。两宋时期的朱熹和陆九渊代表着理学的两个不同学派。南宋淳熙二年（1175），朱熹和陆九渊受吕祖谦之邀，在江西信州鹅湖寺进行论道，这就是著名的"鹅湖之会"[5]。朱陆两位书院大师从形而上的"无极"到"太极"，再到形而下的具体"为学工夫"展开了激烈辩论，他们围绕天理人欲等问题展开公开辩论，各抒己见，首开讲会之先河。淳熙七年（1180），朱熹主动邀请陆九渊到白鹿洞书院讲学。朱、

---

[1] 李定仁、赵昌木：《论书院的教学特点及其现实意义》，《高等教育研究》2002年第6期。
[2] "余干之学"最早见于《四库全书总目》。"与弼之学，实能兼采朱、陆之长，而刻苦自励。其及门弟子陈献章得其静观涵养，遂开白沙之宗；胡居仁得其笃志力行，遂启余干之学。有明一代，两派递传，皆自与弼倡之，其功未可以尽没。"
[3] （明）王阳明：《王文成公全书》卷34《阳明年谱·嘉靖三年甲申正月》，清刻本。
[4] （明）王阳明：《王阳明全集（上册）》卷8《文录五·书中天阁勉诸生》，中央编译出版社2014年版，第310页。
[5] （清）黄宗羲：《宋元学案》卷51《东莱学案》，中华书局1986年版。

陆虽然学派不同、观点迥异，但朱熹对陆九渊"博学、审问、慎思、明辨、笃行"的学问之道却赞赏认同，并将此学问之道刻于书院石碑，以此激励白鹿洞士子。朱熹虽对湖湘学派注重践履、不务实理提出过批评，但并未妨碍他与张栻的友谊。朱熹曾专程从福建赶往湖南造访张栻，并受到热情款待。两人围绕理学中的一系列问题，发表不同意见，讨论十分热烈，留下了理学界久负盛名的"朱张会讲"。提倡自由争辩、畅所欲言的讲会制度从南宋一直延续下来。传统书院讲会制度完整规范。首先，从讲会的组织形式来看，一般分为月会和年会两种。月会一般每月初八、二十三各举行一次，会期均为三天。每会公举一人主讲，讲后相互问难。年会则每年一次或两次不定，一般为书院大师主讲，之后生徒问难辨析。其次，从讲会的内容来看，大多围绕儒学基本问题，以先圣先贤之学为宗，强调博穷事理。再次，从讲会的作用来看，它把书院的教育教学与教化传播功能相联系，不仅提高了书院的学术地位，而且扩大了书院的社会影响。例如，明朝东林学派以东林书院为阵地，把书院中的学术交流与社会现实相结合，主张"即事为学"，实学实用，反对"静坐冥想"。这种实学思潮，对当时江南经济的发展产生了积极的影响。①

　　传统书院教育制度的精华之一体现在讲会制度的确立，这也是书院区别于官学最明显的标志。书院讲会允许不同学派自由讲学和不同观点竞相争鸣，也体现出传统书院研究讨论式的教学特色。毛礼锐在《中国教育史简编》中将"盛行讲会制度，提倡百家争鸣"视为中国传统书院的五大特点之一。作为书院研讨式教学的方式，讲会主要是不同书院或不同学派之间的讨论会和论辩会，其主要目的在于阐释和论证学派思想，或论辩学派观点，或解析学派主张，或交流学术新意。讲会时师生集聚一堂，共同研讨和讲辩。质疑问难形式灵活，讲会前后和口头书面皆可。例如，东林"会约仪式"中就规定："每会推一人为主，说四书一章。此外有问则问，有商量则商量，凡在会中，各虚怀以听，即有所见，须

---

① 李定仁、赵昌木：《论书院的教学特点及其现实意义》，《高等教育研究》2002年第6期。

俟两下讲论已毕,更端呈请,不必挠乱。"① 又如,清嘉庆年间提学郑廷鹄在《示主洞教谕崔柏帖》中,对书院的讲会也进行了规定:"主洞教官,务宜正身修德,以倡率诸生。每日升堂会讲,主洞官先讲,或诸生复讲,最后有疑者,以次升问。日晡夜分,不必大会。有问,止命直学引对。"② 由此可见,讲会的程序具体由山长或教官主讲、学生复讲和质疑答问三个环节构成。

除了讲会,还有会讲,这是书院研讨式教学的另一重要方式。岳麓书院的"朱张会讲"首开会讲之先河。乾道三年(1167),因在学术上遇到了对《中庸》之义不解的疑惑,朱熹即使在"劝止者多"的情况下,仍毅然决定不远千里到岳麓书院与张栻当面交流,其间历经颠簸。在岳麓书院,朱张两位大师进行了长达两个多月的研讨,盛况空前。朱熹的随行学生范伯崇对会讲场面有所描述,曰:"二先生论《中庸》之义,三日夜而不能合。"③ 朱张会讲吸引了众多书院士子和湖湘弟子远道而来。为了聆听大师间的对话和论辩,当时"舆马之众至饮池水立竭,一时有潇湘洙泗之木焉"④。元代理学家吴澄在《重建岳麓书院记》中说:"自此(朱张会讲)之后,岳麓之为岳麓,非前之岳麓矣!地以人而重也。"⑤ 朱熹在给程元夫的信中论及此次会讲之感受,认为此次之行于己理学思想大有裨益,他说:"去冬走湖湘,讲论之益不少,然此事须是自做工夫,于日用间坐行卧处方有见处,然后从此操存,以至于极,方物已物尔。敬夫所见超诣卓见,非所可及。"⑥ 会讲中张栻也获益不少,《宋史·道学传·序》认为张栻"既见朱熹,相与博约,又大进焉"⑦。正因为朱熹思想的感染,张栻对其师胡宏的某些观点产生疑

---

① (清)高廷珍等:《东林书院志》卷2《会约仪式》,雍正十一年刻本。
② (明)郑廷鹄:《石湖遗集》,《海南丛书》,海南书局1931年版,第27页。
③ (清)王懋竑撰,何忠礼点校:《朱子年谱》,中华书局1998年版,第32页。
④ (清)赵宁等修纂,邓洪波、杨代春等校点:《岳麓书院志》,岳麓书社2012年版,第225页。
⑤ 陈谷嘉、邓洪波主编:《中国书院史资料》,浙江教育出版社1998年版,第321页。
⑥ (宋)朱熹:《朱子文集》,中华书局1985年版,第44页。
⑦ (清)赵宁等修纂,邓洪波、杨代春等校点:《岳麓书院志》,岳麓书社2012年版,第15页。

问并复信朱熹时说："敬夫未发之云，乃其初年议论，后觉有误，即已改之。"① 朱张会讲的中心议题是"中和"问题，讨论的最终结果是朱熹让步，吸取了湖湘学派的两大主张。朱张会讲不仅推动了朱熹、张栻理学思想的继续发展，而且扩大了岳麓书院在全国的影响力。朱张会讲是中国传统书院史上浓墨重彩的一笔，它不仅促使了闽学与湖湘学的交流，也为传统书院提供了新的教育教学方法。

此后一些书院仿照朱张会讲的形式开展研讨式教学。例如，清代嵩阳书院将每月的十八日为会讲之日，当天生徒们将自己一月来所读的书互相印证和讲论，史载："每月十八日，一会嵩阳书院，将一月来所读之书，互相考究印证。盖经书中圣贤言语，无非身心性命之理，纲常伦纪之事，若只在书册上寻求，纵使探讨精深，终与己无干涉，须得朋友大家讲论，直教一言一句皆与我身上有着落贴实处，觉得圣贤所说之心，就是我之心；圣贤所说之理，就是我之理。如此融贯浃洽，庶几可以坐言起行。孔子以学之不讲为忧……丽泽之益，盖可忽乎哉。"② 会讲使书院生徒聆听大师讲解，参与其中辩难，拓展了思维空间，是书院研讨教学的重要组成部分。

二 对话式教育方法

汉代以来，官学以传授儒家经籍为目的，教师讲经，学生读经，成为教学活动的基本形式。读经多少和熟练与否成为衡量士子才学深浅的标准，又是能否猎取功名的资本。正如朱熹所言："汉儒初不要穷究义理，但是会读，记的多，便是学。"③ 经学的传授主要靠教师的面授。为了树立经书的权威性，必然强化经师的威严。荀子有言，"有师法者，人之大宝也；无师法者，人之大殃也"④；"礼然而然，则是情安礼也；

---

① （清）王懋撰，何忠礼点校：《朱子年谱》，中华书局1998年版，第345页。
② 邓洪波主编：《中国书院学规集成》，中西书局2011年版，第894页。
③ （宋）黎靖德编：《朱子语类》卷135《历代二》，朱杰人等主编《朱子全书》第18册，上海古籍出版社、安徽教育出版社2002年版，第4203页。
④ （战国）荀子著，安继民注译：《荀子·儒效篇》，中州古籍出版社2006年版，第100页。

师云而云,则是知若师也。情安礼,知若师,则是圣人也。故非礼,是无法也;非师,是无师也"①。因此,"言不称师谓之畔(叛),教不称师谓之倍(背)。倍畔之人,明君不内,朝士大夫遇诸涂不与言"②。官学强化教师的绝对权威,因此形成师生之间的学术依附关系,即曰:"若不依先师,义有相互伐,皆正以为非。"③ 官学主要靠教师讲、学生听记的单向灌输,而且认定"先生者当如醒,学者譬为醉"④ 是不可改变的。这种教学模式无疑限制了学生的主动性和思考能力,较为死板和僵化。

传统书院教学方式与官学教学方式截然不同,教学中非常注重师生之间的对话互动。一方面,包括学生与老师之间的切磋探讨;另一方面,包括学生与学生之间的对话互动。书院教学不是教师的独角戏和单一死板的一味灌输,而是具有很强的互动性。例如,朱熹执教白鹿洞书院过程中实行的对话式教学方式颇具特色。作为新儒家代表和书院大师,朱熹的教育思想与先秦儒家一脉相承,尤其受孔子教学方式的影响很大。《论语》中记载孔子与其弟子们对话互动间启迪思维和解决问题的篇目不在少数。朱熹在《论语》集注中对孔子的这种教学方式赞赏有加,认为"盖诱之尽言以观其志,而圣人和气谦德,于此亦可见矣"⑤。因此,朱熹在书院执教期间,经常在讲堂之上引导学生参与互动讨论,让学生大胆发表一己之见。在朱熹看来,与学生对话互动可以促进教学相长,既能调动学生的学习积极性,也可以促使教师在思想碰撞中产生火花。朱熹将这种对话式教学比作治病良药,他说:"与学生商略古今,率至夜半。虽疾病支离,至诸生问辩则脱然沉病之去体,一日不讲学,则惕然常以为忧。"⑥《朱子语类》中记载朱熹与学生互问互答的段落数不胜数。在白鹿洞书院讲解《论语》时,有学生甚至质疑朱熹在《四书集

---

① (战国)荀子著,安继民注译:《荀子·修身篇》,中州古籍出版社2006年版,第18页。
② (战国)荀子著,方达评注:《荀子·大略篇》,商务印书馆2016年版,第4658页。
③ (南朝宋)范晔:《后汉书》卷44《列传第三十四·徐防传》,中华书局1965年版。
④ (明)徐元太:《喻林》卷91《学业门一·从师》,上海辞书出版社1991年版,第1014页。
⑤ (宋)朱熹:《论语集注》卷6《先进第十一》,《新编诸子集成·四书章句集注》,中华书局2018年版,第130页。
⑥ (明)黄干:《黄勉斋先生文集》卷8《朱子行状》,中华书局1984年版,第210页。

注》中的注解并大胆发问,例如,"问:'集注云云,上一截将'从容不迫'说'礼之用,和为贵',甚分明。但将'从容不迫'就下一截体验,觉得未通。如乡党一书,也只是从容不迫,如何却会不行"①。对此,朱熹耐心解答并对学生的大胆质疑和正确见解给予肯定及赞扬。

朱熹对话互动式教学方法在白鹿洞书院得以传承并在其他书院的教学中得到推广。宋明之时,盛行名曰"语录"的文体。著名的书院大师大多留下由弟子记录整理的"语录"。这些"语录"中记载了大量关于教师对学生疑难问题的解答,其实就是一问一答的互动式教学记载。《王阳明全集·传习录》中,几乎全是王阳明与其门人问答讨论的记载。对于门人的疑问论述,他主张辩论愈详,则义理愈明。王阳明非常重视互动教学中学生的质疑精神,对于读书没有疑问的生徒,他还警告说:"诸公近见时少疑问,何也?人不用功,莫不自以为已知,为学只是循而行之是矣。殊不知私欲日生,如地上尘,一日不扫便又有一层。著实用功,便见道无终穷,愈探愈深,必使精白无一毫不彻方可。"②岳麓书院山长欧阳厚钧则十分注重在互动教学中对学生创新思维的挖掘,他主张:"诸生骋研神秘,各抒所长,或以理胜,或以气胜,或以才胜,平奇浓淡,不拘一体,总之惟其是尔。"③

生生之间的互动首先表现为学规中明确要求生生个人间相互切磋、群居问难。例如,明万历年间,白鹿洞书院山长章潢所订《为学次第》明确要求全体生徒都应"学以会友辅仁为主意",要求生徒"群居切磋""专在辅仁""爱众亲仁""同归于善"。④清代汤来贺主白鹿洞讲席,在学规中亦要求生徒"公心共学"。⑤生生互动的另一种体现是学长制。许多书院为加强对学生学习的指导设有"学长"。"学长"由学有所成的学生担任,与其他同学切磋学问,解答疑难。他们负督察之责,任辅导之

---

① (宋)黎靖德编:《朱子语类》卷24《论语四》,中华书局出版社2007年版,第94页。
② (明)王阳明撰,邓艾民注释:《传习录注疏》,上海古籍出版社2012年版,第49页。
③ 陈谷嘉:《岳麓书院名人传》,湖南大学出版社1988年版,第150页。
④ 吴国富编纂:《新纂白鹿洞书院志》,江西人民出版社2015年版,第270页。
⑤ 同上书,第283页。

务，或承担勉励学友、互相切磋的使命。例如，阮元在学海堂实行的教学方法倡导以自修为主，从生徒中挑选八名学长，每名学生可以从中选一人为师。教材包括《十三经注疏》《史记》《汉书》《三国志》《文选》《杜诗》等。学生每天任选一书，或加以评校，或阐发自己的理解，共同讨论、互相切磋。①

传统书院对话式教学的基础是尊师重教的传统和师生间深厚的情谊。毛泽东《湖南自修大学创立宣言》中认为："从前求学的地方在书院，书院废而为学校，世人便争毁书院，争誉学校。其实书院与学校各有其所毁，也各有其所誉；学校的第一坏处是师生间没有感情，而书院师生的感情甚笃，比学校实在优胜的多。"② 书院之所以能形成融洽的师生关系，根本原因在于对话互动的师生交流沟通，"其优长之处不仅在'面对面'，更在于师生共处同一生活环境下，在日常生活的实际动作中通过共同的感受，相互的启发而达成了自然而然的教育的过程"；"实际内心得到的极大的喜悦，从而达到的高峰体验，都是其他教育方式无可比拟的"。③

第三节　讲授和体验相结合的教育方法

一　讲授式教育方法

传统书院的教育方法以自修自学和研讨对话为主，但是仍然会有定期的课堂讲授。课堂讲授主要采用升堂讲学的方法。升堂讲学法是由山长（堂长）或主讲老师在讲堂上讲授，学生随后质疑问难的教学方法。升堂讲学时，教师的讲授一般少而精，主要通过启发和指点学生读书学习。主要包括四种方法：一是提纲挈领，统括全篇，然后由学生深钻细究；二是选取重点，指明思路，讲明方法，使学生领悟道

---

① （清）林伯桐著，陈澧续补：《学海堂志·学海堂章程》，光绪九年续刊本。
② 毛泽东：《湖南自修大学创立宣言》，《东方杂志》1923年。
③ 赖功欧：《书院教育的"对话"精神及其对人格形成的影响——兼论朱子教育思想》，《中国书院（第一辑）》，湖南教育出版社1997年版，第198—199页。

理;三是指定书目,令学生熟读精思,教师从旁指点;四是解答问题,师生共同讨论辩难。

各书院升堂讲学的时间并不完全相同。例如,岳麓书院升堂讲学一般都是于"朔望进诸生于明伦堂,讲明经义"①,一月讲学两至三次,具体的时间、地点安排因人因事而异;江西象山书院议定"每月朔望,照申明亭之例,于地方官拈香事毕,在讲堂偏右安设方桌一张,地方官席地西南向坐,每年第一两次,由监院首事中择一人东面立,宣讲《圣论广训》一条,务宜曲畅旁通,随时劝导"②;友教书院则定于每月初一和初六升堂讲学,其书院规条为,"今书院中定于一、六日清晨……院长或讲经一章,或讲史一则,或《家礼》,或《小学》《近思录》,或《大学衍义》,摘条演解,总于存心养性,立身行已,居官经世之理,曲畅旁推,极深致远,务期诸生豁然贯通,憬然领悟"③。升堂讲学的主讲老师并不局限于本书院的主教,也接受其他书院或学派学者的讲学活动。

岳麓书院山长张栻在升堂讲学的过程中提出了特定的教学程序,他在《邵州复旧学记》一文中将其概括为:"而为之则有其序,教之则有方。故失使之从事于小学,习乎六艺之节,讲乎为弟为子之职,而躬乎洒扫应对进退以事,周旋乎豆豆羽龠之间,优游于弦歌诵读之际。有人因其肌肤之会,筋骸之束,齐其耳目,一其心志,所谓大学之道格物致知者,由是可以进矣。……此失王之所以教,而三代之所以治,后世不可跂及也。"④他主张升堂讲学要有一定的顺序,首先进行"小学""六艺"的教育,通过日常生活锻炼履行弟子职责,参与祭祀等活动,再加以优游诵读,最后再研修深造进入《大学》的格物致知阶段。此后岳麓书院历任山长,例如,朱熹虽任职长沙公务繁忙,仍坚持在书院升堂讲学。他充分肯定了教学中面对面交流的重要性,认为升堂讲学中师生间

---

① (清)赵宁等修纂,邓洪波、杨代春等校点:《岳麓书院志》,岳麓书社2012年版,第35页。
② (清)佚名:《象山书院章程》,清刊本。
③ (清)王昶:《友教书院规条》,乾隆五十四年刊本。
④ (宋)张栻:《张栻集》,岳麓书社2010年版,第561页。

的质疑问难是至关重要的。朱熹与张栻一样强调学生的积极参与，鼓励学生多提问题。他认为："学贵质疑，小疑则小进，大疑则大进。读书无疑者，须教有疑；有疑者，却要无疑，到这里方是长进。"① 据《朱子年谱》记载："文公常穷日之力治郡事，夜则与诸生讲论问答，略无倦色，每训以切己务实之学，恳恻周至。"② 朱熹还十分注重升堂讲学之前生徒的自修体悟。史载，朱子在讲学岳麓书院之时，曾"请两士人讲《大学》，语意皆不分"，对于此种情况朱熹颇为失望，教育诸生要钻研学术，认为"不理会学问，与虫虫横目之氓何异"③。再如，主教岳麓书院十四年，任山长九年的王文清非常重视书院升堂讲学，并取得了很好的教学效果。史料记载他"晚年主讲岳麓书院，以群经教授诸子，阐发先儒性道心传，梯航后进，不少吾湘学蔀为之一开"④；"每升堂讲学，凡四书六艺，悉博采群儒绪言，衷诸至当，下及诸子百家诗古文辞，亦喜时与商榷，俱卓然示以指归"⑤。

传统书院升堂讲学庄重严肃，之前必须具有一定的仪式程序。高璜《白鹿洞书院经久规模议》中记载："建仓廒，设庖厨，积薪炭，课树艺，设香灯，置簿籍，立课程，每月朔望开讲，初二、十六会文，分别第给赏。"⑥ 王铭琮《白鹭洲书院学规》中于此描述道："释奠为教学之始，合语备德音之致，仿而行焉，古制斯复。每月朔望礼拜先圣，依班就位，各敬尔仪。退适讲堂，恭听先生训诲，或讲书一章，或论史一则。有疑斯质，务求详明，非特以开颛蒙，亦藉以涵德性，是犹古乡学祭乞言之意欤。"⑦ 升堂讲学是书院教学中的重要环节，因此，各书院都十分重视。

---

① （宋）黎靖德编：《朱子语类》卷11《学五·读书法下》，朱杰人等主编《朱子全书》（修订本）第14册，上海古籍出版社、安徽教育出版社2010年版，第343页。
② 杨慎初、朱汉民、邓洪波：《岳麓书院史略》，岳麓书社1986年版，第48页。
③ 束景南：《朱子大传》，商务印书馆2003年版，第941页。
④ 杨布生：《岳麓书院山长考》，华东师范大学出版社1986年版，第132页。
⑤ 同上书，第129页。
⑥ （清）高璜：《白鹿洞书院经久规模议》，康熙二十一年刊本。
⑦ （清）王铭琮：《白鹭洲书院学规》，乾隆二十年刊本。

二 体验式教育方法

传统书院教育十分重视"践履躬行",各书院学规和章程中都强调既要"穷理",又要"笃行"。"笃行"即亲身经历,通过实践来认识周围的事物,其目的是强调实践的重要性,强调学生在体验中增进对真理的认识。这种笃行和践履的教育方法是注重学生的参与和体验,以个人情感认同来体悟道理的教学方法。因此,在庄重肃穆的升堂讲学外,传统书院发明了体验式教育方法,以补充和活跃教学气氛,使得学生在实践和体验中获得对知识和道理的进一步体悟,从而不断完善感性知识、丰富情感体验、磨砺道德意志。

传统书院体验式教育首先体现在"走出讲堂,走进社会"的教育理念中。朱熹强调读书不能仅仅只停留在书本上、口头上,而必须身体力行,见之于实际行动。他多次强调:"读书,不可只专就纸上求义理,须反过来就自家身上推究……自家见未到,圣人先说在那里。自家只借他言语来就身上推究,始得。"[1] 朱熹提倡生徒要走进自然、考察名山大川、遍寻名士踪迹,以此丰富自身的道德情感。因此他经常带着学生考察祖国大好河山,"绝其尘昏,存其道气",使生徒"聆清幽之胜,踵明贤之迹,兴尚友之思"[2],并且教导弟子"上而无极、太极,下而至于一草、一木、一昆虫之微,亦各有理"[3]。从朱熹的名言和行动中,我们可以看出他的教育思想是以任何事物和任何现象都作为学习与思考的对象,教育生徒只要善于观察体验、善于思考总结,就能够获得实际生活中的学问道理,以不断补充书本上所学到的理论知识。元代书院大师郑玉也认为通过游览名山大川、领略风景名胜,可以感知历史、开阔胸襟、愉悦心情,培养生徒的爱国主义情操和积极向上的生活态度,其言:"渡

---

[1] (宋)黎靖德编:《朱子语类》卷11《学五·读书法下》,朱杰人等主编《朱子全书》(修订本)第14册,上海古籍出版社、安徽教育出版社2010年版,第337页。

[2] 《宋史》卷429《道学三·朱熹传》,中华书局1977年版,第12764页。

[3] (宋)黎靖德编:《朱子语类》卷15《大学二·经下》,朱杰人等主编《朱子全书》(修订本)第14册,上海古籍出版社、安徽教育出版社2010年版,第477页。

第四章　中国传统书院的教育方法

淮而北而泛黄河，足以发吾深远之思；登太华，足以启吾高明之见；历汉唐遗迹，足以激我悲歌感慨之怀；见帝城之雄壮，足以成吾博大宏远之器。"① 书院大师们带领学生远避市井喧嚣、游历峻秀山川，同时也不忘走入市井，体察民情民生，将社会实践与书本教育有机结合，增强了课堂讲授的实际效果。

传统书院的体验式教育还体现在各种具体的仪式活动中。仪式教育活动的本质是通过情境设置聚集情绪，强调情绪渲染和情绪调动在学习中的作用。中国传统书院的仪式活动主要包括祭祀仪式、讲会仪式和尊师仪式三种类型。仪式活动举行过程中，通过多种手段尽力渲染出仪式的神圣性与庄严性，这是课堂教学无法比及的。例如，祭祀仪式中需要敬香、叩首。有些书院开学释菜礼时也需要敬香。通过庄严气氛的营造，书院让士子们对先圣先贤产生崇敬之感。书院也正是借助仪式传达出的神圣力量使得师生接受官府或书院内部推崇的观念和价值，而且常常是悄然无息的。在书院的仪式活动中，我们可以在仪式的时间安排、空间位置、像设礼器等方面看到明显的符号性和表演性特点。书院仪式教育活动的表演性，可以让参与者进入虚拟情境或者想象的世界，表演对圣贤先师的尊崇，从而使所有参与者在仪式活动结束后，产生对仪式活动中行为的体验和模仿，进而达到规训的目的和对儒家信仰的崇尚。② 书院仪式教育活动的教育性还特别强调培养和激发士子们的社会责任感。正如《东湖书院记》中称："君子之学，岂徒屑屑于记诵之末者，固将求斯道焉……儒者相与讲习，有志于斯，以养其心，立其身而宏大其器业。斯馆之作，固有望于斯也。"③ 对士子们社会责任感的培养，是书院仪式教育活动所倡导的教育宗旨，也是书院"成圣教育"的集中体现。将书院文化融入仪式教育活动中，书院群体内的师生在仪式中的情感体

---

① 胡青：《书院的社会功能及其文化特色》，湖北教育出版社1996年版，第39页。
② 张晓婧、乔凯：《中国传统书院仪式活动的特点、价值及其当代启示》，《西南民族大学学报》（人文社科版）2016年第7期。
③ （宋）袁燮：《东湖书院记》，《絜斋集》卷10，文渊阁《四库全书》本，上海古籍出版社1987年版，第1157册，第122页。

验更加深刻，由此拥有了共同的集体记忆和共同的文化信仰。

除了社会实践和仪式活动中蕴含着体验式教育，书院还注重通过交友论道以激发生徒体验学习的愉悦感，调动生徒的学习热情，解决学习中的疑惑。学不可无友，独学而无友则孤陋寡闻，书院大师张载认为，"人言必善听而取其益，知德斯知言"；"惟是与朋友讲治，多治前言往行以畜其德，非礼勿言，非礼勿动，即是养心之术"①。例如，书院生徒孙同康回忆当初与唐文治等学长直接在露天野外切磋学问的美好情景时说："每当夏弦春诵，摊书围坐，讨论疑义，澜翻不穷。复以余暇兼治词章，时或痛饮读骚，互相背诵班、马、韩、杜诸集，视其误否，以决胜负。余亦隅坐从游，极少年豪放之乐。"② 唐文治也同样津津有味地记述了同学之间论学问道、相谈甚欢的场景，他说："每当春诵夏弦，读书露坐，讨论经史疑义，滔滔辩论。得一新知，相与欢笑以为乐。不弦异而矜奇，惟实事以求是。"③ 朋友之间年龄相仿、学识相近，交流沟通和探讨争论更加融洽，更容易形成积极愉悦的情感共鸣。

传统书院体验式教育方法寓教于乐，注重身体力行、观察感受，让生徒在具体过程体验中激发自身探求学问的兴趣。道德教育中的体验教学还可以潜移默化地引导学生完善自身的人格，这些是课堂讲授和讲会讲学中无法传授的，对生徒的身心发展大有裨益。

第四节 开放式和平民化的教育方法

传统书院教育方法的另一显著特色，即采用开放式和平民化的教育方法。

传统书院的讲学实行"门户开放"制度。"讲会"制度不仅是书院具有特色的教学方法，还逐渐超出本书院的范围，扩展为书院与书院间的学术聚会以及社会宣讲活动。这样就使得书院无形中扩展了教学范围，

---

① （宋）张载：《张载集·大学原下》，中华书局1985年版，第284页。
② 卞孝萱、徐雁平编：《书院与文化传承》，中华书局2009年版，第243页。
③ 同上。

第四章　中国传统书院的教育方法

丰富了教学内容，活跃了学术气氛，提高了教学水平，同时又扩大了书院的影响，提高了书院的社会地位，为地方的学术活动贡献了力量。如果有著名学者莅临书院讲学，听者不囿于本院生徒，其他书院的师生或远地慕名前来的士子都可以听讲求教。对外来的听讲者，书院还设专人专款负责接待，从而打破了官办学府关门教学的陋习。古代书院这种开放式和兼容并包的教学方式，冲破了各家各派的门户之见，解除了学派之间、师生之间的森严壁垒，扩大了学生的知识面。书院讲会活动还面向社会各阶层开放，史载："凡我百姓，年齿高者与年少而知义理者，无分乡约、公正、粮里、市井、农夫，无分僧道游人，无分本境他方。"[①]比较著名的如遍布全国的"王门讲会"。嘉靖四年（1525），王阳明在家乡浙江余姚龙泉寺组织的中天阁讲会是王门讲会的肇始。讲会每月集会四次，定初一、初八、十五、廿三为期，不论阳明先生本人是否出席到会，王门弟子务要相聚，目的在于"诱掖奖劝，砥砺切磋，使道德仁义之习日亲日近"[②]。明代著名的讲会有十几处，例如惜阴会、青原会、西原会、云兴会、水西会、同善会、水南会、君山会、光岳会、南樵会等，还有许多设在书院内部的讲会，都是面向大众的开放式教育。

传统书院平民化的教育方式，主要指书院的日常化、具体化和形象化的社会宣教活动。社会宣教是一种参与群体广泛、形式通俗简单的日常教化活动，通过将社会道德准则融入日常生活和日常教育之中，促使书院生徒与市井百姓将外在社会道德规范转化为个人的道德信念，进而凝结为内在的德性品质，并且在实际行动中严格遵守社会道德规范要求。"中国古代用以培育个体品德的基本道德规范，隶属于社会一般的价值体系，这些一般的道德原则只有经过一系列的中间环节和逻辑中介而具体化，让其回归现实并融入人们的日常生活，才能够被现实生活中的个体所接受，才可能内化为受教个体的道德信念和生活信条，并外在成个

---

① （明）孙慎行：《虞山书院志》卷4，万历刻本。
② （明）王阳明：《王阳明全集（上册）》卷8《文录五·书中天阁勉诸生》，中央编译出版社2014年版，第310页。

体惯常的道德言行。"① 从某种意义上而言，书院的平民化教育就是一般道德原则融入个体道德品质建设的中间环节和逻辑中介。为了更好地达到平民化教育的目的，书院在宣讲过程中更是以易读易懂易记的韵文连释儒学，帮助听讲民众充分理解深奥的哲理。例如，泰州学派代表人物韩贞，利用"秋成农隙，则聚徒谈学，一村既毕，又之一村，前歌后答，弦涌之声，洋洋然也"；"农工商贾，从之游者千余"。② 他的讲学内容都是有关百姓的当下日用之学。韩贞在《喻灾民》中曰："养生活计细商量，切莫粗心错主张。鱼不忍饥钩上死，鸟因贪食网中亡。安贫颜子声名远，饿死夷齐姓字香。去食去兵留信在，男儿到此立纲常。"③ 此诗是应知县之请，为化解隆庆三年（1569）泰州兴化因遭遇大洪水而至田庐俱毁、人心惶惶的状况而作。这种将儒家伦理纲常以诗化语言表达的方式因其贴近百姓生活而更易被接受。

书院宣教讲学在解决民众实际问题之时，其实也以生动形象的形式教育了民众，使他们在日用伦常中体味儒家传统、领受道德规约。例如，《问津书院志》载，明代泰州学派干将耿定向讲学问津书院时，曾以浅显易懂之理解决两兄弟争夺财产之事，通过日常事情处理以收培养民众德性之效。兹录如下：

黄邑有两弟兄争产。时，天台耿先生率门弟子刘拙斋、萧康侯诸公讲学问津书院，两人前赴质。天台曰："尔所争是尔兄所遗否？"曰："然"。先生曰："兄产仍如前否？"曰："兄时已卖半"。先生曰："卖产时尔弟泣否？"曰："产为兄卖，何至弟泣"。先生曰："尔兄没时，尔弟泣否？"曰："兄弟至性，那得不泣"。先生曰："尔兄卖产不泣，兄没而泣，可见产不重于兄弟。今以争产伤兄弟之情，何待死者厚而待生者薄乎？"两人法然不忍复言。④

再如，明代讲学岳麓书院的萧雍在《赤山会约》中关于"禁赌"的

---

① 陈新专、符得团：《传统家训道德培育的当代启示》，《甘肃社会科学》2011年第5期。
② （清）黄宗羲：《明儒学案·泰州学案（一）》，中华书局1985年版，第720页。
③ 邓洪波：《中国书院史》，中国出版集团东方出版中心2006年版，第320页。
④ 同上书，第326页。

112

教宵晓之以义、劝之以亲、禁之以法，收到了良好的教化效果。其称："民间大害，无过赌博。赌博之害，罪在开场。本是戏事，大张骗局，一入其网，不尽不止。大抵赌博之人，初皆起于利心。父母不肯苦戒，亦皆起于利心。投掷甚易，取利甚捷，冀其赢也，而姑纵之。既而输钱于甲也，取赢于乙以偿之，幸而偿也，又思益之。亡论投子、纸牌，权不由我，胜负难必。纵赢得钱来，不由勤苦，谁肯爱惜，任意花费，缘手立尽，倒囊空归。东荡西走，田地荒芜，不问父母缺养，不顾室无片椽，家无寸土。债主逼取，借贷无门。力耕不能，饥寒难熬，则有聚而为盗耳。小则窃，大则强，身以盗亡，盗由赌至，悔无及矣。可哀也！官府法禁虽严，安能尽人而绳之。是在各家父兄捐去利心，严戒，轻则家法处治，重则送官刑罪。彼亦人耳，肯以身为戮辱乎？此风衰息，而家道日见殷富矣。"[1]

传统书院讲会中的平民化社会宣教具有朴实性、形象化、通俗化等特点，有利于高深系统的儒家文化渗透到普通百姓的日常生活与内心深处，在实际生活中逐渐培养他们的道德品质。

---

[1] （明）萧雍：《赤山会约》，转引自邓洪波编著《中国书院学规》，湖南大学出版社2000年版，第74页。

第五章　中国传统书院的教育环境及其教育意蕴

中国传统书院不仅在教育理念、教学方法和教育内容等方面具有鲜明特色，而且在教育环境的营造和建设方面也别具匠心。历代书院均重视教育环境的选择，既重视自然山水要素对于士子读书穷理和潜心研读的作用；又重视历史人文积淀对士子心智启迪和情操养成的熏陶。中国传统书院对教育环境的建设以及发挥教育环境育人的功能，至今仍有许多值得借鉴的历史经验。本章主要讨论传统书院的教育环境建设及其所包含的教育意蕴。

第一节　环境与教育环境

一　环境的界定与类别

学界对"环境"的内涵和定义中几种较为权威的界定，例如，《辞海》对"环境"一词有两种释义：一是广义的环境概念，指环绕所辖的区域，周匝，其环绕中心体可以是包括人在内的一切事物。二是狭义的环境概念，指与人类主体相适应的外部世界，即人的生活空间，其环绕中心体是人类主体。[1]"环境"在《辞源》中被作为双音节词的释义：环绕全景。《元史》卷一四三《余阙传》："乃集有司与诸将议屯田战守计，环境筑堡寨，还精甲外扞，而耕稼于中。"今指周围的自然条件和社会条件。[2]

---

[1]《辞海》，上海辞书出版社2000年版，第3417页。
[2]《辞源》，商务印书馆2009年版，第1125—1126页。

第五章　中国传统书院的教育环境及其教育意蕴

《中国大百科全书·环境科学卷》对"环境"一词的定义是:"围绕着人群的空间,及其中可以直接、间接影响人类生活和发展的各种自然因素的总体,但也有些人认为环境除自然因素外,还应该包括有关的社会因素。"[①] 环境概念在《中国大百科全书·教育卷》中的解释是:"指人和生物周围的一切事物,这些环境能给人和生物以若干影响。"[②] 由此可见,环境所包括的范围相当广泛,整个时空系统都可以看作以人类为中心的生存环境。

以人类为主体,依据不同标准,环境可以有不同的分类。按时间划分,可分为历史环境、现实环境和未来环境。按空间划分,可分为宏观环境和微观环境。宏观环境是指人类所存在的自然环境、社会环境。其中,社会环境按不同的领域又可以分为政治环境、经济环境、文化环境等。微观环境是指与个人生活直接相关的工作环境、学习环境、家庭环境等。按构成性质划分,可分为显性环境和隐性环境。显性环境是看得见和摸得着的环境,即物质环境,如地理位置、自然风光、建筑设施等。隐性环境是看不见但却能感受到的环境,即精神环境,如社会风气、人际关系等。按作用划分,可分为内部环境和外部环境。

二　教育环境的界定与类别

教育是以人为中心而展开的各项活动。关于教育环境的界定,目前教育学界通常采用两种说法。一是采用《辞海》中"环境"一词的第二种解释,以人类作为环境的中心体,泛指一切与人的生存与发展相关联的物质、能量、信息以及它们相互作用所形成的境况,包括自然环境、社会环境、精神环境、文化环境,等等。二是《教育大辞典》中的"环境"概念也常被教育学界认可。在此"教育环境"被解释为:"直接或间接影响人的个体形成和发展的全部外在因素。"[③] 可见,这一界定把环境所对应的中心缩小到人,体现了教育研究中涉及的是人与环境的对应

[①] 《中国大百科全书·环境科学卷》,中国大百科全书出版社1993年版,第154页。
[②] 《中国大百科全书·教育卷》,中国大百科全书出版社1985年版,第129页。
[③] 顾明远主编:《教育大辞典》(增订合卷本),上海教育出版社1998年版,第34页。

关系；其次，明确了环境的范围，强调影响人形成和发展的全部因素都是环境因素，包括自然因素和社会因素；最后，在环境对于主体的作用方式上做了说明，区分了环境作用于人的方式有直接和间接两种。

学校教育环境包括校内环境与校外环境两大部分。校内环境具有相对独立性，某种程度上可以摆脱校外环境的具体影响，甚至影响校外的社会环境。校内环境一般包括硬件和软件两部分。硬件是指学校的办学条件，它为学生成长提供必要的物质保障。软件是指学校总体风貌，包括师资力量、校园文化等。教育环境影响人才培养主要是通过以上两大方面因素的综合而起作用。校内环境的诸因素要受到校外社会环境总因素的决定性影响，比如政治、经济、文化等因素。但是，学校教育环境的建设仍需要依靠学校的校长、教师和学生去共同创造。传统书院教育环境中的"软件"因素对生徒培养的影响，在本书前四章中均有述及。本章主要讨论传统书院的物质环境对教育教学起到的积极作用。

第二节　传统书院选址的教育意蕴

"用环境进行教育是教育过程中最微妙的领域之一。"[①] 我国古人早就认识到自然环境对人有感染和熏陶的教育功能，并且赋予自然环境特定的道德象征意义。例如，孔子认为"智者乐水，仁者乐山"。钟情山水是士大夫对于仁、智追求的表现，是一种追求高尚情操的体现：他们希望自己像水一样博大精深，有宽广的胸襟包容人间万象；像山一样稳重深远，不为外在的事物所动摇，站得高，看得远，宽容仁厚。在孔子之后，历代教育家都十分重视以自然山水陶冶弟子的情操，形成了重视学校环境自然美的传统。早期的书院建设者们就已经体认到自然对人的陶冶之功，特别重视人与周围环境的协调。这里既有丛林精舍、道家宫观的影响，更有"天人合一"的儒者追求。[②] 后世书院创建者延续这一

[①] ［苏］霍姆林斯基：《教育的艺术》，肖勇译，湖南教育出版社1983年版，第100—101页。
[②] 张晓婧：《中国传统书院环境的教育意蕴及对当代高校校园文化的启示》，《江苏高教》2018年第5期。

第五章　中国传统书院的教育环境及其教育意蕴

传统，都非常重视环境的选择和建设，注重环境本身所产生的教育作用，追求寓教化于游息之中的效果。书院建设者们注重书院的选址，将书院建于依山傍水之处，或城乡接合处，或历史古迹之处，有的书院则兼有以上两种或三种选址特点。

一　选址于依山傍水处体现的教育意蕴

"山川之美，古来共谈。"我国山林之秀，江河之丽，举世闻名，具有怡荡性情、令人神往的魅力。中国古代很多著名的书院依山傍水而建，湖光山色，景色秀丽。例如，北宋时期享誉天下的"四大书院"或"八大书院"大多建在著名的风景胜地。河南嵩阳书院地处中岳嵩山南麓，背靠峻极峰，面对双溪河。《诗经》有诗赞云："崧高维岳，骏极于天。"[1] "岳麓书院地处湖南长沙岳麓山下，素以'泉涧盘绕，诸峰叠秀'而著称的岳麓山位于湘江西岸，岳麓书院倚山而瞰湘江，秀丽而壮观。"[2] 从山脚望去，建筑丛林隐露，若有若无，鸟语落叶，清风拂面，与岳麓山形成一个和谐的整体。张栻爱岳麓"山川之胜，栋宇之安，而徘徊不忍去，以为会友讲习"的最佳场所，从而开创湖湘学术基地。张舜民看到岳麓书院后记述道："岳麓书院有孔子堂、御书阁，堂庑尚完，清泉经流堂下，景德极于潇湘。升中寺法华台下有鹤泉，涓涓有声，味极甘冷，为景物最佳处。"[3] 盛名远播的白鹿洞书院位于风景秀丽的庐山五老峰上，此处只"有泉石之胜"却"无市井之喧"，四周"有台榭，环以流水，杂植花木，为一时之胜"[4]。白鹿洞书院楹联曰："泻石清泉堪一饮，倚门老树欲千年。茮石可人，烟霞老我；青山傍屋，绿树盈门。"[5] 清澈的山泉从石洞中缓缓流出，令人赏心悦目，天空中云蒸霞蔚，好似可抒襟怀的挚友；书屋依偎于葱茏森郁的青山，门前种满了翠

---

[1]　程俊英:《诗经译注》，上海古籍出版社2012年版，第306页。
[2]　周洪宇:《书院的社会功能及文化特色》，湖北教育出版社1996年版，第28页。
[3]　(宋)张舜民:《画墁集》卷8，江苏广陵古籍刻印社1984年版。
[4]　(宋)朱熹:《晦庵先生朱文公文集》，上海古籍出版社、安徽教育出版社2002年版，第4583页。
[5]　邓洪波:《中国书院楹联》，湖南大学出版社2004年版，第125页。

117

色欲滴的碧树。朱熹当年勘踏此地,觉得这是著书讲学和教学育人的好地方,因而高兴地描述道:"观其四面山水,清邃环合,无市井之喧,有泉石之胜,真群居讲学,循迹著书之所。"①

此外,有天下"四大书院"②美誉的石鼓书院位于湖南衡州石鼓山,地处湘江、蒸水、耒水交汇处,地理位置独特。石鼓书院巧妙地将自然景观与学校环境完美结合,成为人杰地灵之所。《衡州石鼓书院》诗云:"古磴浮沧渚,新篁锁碧萝。要津山独立,巨壑水同波。俎豆弥文肃,衣冠盛事多。地灵钟杰俊,宁但拾儒科!"③被誉为"江南三大书院"之一的华林书院位于华林山玄秀峰下,风景幽美、奇异,满是仙乡清气,"山水特秀,英灵所钟",令"处者无战,游者忘归",书院四周"列植松竹,间以葩华,涌泉清池环流于其间,虚亭菌阁鼎峙于其上"④。有学者统计,北宋初期共54位文人的58首诗以华林书院为题材而作,而整个北宋时期,以书院为题材的诗作,共有71位文人的86首作品。⑤例如,其中有诗云:"华林仙野近南昌,闻说幽奇景异常";"高隐仙山下,依山携草堂"⑥;"旌阳旧山曲,书室构山前"⑦;"林泉幽致有儒家"⑧和"千寻瀑布侵肌冷"⑨ 等,对华林书院的整体环境作了各种描述。孕育朱子理学的福建武夷书院"世传避秦而仙者蜕骨在焉",更是风光秀丽,"山水清美,神仙之窟宅",适合"作为精舍"⑩。对于武夷书院环境具体描述,据宋人韩元吉记载:"溪出其下,绝壁高峻皆数十丈,岸则巨石林立,磊落奇秀。好事者一日不能尽,则卧小舟抗溪而上,号为九曲,

---

① (宋)朱熹:《晦庵先生朱文公文集》卷99《白鹿洞牒》,朱杰人等主编《朱子全书》第25册,上海古籍出版社、安徽教育出版社2002年版,第4584页。
② (清)马端临:《文献通考》卷47《学校考》,乾隆十二年刊本。
③ (宋)范成大:《石湖诗集》卷13《衡州石鼓书院》,康熙二十七年刻本。
④ (宋)徐铉:《骑省集》卷28《洪州华山洪氏书堂记》,商务印书馆1937年版。
⑤ 张文利:《论宋代吟咏书院诗——以华林书院和武夷精舍为重点的考察》,《湖南大学学报》(社会科学版)2018年第2期。
⑥ 傅璇琮等主编:《全宋诗》,北京大学出版社1998年版,第977页。
⑦ 同上书,第498页。
⑧ 同上书,第248页。
⑨ 同上书,第249页。
⑩ (清)董天工:《武夷山志》,方志出版社1997年版,第305页。

第五章 中国传统书院的教育环境及其教育意蕴

以左右顾视,至其地或平衍,景物环会,必为之停舟,曳杖徙倚而不忍去。山故多王孙。鸟则白鹇、鹧鸪,闻人声,或磔磔集崖上,散漫飞走而无惊惧之态。水流有声,其深处可泳,竹柏丛蔚,草木四时敷华。"①

传统书院选址中对自然山水的追求,体现了人与自然和谐相处的道德观念。灵秀的山水令古朴的书院倍显清幽宁静,而庄重的书院又为秀美的山水增添了人文内涵。人文融进了自然,自然又变成了人文的组成部分,真正做到"天人合一"和"情景交融"。书院选址于依山傍水之处,集中体现了"山水比德"的思想,充分体现了书院选址的教育意蕴。"比德"是将自然山水、草木的形貌与人的某些内在品德或道德的对应关系作意象化的比附、暗喻,从而将自然人格化、精神化,人的思想、情感得以物化和对象化。② 如此一来,自然的风貌与人的精神便相互沟通,二者在融合中彼此合为一体。"居山水为上"是儒家士人最为理想的环境观,山和水都有着特定的道德象征意义,是士大夫对于仁、智追求的表现。在书院建设者看来书院选址与士风、文气之间有必然的联系,可以感应文章,文人多看奇秀的山水,写出来的文章也会有奇秀的风格,所谓"山水自然之奇秀,与文章自然之奇秀,一而已矣。山水之体骨形势不一,求其畅适人情而止;文章之体骨形势不一,求其恰肖题神而止,两者理相同而机亦助"③。

二 选址于城郊接合处蕴含的教育意蕴

元代以后,由于官府加强对书院的控制及其受到官学影响,传统书院的选址出现从山林向城镇靠拢的趋势。但由于城镇环境比较热闹和喧嚣,与书院追求的空谷幽静、静心读书的要求相距甚远,"城市嚣尘,不足以精学业",而不得不重新择址。为了避免官府的诸多干预以及制约,书院在选址上力求保持其相对独立性,少建于闹市,而倾向于选择"半依城市半依郊"的折中方案,在城郊获得相对独立性与发展空间。

---

① (清)董天工:《武夷山志》,方志出版社1997年版,第304页。
② 许丞栋:《从宋诗看宋代书院的选址环境与功能》,《河北学刊》2016年第3期。
③ 丁钢、刘琪:《书院与中国文化》,上海教育出版社1992年版,第192—193页。

目前一些城市中的书院旧址，例如，长沙岳麓书院等在创建时都选址于城郊接合处。再如，湖北来凤县的凤山书院原在县衙门旁，光绪七年，知县于城南发现一块读书佳境"其地距城约数十武，平原高旷，树木森秀，风光黛色如在目，前扩为精舍，诚为读书佳境"，故而认为来凤"山川之灵秀郁久必发"，从而"行见人才蔚起和其声以鸣国家之盛"①。延至清代，城郊型的书院已成为选址主流方向。张之洞选择广雅书院基址时就颇费周折，自称前后踏勘过不下八处地方，最终选定"山水幽胜，去省亦不甚远，在不喧不寂之间"的最佳环境。由此可见，清静的环境是书院自始至终的追求。

三 选址于历史古迹之处体现的教育意蕴

书院选址在注重自然环境的同时，也强调人文环境，选择历史古迹之地大多为了突出书院的学术渊源和对学派大师的纪念。书院的建设者们希望通过学派大师的精神来影响后学，所以他们在修建书院时，都会将一些名人的读书之地作为选址的首选之处。例如，铅山鹅湖书院、徽州紫阳书院原本为朱熹讲学之处；贵州龙场书院为王阳明悟道之所；广东大科书院为湛若水传道之地。有的书院则是因为名人学者的到访所修建，例如，抚州的临汝书院。还有一些书院直接是在名人祠堂的基础上增建而成，例如，金溪槐堂书院是在"二程"祠堂的基础上建成。有的书院本身就是历史悠久的文化胜地。例如，三国时期诸葛亮居住在石鼓山，督零陵、长沙、桂阳三郡军赋。因此，后人在石鼓山的南面建"武侯庙"，后改名为"武侯祠"。唐贞观时期衡州刺史宇文炫辟石鼓东岸西溪间为游览胜地，题"东崖""西溪"四字，刻于东西岸壁上；诗圣杜甫数次在石鼓山上逗留，每次都留有诗作。德宗贞元三年（787），宰相齐映贬到衡州任刺史，在山之东面建一凉亭，取名为"合江亭"。顺宗永贞元年（805），大文豪韩愈由广东至湖北，途经衡州，齐映请韩愈为此亭写下著名的《合江亭序》，从此石鼓山名声大振，成为后世文人骚

---

① （清）李谦等修：光绪《施南府志》卷29《艺文》，光绪十一年刻本。

客的"朝圣"之地。宪宗元和年间，衡阳秀才李宽在重修后的合江亭旁建房，取名为"寻真观"，在此悉心读书，为石鼓书院之雏形。①

此外，有相当数量书院的分布和命名同名儒大师的学术活动乃至生平有关。典型的代表如"濂溪书院"。北宋大儒周敦颐晚年定居庐山，为纪念故里濂溪，称住所为"濂溪书院"。由于周敦颐在我国古代思想文化领域具有崇高地位，后来学者在各地纷纷修建以"濂溪"命名的书院。此外，各地的"紫阳书院""阳明书院"也是同一道理。传统书院选址突出对学派学术渊源和历史文化名人的纪念，强调"钟名贤之迹"。从教育环境的视角看，是注重学术环境和文化环境对书院生徒道德品质的影响。学派先贤和文化名人发挥着榜样作用和价值引导，为书院生徒在人生各领域提供了参照和模仿。

第三节 传统书院建筑的教育意蕴

20世纪70年代，建筑伦理作为专门的学术研究领域已滥觞于西方国家。其中较具代表性的观点，例如，德国哲学家海德格尔通过对荷尔德林的诗句——"人之诗意的栖居"引用与阐释集中表达了他的建筑伦理思想。他认为，"人和空间的关系无非是从根本上得到思考的栖居"；"空间与人融为一体"构成了所谓"场所"②。也就是说，人在大地上的存在方式，就是在建筑中实现人与空间的一体。美国学者卡斯腾·哈里斯从伦理学的视角出发，提出："建筑是人类利用符号和象征来表现精神追求以及理想生活的重要途径，从而表现其社会特定的'精神气质'。"③ 关于建筑伦理的系统性研究在我国仍属学界前沿，并未兴起多久。但是，在我国传统社会中，建筑早已成为宣扬伦理道德"无言的教

---

① （清）李杨华：《国朝石鼓志》卷3，清光绪六年刻本。
② ［德］马丁·海德格尔：《荷尔德林诗的阐释》，孙周兴译，商务印书馆2000年版，第46页。
③ ［美］卡斯腾·哈里斯：《建筑的伦理功能》，申嘉、陈朝晖译，华夏出版社2001年版，第18页。

化者",儒、释、道、风水等文化深深烙印其中。从原始社会对天的崇敬到河图洛书,中国人一直有着"顺天而为"的思想。董仲舒"天人合一"的理论阐释奠定了儒家在中国封建社会中的地位。自此以后,儒家倡导的"尊卑有序""礼乐相成"成为中国传统建筑中最重要的理论依据。道家思想则崇尚自然和因地制宜。传统书院在兴起过程中,受儒、道思想影响颇深,书院建筑大多依山傍水,体现了尊卑有序的伦理秩序。

建筑的伦理性内涵具有隐性德育的功能。隐性德育起源于西方的隐性教育或者隐性课程,比较有代表性的是约翰·杜威的思想。杜威虽然没有提出"隐性课程"的概念,但他的教育理论中却蕴含隐性德育的思想。他认为因为"环境的无意识影响不但难以捉摸而且无处不在"①,故而"教育即生活""学校即社会"。传统书院建筑遵循了中国传统伦理文化中"礼乐制度"的思想,注重运用建筑的隐形德育功能,彰显敦儒促教的主题意蕴。正如有学者认为:"一座典雅、高贵和气派的建筑,应像晨钟暮鼓那样,它日日夜夜、月月年年,不管是刮风还是下雨,都在提示该城市的广大居民,教他们明白做人的尊严和生命的价值;教他们挺起胸来走路,堂堂正正地做人……这才是建筑的精神功能。"②

一 书院建筑布局的教育意蕴

为构建良好的教育环境,传统书院非常注重内部的建筑布局。儒家重视礼制,认为"礼者,天地之序也"③。因此,儒家教育建筑不是单纯的物质,而是文化的承载,必须合乎"礼",书院内部的建筑布局尤其体现了这一思想。

传统书院的三大主体功能是讲学、藏书和祭祀,兼具生活、游息和对外交流等多重功能。为满足书院正常功能的发挥,相应的建筑可分为

---

① [美]约翰·杜威:《民主主义与教育》,陶志琼译,中国轻工业出版社2014年版,第18—19页。

② 赵鑫珊:《建筑是首哲理诗:对世界建筑艺术的哲学思考》,百花文艺出版社2013年版,第62页。

③ (元)陈澔注,金晓东校点:《礼记》卷7《乐记第十九》,上海古籍出版社2016年版,第431页。

第五章　中国传统书院的教育环境及其教育意蕴

两大部分：一部分是祭祀类建筑，主要是供奉先圣先师以及各种神灵的祠堂；另一部分是教学型建筑，如讲堂、藏书楼、斋舍等。对照传统书院的三大主体功能而言，讲堂、祠堂和藏书楼是书院的主体建筑，三者的空间排列按照中轴对称的布置原则逐次递进，体现出强烈的礼制色彩。中国古代建筑追求中轴对称的理想布局，其中很重要的一个因素，就是受礼制思想的影响。书院是教书育人的场所，主要讲授儒家学说，而崇尚礼制、讲求中正正是儒学的基本精神之一。礼制的等级性、秩序性从书院中轴对称的规整式布局中得到了充分的体现。以岳麓书院为例，以"讲堂"和"御书楼"为主轴的中轴线对称体现了明显的"礼制"。具备学生自修功能的教学斋、讲学功能的讲堂、藏书功能的御书楼层层递进，应地势不断抬高，体现了居中为上、主次有序的地位。其他建筑，如，孔庙、广场等都围绕中轴纵向展开，并以主次关系构成书院的整体布局。这种布局清晰、严谨且排列有序的关系体现了书院的威严庄重与神圣严肃。

传统书院根据建筑规模可分为小型和大型两种。小型书院只有二进或三进，在中轴线上；二进式的书院，第一进为仪门，第二进为讲堂，讲堂后附设祭堂；三进式的书院，第一进为门厅，第二进多为三到五开间的讲堂，第三进为先贤祠堂、文昌阁或魁星楼、藏书楼等。其余的生活性建筑如斋舍、客馆等则分列于中轴线的两侧。大型书院多达四进、五进，其布局方式与小型书院相似。在书院的主体建筑安排上，先圣先贤祠堂尤其是供祀至圣先师孔子的先师堂等祭祀类建筑一般都安排在大堂和讲堂之后。一方面，突出了书院以讲学为中心的教育功能；另一方面，沿着中轴线的渐次推进，越往后的建筑地位越尊贵，体现了尊师重道的传统文化精神。大规模书院一般把祭祀性建筑与学习类和生活类建筑分开，采取前庙后学式，或左庙右学式。总体而言，不管书院采用哪种布局方式，其主体建筑会尽量遵循一条中轴线，使得整个书院建筑群重点突出、主次分明、序列流畅、严谨庄重。

传统书院常常将祭祀建筑置于比教学和讲学建筑更为尊贵的地位，蕴含着相当深刻的传统文化内涵，即学统与道统相结合的精神。书院以传递知识为主要功能,并作出了杰出的贡献。书院的山长们都是享有盛誉的学界名师,文人士子都以追随其求学为幸。山长们不仅通过教学传播知识,而且刊刻了大量书籍,流传后世。"书院本"书籍刊刻质量高,是古代文献的重要组成部分。这是学统精神。另外,还有一种更为重要的精神,即道统精神。如南宋程朱理学、明代王湛心学、清代乾嘉汉学,都是借助书院教育和书院讲学来延续其道统。正是传承学统和道统精神的激励,使得书院虽然几经禁毁、屡遭劫难,然其精神却禁而不绝、屡仆屡起。

二 书院建筑雕饰的教育意蕴

传统书院不仅注重建筑布局,建筑中的雕饰也注重象征意义的表达。书院建筑雕饰中的文字本身就体现教育哲理的意义,而且为士子每日所见,具有潜移默化的熏陶作用。以下主要通过书院碑刻、楹联和匾牌阐述传统书院建筑雕饰所体现的教育意蕴。

《说文解字》:"碑,竖石也。"[1] 通常只有具有纪念性、警示性和教育性的文字才会刻在石碑上永久保存,以启迪和激励后人。碑刻景观在书院建筑中比较常见,或置于讲堂内壁;或置于庭院回廊壁;或独立置于庭院某处;或置于碑文描述的景物前。目前流传下来年代最早的碑刻是岳麓书院的《麓山寺碑》,又称《岳麓寺碑》,作者是唐代书法家李邕。书院碑刻包括不同种类,涉及记录院史、重要院训、记载院中田产、纪念为书院作出重要贡献的先哲先师,等等。撰写书院碑刻的作者具有较高的社会地位或者影响力,一般为书院的山长、地方官员和各朝代著名的思想家、文学家、政治家等,加之碑刻精湛的雕刻艺术,使得书院碑刻具有丰富的教育意蕴。碑刻中尤为突出的是"教思碑",其内容丰富,功能多样。目前白鹿洞书院集中存有一批"教思碑记",这是中国书院史上罕见的碑刻史料,使得书院建筑有了"活的灵魂"。作为书院环境建设的重要组成部分,书院碑刻具有歌颂院史、怀念先师和激励后人的重要作用。书院的碑刻集文学、雕刻艺术于一体,反映了书院深厚

---

[1] 《说文解字》卷9《石部》,清代陈昌治刻本。

第五章 中国传统书院的教育环境及其教育意蕴

的文化底蕴。

从文字记载的内容来看,书院碑刻大概可分为三种。一是,书院营建类。内容包括对书院整体或者个别建筑始建、修复或扩建的记载,以及官方(包括帝王)对书院进行表彰和民间捐助的捐助人及金额的碑记。例如,明刻宋真宗手迹《岳麓书院记》、道光年间《桐乡书院记》、清乾隆年间著名书法家梁巘《寿州循礼书院碑记》等。二是,书院经营类。内容包括书院的学田、学规、课艺等。如岳麓书院《岳麓书院课艺序》《岳麓书院文昌阁祭田碑记》、甘泉书院《心性图说》、歙县《紫阳书院规条碑》、黟县《新建碧阳书院规条碑》等。三是,咏物题景类。如,岳麓书院《朱熹诗碑》《岳麓感旧诗碑》《百泉轩记》等。在室内修饰中,传统书院讲堂和藏书楼常设置刻有学规、箴言、院训和语录等的碑刻,体现出"文以载道"的目的。

匾联包括匾额和楹联。匾额指的是挂在书院建筑门口或者墙面上部的题有字的匾牌,多用来传递其价值关怀的教育精神。从某种意义而言,书院匾额是书院建筑之眼。很多著名书院的匾额为皇帝赐予,体现了统治者对于书院的重视和厚望,地位尊贵。例如,徽州府紫阳书院大门上悬挂康熙御赐"学达性天"四个大字,其主要表达的是学生可以通过学习,达到天人合一的效果;湖南岳麓书院讲堂上悬挂乾隆御赐的"道南正脉"匾,采用金底灰字,此匾的寓意是赞扬岳麓书院所传播的理学为理学正统,肯定了岳麓书院在众多书院中的地位。

楹联是中国传统文化中一种独特的表现形式,它的优点在于能将丰厚的意蕴包孕在短小的篇幅中。楹联文化在书院中更显精彩,书院楹联的内容,主要涉及教化、学术和风俗等领域,意在启迪生徒,化育人生,向社会宣传其办学宗旨和价值观念,并以耳濡目染之功,达到对生徒之潜移默化之效。书院楹联重视道德教育、立志教育和标榜学统。例如,海阳书院楹联"遵鹅湖鹿洞条规,先德行,次文章,俱是作人雅化;萃溧水横山贤俊,朝讨论,夜服习,无非为国储才"[①];菁华书院楹联"绎

---

① 梁申威:《中国书院对联》,山西教育出版社 2002 年版,第 19 页。

志多忘嗟老大，读书有味且从容"①；考亭书院楹联"诚意在心，阐邹鲁之实学；主敬穷理，绍濂洛之心传"②；等等。根据邓洪波先生《中国书院楹联》一书统计可见，书院楹联几乎均围绕"德性""立志"和"为学"而展开，将书院精神融入直观的文字之中激励士子。例如，长沙岳麓书院联："业精于勤，漫贪嬉戏思鸿鹄；学以致用，莫把聪明付蠹虫。"此联为劝导生徒勤学，做到学以致用。南京钟山书院联："最难我辈少年时，莫放余闲，好料量秋冬干戈，春夏渝乐；此是古人读书处，且寻芳躅，须记取司马论史，公羊传经。"此联也是劝导生徒珍惜少年读书好时光，以古人为榜样，读史论经。江西凝秀书院联："志于道，据于理，依于仁，而后游于艺；修其身，齐其家，治其国，必先正其身。"倡导生徒修身齐家治国的儒家抱负之前，必须正身修德。白鹿洞书院楹联："日月两轮天地眼，诗书万卷对贤心；天地因日月得光，人靠读书致圣。"鼓励生徒做人要顺天理，去贪欲，襟怀坦白，光明磊落。下联所指的圣贤，乃道德才能极高之人，经书诗文则是圣哲先贤智慧的结晶。湖北衡山书院楹联："教化行而风俗美；师道立即善人多。"此联用朴素严谨的语言指明加强教育和尊师重道的重要性。最为著名的无锡东林书院联："风声雨声读书声，声声入耳；家事国事天下事，事事关心。"此联主张读书要身在世道，躬行实践，反对空发议论，脱离实际。激励了无数士子忧国忧民、为民请命。

传统书院的建筑雕饰不仅是一件件精美绝伦的艺术品，更是一本本德育文化的宣传画册。其德育意蕴与外在装饰融为一体，使人在感叹其巧夺天工之时，更能感受其背后道德的熏陶。这些雕饰反映了书院学者所追求的道德涵养，同时也敦促着学子见贤思齐、自修其身。正如杨慎初先生所言："书院建筑环境的选择与建设，体现出人与建筑、环境的协调统一，反映其'天人合一'的理想追求，成为书院的突出特色。"③

---

① 梁申威：《中国书院对联》，山西教育出版社 2002 年版，第 42 页。
② 同上书，第 108 页。
③ 杨慎初等主编：《中国建筑艺术全集》卷 10《书院建筑》，中国建筑工业出版社 2001 年版，第 17 页。

第五章　中国传统书院的教育环境及其教育意蕴

第四节　传统书院景观的教育意蕴

传统书院的教育环境，不仅包括书院选址和书院建筑，还包括书院景观。书院景观让人流连忘返，不愧为讲学读书之胜地。例如，乾隆皇帝对嵩阳书院十分赞赏，即兴作诗：书院嵩阳景最清，石幢犹记故宫名。虚夸妙药求方士，何似菁莪育俊英？山色溪声留宿雨，菊香竹韵喜新晴。初来岂得无言别，汉柏荫中句偶成。① 书院景观中最具特色的即是植物景观和山水景观。与我国其他的传统景观类型相比，书院景观更加偏好植物景观和真山真川，其间包含着丰富而有内涵的教育意蕴。

一　书院植物景观的教育意蕴

传统儒家在植物景观的审美中也存在"比德"观，强调在欣赏植物之美时注重领悟植物所体现的人类美德，把观赏植物美当作修身养性的手段，以培养高尚的道德情操。受"比德"思想的影响，书院建设者在对院中植物景观的选择上往往赋予其某种感情和信念。传统书院为了构建景观的教育意蕴，在植物景观布置上大多选择种植梅兰竹菊、柏松莲荷之类具有君子气节的植物，例如，岳麓书院的八景中就有"竹林冬翠""风荷晚香"等。《全唐诗》中，题咏书院景观的诗文中多称颂其松竹梅之美。以下主要通过松、竹、梅、荷等植物的寓意，阐述传统书院植物景观布置所体现的教育意蕴。

松柏是传统书院普遍种植的植物。松柏历经严寒而不衰，四季常青，寿命极长，往往是百年书院历史的见证者。《论语》云："岁寒，然后知松柏之后凋也。"② 松柏以其不畏严寒、挺拔不落的品质为世人所赞颂。松柏的象征意义是在艰苦卓绝的环境下，依然能保持本色，不向恶势力所屈服。书院种植松柏的寓意是鼓励学生能像松柏一样不畏惧艰苦环境，

---

① 宫嵩涛：《嵩阳书院》，当代世界出版社2001年版，第63页。
② 《论语·子罕》，中国纺织出版社2015年版，第131页。

127

努力奋斗成就学业。许多书院讲堂前种植两排整齐的松柏,一则为了渲染庄严的气氛;二则是以松柏精神激励生徒。

竹是君子的象征。作为传统美德的物质载体,竹为无数文人士子所喜爱。苏轼"可便食无肉,不可居无竹。无肉令人瘦,无竹使人俗"的咏竹诗已为经典佳句。白居易《池上竹下作》:"水能性淡为吾友,竹解心虚即我师。"[①] 袁枚《芟竹》:"竹性不耐杂,志在干青云。"[②] 等历代诗人的咏竹诗也是经久流传,他们热衷于咏颂竹子虚心谦逊、志向高远的脱俗品质。传统书院乐于种植竹子,这点可以从《全唐诗》中大量的咏竹诗作中得以印证。岳麓书院的书院八景之一包括"竹林冬翠",从字面便可看出书院种有大量的竹子。传统书院之所以普遍广泛种植竹子,就是希望生徒们能具备竹子的诸多品行。

梅花具有坚忍不拔、自强不息的品质。元人王冕有"不要人夸颜色好,只留清气满乾坤"的诗句,同时借梅花说明自己不愿同流合污的品格。毛泽东《卜算子·咏梅》一词中描写梅花堪称经典之作,他写道:"已是悬崖百丈冰,犹有花枝俏。俏也不争春,只把春来报。"[③] 梅花屹立于严寒之中;坚贞不屈,傲视风雪,梅花所体现的品质也是君子所应当具备的品质。传统书院种植梅花,就是要以梅花为榜样,勉励学子涵养如梅花一样坚强不屈的品质,在艰苦的条件下做到潜心学问,鼓励生徒"宝剑锋从磨砺出,梅花香自苦寒来"。

荷花被称为"花中之君子",出淤泥而不染。"风荷晚香"为岳麓八景之一,描写的是岳麓书院周边遍地都是水草与荷花,晚风吹动,荷花飘香的美景。清代张之洞修建的广雅书院中广泛种植有莲花,其为纪念周敦颐专门设立濂溪祠于莲荷池畔,并亲自撰写《濂溪祠荷》五言诗。一为敬仰周敦颐的高清品格与深湛学问,二则勉励生徒学习莲荷的品质。有些书院甚至就以荷花为名,表达创建者对荷花品格的赞赏。例如,浙江东阳县荷亭书院是明弘治年间由进士卢格创建。卢格官拜江西道监察

---

① (清)彭定求等编:《全唐诗》卷446,中州古籍出版社2008年版,第2283页。
② 王英志:《袁枚诗选》,人民文学出版社2009年版,第48页。
③ 徐四海:《毛主席诗词全编笺译》,东方出版社2017年版,第219页。

御史，谢病还乡后，于居室东凿池引水植荷，创荷亭书院。① 传统书院中种植莲花的目的都是期望学生养成高尚品格，出淤泥而不染。

具有"比德"意义的植物不仅栽植在书院中，书院中的石栏、墙面、瓦当上也都有这些植物图案装饰，以达到全方位教育的效果。

二 书院山水景观的教育意蕴

与其他的传统景观类型相比，书院景观更加偏好真山真川，欣赏自然的山石和地貌。传统书院造景中都离不开山石景观。古语有言："名山德业垂。"书院创建者无论从选址建造还是从环境建设，自始至终都贯穿自然山林可陶冶人的美感，自然山石的风姿风格可育人德行的观念。无论选址于山林的书院还是选址于城郊的书院，建造者都极力开发书院周边的自然山石景观，根据书院周边自然山石类型的不同及观赏距离的远近区别而采用不同的建设方式。传统书院环境中出现过的山石景观类型包括自然山林、岩洞、土阜等特殊地形景观；水景类型有泉瀑、溪涧、池沼、泮池和流嬉池。传统书院环境中对山石和水两种景观元素的应用有突出的共同特征，即自然与文化的结合。传统书院主要是通过山林、岩洞、泉池等自然形态组织山水景观，几乎看不到人工的假山置石，对水景的营造也尽力顺应自然。这与书院选址时强调背山依水有一定关系。同时，对于书院而言，山水环境既是"智者乐水，仁者乐山"的儒家山水文化的表达者，也是"山喻人，由人见山；山之美，为人之美"儒家山水文化的传播者。

传统书院的水景充分体现儒家"源远流长"的思想。书院环境景观中绝对离不开这种与书院主题息息相关的水文化的景观元素。例如，岳麓书院所在的岳麓山自古泉眼众多，书院内水景的水源十分丰富。古籍上记载，白鹤泉水经由兰涧流至濯清，与经由石漱流至此地的清风泉水汇合，共同构成了书院的水源。朱熹与张栻论道岳麓书院时就酷爱书院周边泉眼，史载"昼而燕坐、夜而栖宿"，两位大师还写下同题诗《石

---

① （清）党金衡主修：《道光东阳县志》卷10《政治志·六》，民国三年影印本。

潄》。朱熹云:"疏此竹下渠,潄彼涧中石。暮馆绕寒声,秋空动澄碧。"[1] 张栻云:"流泉自清泻,触石短长鸣。穷年竹根底,和我读书声。"[2] 此外,"泮池"是书院水景中常见的设计。"泮者半也,教化也。"标准的外圆内方半圆形的泮池,意为学习知识永不能自满自傲,蕴藏着"学无止境"的教诲。书院内水景的设置不仅是为了让师生展卷怡悦、和其书声,更是通过这"不舍昼夜"的自然之物来鞭策师生上进,以此怀古明志。

---

[1] (宋)朱熹:《晦庵先生朱文公文集》卷3《奉同张敬夫城南二十咏·石潄》,朱杰人等主编《朱子全书》(修订本)第20册,上海古籍出版社、安徽教育出版社2010年版,第317页。

[2] (宋)张栻撰,邓洪波校补:《南轩先生文集》卷7《城南杂咏二十首·石潄》,湖南大学出版社2015年版,第312—313页。

第六章　中国传统书院的教育考评

教育考评是传统书院教育系统的重要组成部分，是有关教育教学质量方面的考核与评定。传统书院的组织成员，大致可以分为三类：一是书院的组织管理人员，包括负责教学的山长（或称院长、掌教）和负责书院日常事务的人员，例如，监院、董事、首事（或首士）等；二是负笈求学的书院生徒；三是少量的教辅人员，如书办、伙夫、书役、门役等。以上三类的核心成员是教师和学生。因此，本章主要围绕书院对教师和学生的考评展开分析。

第一节　传统书院的教师考评

学校的办学效果关键在于师资队伍的建设，所谓大学者，非谓有大楼之谓也，有大师之谓也。同样，对于传统书院而言，山长和教师的道德水准及学术水平直接决定了书院的兴衰。北宋以来，传统书院在自身演进中逐步明确了教师的选聘标准和考核制度。关于书院的教师考评，我们主要从教师的遴选、聘任和奖惩三个方面进行阐述。

一　传统书院的教师遴选标准

遴选教师是每所书院的大事。作为书院的灵魂人物，山长和教师是吸引生徒的重要因素。一般来讲，书院的名气越大、规模越大，选拔教师的条件和标准也越严。传统书院师资构成虽然名目繁多，但人员精炼、队伍精干，皆以山长或院长、堂长、掌教等职为核心。从现有的历史文献记载看，基本上是对山长（也称院长、主洞、洞主和掌教等）的介绍。鉴于此，我们以山长的选聘标准来观察书院教师的选拔。

山长是书院的核心人物，主持书院教务，取舍诸生，位高权重。据史料记载，自宋代起，山长和书院的教职人员多聘用以下三类人："一、名儒宿学鉴于学校及科举之弊，留心世务，振兴名教，而有兴革之志者。二、隐逸之士绝意仕禄，教授为业者。三、退职官员以己之学训诲后进者。"[1] 书院山长除了作为一名师者授徒讲课，还是书院所有师生及杂役的管理者。因此，对于山长选拔的标准非常严格。大致在景定三年（1262）或景定四年（1263），朝廷将担任山长的条件提高到和州学教授一样，规定担任这一职务者，必须是有科举功名或太学毕业、符合教官标准的官员。[2] 传统书院对于山长的选聘，不同时期标准各异，但基本包括品行、学识、声望及地域的要求。

首先，山长需品行敦厚、学识渊博。

教师的职责是教书育人，教书需要有扎实的学识功底，育人要求自身品德端正。山长是书院师生的表率，其言行会对老师和生徒产生重要影响，因此，"品行"和"学识"兼优是选聘山长的首要标准。例如，岳麓书院的首任山长周式就因"学行兼善，尤以行义著称"，而受到宋真宗召见，并赐对衣鞍马，授官国子监主簿。绍兴年间，理学家胡宏"力辞召命，自请为岳麓书院山长"之后，"山长之称，人以为非实行粹学者莫宜居"[3]。乾隆时期，朝廷更是下诏强调，"书院讲席，令督抚学臣悉心采访，不拘本省邻省，亦不论已仕未仕，但择品行方正，学问博通，素为士林推重者，以礼相延，厚给廪饩，俾得安心训导"[4]。

关于选聘山长在品学方面的具体要求，许多书院都有明确记载。元人郑元祐在《颍昌书院记》中称："官设山长固不问，若训导之师，则慎严其选，必经明行修，可以造就人才者。"[5] 高璜《白鹿洞书院经久规

---

[1] 陈谷嘉、邓洪波主编：《中国书院史资料》，浙江出版社1998年版，第2572—2574页。
[2] 袁征：《宋代教育》，广东高等教育出版社1991年版，第236页。
[3] （宋）欧阳守道：《白鹭洲书院山长厅记》，转引自陈谷嘉、邓洪波主编《中国书院史资料》，浙江出版社1998年版，第133页。
[4] 《清会典事例》（第5册），中华书局1991年版，第412页。
[5] 转引自陈谷嘉、邓洪波主编《中国书院史资料》，浙江出版社1998年版，第445页。

第六章　中国传统书院的教育考评

模议》载:"主洞,其名始于宋,明起为白鹿洞洞主,见《洞志》。合无礼聘海内名儒,崇正学,黜异端,道高德厚,明体达用者主之,无则不妨暂缺。"[1] 此处不仅明确了山长的选聘标准,更难能可贵的是"宁缺毋滥"的规定,这样确保了书院山长的高质量水准。《象山书院章程》规定:"院长有表率诸生之责,必慎求品端学裕之人。"[2]《捐置东山书院膏火经费善后规条》中规定:"山长须品学兼优方足范围多士。"[3] 钟山书院规定:"(山长)采访有文望品望、年高而精明强固,足以诲人者为'掌教',不拘爵秩、不拘本省外省。"[4]《信江书院新定考课章程》:"书院掌教须择本郡两榜及文举人出身,品学兼优而又能讲书改文者。"[5] 信江书院对山长的要求除了有科举出身和品学要求,还提出"能讲书改文",实际上这是对教师的教学技能提出了要求,要求教师懂得如何将自身的知识用一种简单易懂的方式让学生掌握。

然而,纵观书院发展历程,随着时间的推移,由官府选聘山长的弊端日益显露,或是不以德学为标准,例如,"不必尽贤有德之士类,与主之者为通家故旧,或转因通家故旧之请托";或是不能发挥实际作用,例如,出现"遥领官职"的现象,"由大吏推荐,往往终岁弗得见,以束修奉之上官而已"[6]。针对这些弊端,很多书院积极进行变革。以安徽书院为例,大部分书院明确规定山长一职至为重要,"官绅均不得徇情妄聘,致误大局"[7];"山长需常川住院"[8];"众绅士秉公举报禀明本县

---

[1] (清)高璜:《白鹿洞书院经久规模议》,转引自邓洪波主编《中国书院学规集成》,中西书局2011年版,第672页。
[2] (清)佚名:《象山书院章程》,转引自邓洪波主编《中国书院学规集成》,中西书局2011年版,第695页。
[3] (清)区作霖等修:《同治余干县志》卷6《捐置东山书院膏火经费善后规条》,同治十一年刊本。
[4] 王涵编著:《中国历代书院学记》,首都师范大学出版社2010年版,第180页。
[5] 《信江书院新定考课章程》,转引自邓洪波主编《中国书院学规集成》,中西书局2011年版,第701页。
[6] (清)戴钧衡:《味经山馆文钞》卷1《桐乡书院四议》,清光绪三十年刻本。
[7] (清)胡有诚等修:《光绪广德州志》卷51《表疏·建平县详覆公田示文卷》,光绪七年刻本。
[8] 鲁式谷等编:《民国当涂县志·民政志·教育一·书院》,民国二十五年抄本。

133

送关延请，毋得趋奉官长之势，私徇亲友之情，滥作酬应"①。当涂泾川书院更是强调："至延请山长，听邑中德望素尊之缙绅先生与邑尊商同延请，务择科甲出身、学行素著、足以矜式多士者，方于士风有所裨益，并须敦请在院训迪，按月课试，庶几实事求是，不徒崇尚虚文。"② 建平县聚奎书院"聘请品端学粹之士作为山长，常川住院"。③ 可见，针对山长一职的选聘和考核，绝大部分书院都非常重视，并且能够在出现弊端时及时纠正，以确保书院的教育教学正常有序运行。

其次，山长需远近闻名、声望较高。

山长的声望直接关系到书院的名誉。因而，除了品学兼优的要求外，书院山长必须具有一定的名气和声望。以安徽书院为例，《紫阳书院志》卷十八专列了山长的传记，每一位都是享有威望的大师。清代徽州府紫阳书院的山长中，可考的有儒学大家姚鼐、赵继序、方婺如、郑虎文、江永、凌廷堪、汪龙、夏銮等人。④ 安庆敬敷书院山长中有姚鼐等著名学者。毓文书院的历任山长，例如洪亮吉、顾皋、夏炘、孙原湘、包世臣等人都是颇有声望的饱学之士。黟县碧阳书院有记载的 23 位山长中，除了 3 人没有科举出身，其余则全部为进士出身。⑤ 凤阳府淮南书院中的山长也多为科举出身，如"光绪五年，延江西戊辰进士候补知县黄公长森；七年，延江苏丁丑进士刑部主事潘公文熊；十年，延江苏壬午举人曹公允源住院"⑥。再如，怀宁凤鸣书院山长唐莹"同治七年，偕程鸿诏聘修《安徽通志》代办总纂者，九年成书三百五十卷。光绪初，以知县改授怀宁教谕，兼主凤鸣书院山长，论道讲学，有经师、人师之目"⑦。有关山长选聘标准中对名望的要求，在很多书院的章程和学规中

---

① 南岳峻等修：《民国阜阳县志续编》卷 12《艺文二·新建聚星书院碑记》，民国三十六年刊本。
② （清）赵仁基：《泾川书院志·泾川书院规条》，清道光十四年刊本。
③ （清）丁宝书：《广德州志》卷 51《表疏》，光绪七年刻本。
④ 吴景贤：《紫阳书院沿革考》，《学风》1932 年第 4 卷第 7 期。
⑤ （清）谢永泰修：《黟县三志》卷 10《碧阳书院山长》，清同治九年刊本。
⑥ （清）于万培等修：《光绪凤阳县志》卷 8《经制志·学校·书院》，光绪十三年刊本。
⑦ 鲁式谷等编：《民国当涂县志·人物志·文学》，民国二十五年抄本。

也有体现。例如,李长春《兴复洞学看语》:"嗣后主斯洞者,名贤继起,代不乏人,流风遗韵,犹可指数。今欲聿隆大道,先期礼请名师。或朝家之凤麟,退主河汾之席;或乡邦之仪羽,用司铎韬之灵;抑或布衣韦带之英,衡门泌水之彦,不惟其位惟其人。如陈白沙以孝廉而倡绝学于朝野,吴草庐以寒素而应征聘于明廷。"① 为什么需要有名气的人来担当山长一职呢?该学规中给出了"将虚往以实归,师道尊而教隆矣"的答案。

山长德学水平远近闻名,一方面可使书院教育教学的质量有保障;另一方面不仅能吸引当地士子前来求学,也使异乡士子慕名负笈求学。例如,蔡士英于《白鹿洞洞规》中提及"书院聚四方之俊彦,非仅取才于一域也。或有远朋闻风慕道,欲问业此中者,义不可却";"其供给照常额宜加,每季三两,示优隆远客之意,会课赏格仍照例颁给"。② 可见,书院山长的名气大、威望高,自然会有远朋闻风慕道。再如,安徽颍州府清颍书院聘请常州府恽进士为山长后,"一时六属生童群切担簦",后因闻名来学的士子太多,"群房不敷",后添建房屋四十余间才够容纳生徒。③ 由此可直观感受到山长的声誉对于书院招生的影响。

最后,山长选聘的地域要求类型有异。

山长的任职资格,除了上述两方面普遍性的要求外,在地域方面的要求不一。大致可分为三种类型:第一类,要求务必是本地贤达,其他区域不加考虑;第二类,要求地域回避,本地人不予考虑;第三类,地域要求不限,只要德才兼备享有声望,任何地区均可。以下分类型简介。

第一类,专聘本地贤达。此种类型即强调山长只录用本地大师。原因主要是考虑到山长为本地人,生于此,长于此,对本地教育更为了解,各方面情况都比较熟悉,行事之时考虑得细微周到。例如,《官绅核定

---

① (清)李长春:《兴复洞学看语》,转引自邓洪波主编《中国书院学规集成》,中西书局2011年版,第667—668页。
② (清)蔡士英:《白鹿洞洞规》,转引自邓洪波主编《中国书院学规集成》,中西书局2011年版,第669页。
③ (清)王敛福修:《乾隆颍州府志》卷4《学校志·书院·附长塔寺变价僧田拨清颍书院膏火详文》,乾隆十七年刻本。

东湖书院章程》:"山长必请本邑乡先生。首甲科,次乡科,次明经,择本邑年过五旬,文行昭著者。于甄别后三日,由院书送呈关式,封具押关银四两,请县主加帖敦请。"该学规也对专延本邑乡贤的原因进行了解释,即:"山长生长本籍可以常行在院,与诸生讲贯,情谊较外至者更洽,譬如父兄之教子弟,亲切易入。"① 即本邑山长可以常行驻院,与生徒情同父子,义如兄弟,教学关系会更加融洽。云南广南府规定书院山长"延本地科甲主讲,庶可长年驻馆,不至半途而废"。② 也是类似的考虑。再如,江西黎川书院规定:"山长公议请本县科甲。"③ 又如,湖北孝感西湖书院规定,"掌教由首士绅衿访择本邑品学兼优之举人、进士,公举聘请,住院训迪,其非举人、进士,毋得延膺讲席,如文品不符公论,及各衙门荐非本邑之人,许绅士呈明辞退",④ 也是明确要求山长必须是本地贤达。

第二类,延请外地名儒。此种类型即明确要求山长不能在本地范围内选聘,而只能从别地遴选。山长之职犹如官缺,各著名书院和省会书院的山长不仅收入可观而且社会地位较高。官办书院凡新山长到院开学之时,当地地方官须率诸生迎接。民办书院虽没有规定由地方官夹道欢迎,但敬若上宾的社会地位不容置疑。因此,为防止出现所聘山长非贤能之士,类与主之者为通家之故,或转因通家故旧之请托,诸多书院在选拔山长之时都遵循举贤避亲的回避政策。例如,辽宁聚星书院申明:"山长有衡文之责,如请同邑人氏,恐蹈徇私情弊,难服士子之心,须由异地聘请。"⑤ 江西梯云书院规定:"请山长务预访邻县品学兼优名宿,或举人或进士,于十月十七日合生童议定,然后由首事往聘,不得徇私专执,亦不由知交推荐。"⑥ 江西凤巘书院有约:"书院山长不烦官荐,

---

① 《官绅核定东湖书院章程》,转引自邓洪波主编《中国书院学规集成》,中西书局2011年版,第627页。
② 《开化府志》卷2《学校·书院》,道光九年增刻本。
③ 《黎川书院章程》,转引自邓洪波主编《中国书院学规集成》2011年版,第728页。
④ 邓洪波:《中国书院章程》,湖南大学出版社2000年版,第136页。
⑤ 民国《义县志》中卷(八)《学校志》,民国十七年版。
⑥ 《梯云书院院规》,转引自邓洪波主编《中国书院学规集成》,中西书局2011年版,第682页。

延请邻封名宿。"① 北京燕平书院要求："院长由州延请附近文行兼优科甲出身之绅士。"② 河北敬义书院明确要求："山长由绅董延访外省、外府、州县进士、举人主讲。"③ 等。

第三类，无地域限制。例如，《捐置东山书院膏火经费善后规条》中规定："山长须品学兼优方足范围多士，本邑有能胜其任者，脩金一切仍照旧章，不能增益，亦不得泥沾积习。必以本邑举贡轮当，致隘观摩，若延邻封隔省科甲，始准酌加脩脯。岁租所出万一不敷，核明短缺若干，监院协同首事请从典息支补。官府滥荐亲友，学官、首事概不准徇情承应。"④ 可见，东山书院选聘山长没有地域限制，更重视的是师者自身的品质。再如，清代安徽毓文书院聘请洪亮吉等外地人士担任山长，也是打破地域限制，唯重山长德才和声望。此外，清代中后期，山长不学无术、名不副实者渐多，很多书院为保持书院名声，几乎不再拘泥于地域上的差别，而只在乎品学。

二 传统书院教师的聘任形式

传统书院山长的聘任方式主要有自任式和他聘式两种。自任式山长多为书院的创建者，例如，王阳明主持龙冈书院、湛若水主持甘泉书院等，这些创建者又多是当时德高望重的大儒。他聘式山长，则是书院落成后聘任知名学者，聘任的形式分为官聘、公聘和公举官聘。鉴于自任山长这种方式所占比例较小，以下主要对官聘、公举官聘和公聘这三种聘任山长的方式做介绍。

第一种类型，官聘式山长。

官聘式山长是指官府完全控制山长的聘用权。南宋中后期，书院山长一职渐由吏部差授，只是碍于"山长之未为正员也，所在多以教

---

① 《凤巘书院章程》，转引自邓洪波主编《中国书院学规集成》，中西书局2011年版，第691页。
② （清）缪全孙、刘万源等纂修：光绪《昌平州志》卷12《学校志》，民国二十八年铅印本。
③ （清）方宗诚：《枣强书院义仓志·敬义书院简明章程》，光绪五年刊本。
④ （清）区作霖等修：《同治余干县志》卷6《捐置东山书院膏火经费善后规条》，同治十一年刊本。

授兼之"①。山长成为正式学官始于理宗景定四年（1263），朝廷规定："诏吏部诸授书院山长者，并视州学教授。"欧阳守道在《白鹭洲书院山长厅记》中对这一历史性转折予以记录。② 从此，山长在书院内可以修建"山长厅"作为办公官署，京城新进士有资格充任书院山长。元代，山长作为学官与学正平级，上为教授，下管教谕、学录及直学，其任免程序严格按照国家职官制度运作。明清时期，朝廷加强对书院的控制权，省会书院和知名书院普遍采用官聘山长的方式。朝廷和省府对这些书院投入经费和划拨学田以供书院发展，因此具有管理书院的绝对权力，包括对于山长的选聘任免权。例如，白鹿洞书院在明成化三年（1467）由江西提学佥使李龄聘胡居仁主洞；明正德十五年（1520），蔡宗充由巡抚唐龙奏请而聘主院事③；南京的钟山书院的掌教聘请需"督宪修庄启聘仪，付地方官敦请"④；湖北渌江书院山长"由上宪札荐，后经崔邑侯详定，由邑尊与首士聘请"⑤。

官聘式山长意味着聘任权力集中于官府的官员手中，多少受选聘者的主观意志影响。若出自公心，可以选贤任能；若有私心，即成偏差。前已述及，官聘山长的弊端日益显露。正如清代书院教育家戴钧衡对此有着详细描述，"省会书院大府主之，散府书院太守主之……不必尽贤有德之士类，与主之者为通家故旧，或转因通家故旧之请托"；"降而州县书院，则牧令不能自主，其山长悉由大吏推荐，往往终岁弗得见，以束修奉之上官而已"⑥。官聘山长的最大弊端在于地方官吏"瞻徇情面""委曲延请"，从而致使山长以不学无术而"疲癃充数"大有人在，难以起到振兴书院、激励士风和培养人才的作用。随着书院官学化程度的加深，官聘方式的种种弊端引起统治者的高度关注，于是为"公举官聘"

---

① （宋）欧阳守道：《白鹭洲书院山长厅记》，转引自陈谷嘉、邓洪波主编《中国书院史资料》，浙江出版社1998年版，第133页。

② 同上。

③ 李才栋：《白鹿洞书院史略》，教育科学出版社1989年版，第177—183页。

④ 邓洪波主编：《中国书院学规集成》，中西书局2011年版，第190页。

⑤ （清）文蔚起等修：《渌江书院志》卷首，光绪三年刊本。

⑥ （清）戴钧衡：《味经山馆文钞》卷1《桐乡书院四议》，咸丰三年刻本。

方式与"完全公聘"方式的产生及实施提供了可能。

第二种类型，公举官聘式山长。

除了官办书院外，民办书院中的宗族书院和商人书院大都由当地士绅或商人提供经费建造。由此产生了公举官聘山长的方式，即士绅获得了公议荐举山长的权利，但需上报官府核准聘任。例如，清嘉庆年间，贵州养正书院于"每岁冬，公举品优学裕，堪为师范者于官验可，而聘焉"①；道光十七年（1837），龙冈书院"由总理及董事会同邑绅，公择科甲出身，学行素著，诗文兼长者，以为多士矜式，择定后，禀明本县，具关敦请……本县不得曲徇荐托，致书院徒有虚名"②；光绪十一年（1885），河北燕山书院"书院每岁延订山长……由经管绅董公访科甲出身、品学兼优、夙所共知者"③；光绪十八年（1892），福建诗山书院"书院山长，每年十一月，由绅董公举品学兼优、足为多士式者"④；光绪九年（1883），山东临津书院"院长由绅士公议，禀明本县核定。延请学隆望重之师主讲书院，以资训迪而示景从"⑤；光绪十年（1884），湖南龙潭书院"院长由绅遴选品学并优之士，商知董事，禀请州尊延请"⑥；等等。

相较之官聘式山长，公举官聘式山长使得书院在选择山长时自主权增加，所聘任山长的综合素质显然优于完全由官府任命的山长。

第三种类型，公聘式山长。

公聘式山长是直接由当地士绅采取公议的方式来确定山长人选，县级书院和乡村书院大多采用这种方式。因为地方官府投入的经费有限，当地邑绅们捐银赠物，为书院建设提供大量支持，因而获得相当程度参

---

① 《贵州通志·学校志三》。转引自陈谷嘉、邓洪波主编《中国书院史资料》，浙江教育出版社1998年版，第1235页。
② 《栾城县志》卷3，转引自邓洪波《中国书院章程》，湖南大学出版社2000年版，第13页。
③ （清）何崧泰、史朴纂修：光绪《遵化通志》卷17《学校志》，光绪十二年刻本。
④ （清）戴凤仪：《诗山书院志》卷3，光绪三十一年刊本。
⑤ （清）吴浔源等纂修：《光绪宁津县志》卷4《学校志·书院》，光绪二十六年刊本。
⑥ 《龙潭书院章程》，转引自邓洪波《中国书院章程》，湖南大学出版社2000年版，第205页。

与管理书院的权力，其中包括山长的任免权。

明清时期徽州地区书院教育昌盛发达，当地一府六县书院大多由宗族或商人支持创建，因此该选聘山长类型在徽州府尤为典型。例如，明嘉靖年间，黟县碧阳书院重建后规定"山长由邑人公议延请"①；清嘉庆年间，碧阳书院再次重申"山长必须以邑人公议延请，经费由典商领本生息，官吏俱不为经理"②。明代东山书院山长的选任是"由五乡绅士公议敦请"③。清嘉庆年间，海阳书院规定："山长由邑人公议延请，膏火支放不经官吏。"④ 清道光年间，紫阳书院规定："山长以邑人公议延请，官吏俱不为经理。"⑤

此外，其他区域的书院，例如，清道光年间，贵州龙冈书院重修后，邑绅议定山长须"由董事及诸生议请经明行修老成硕德之士"，并要求"不由官长推荐"⑥。清道光年间，安徽桐乡书院因经费不足未能专请山长，但在章程中明确规定："若请山长，必由董事及诸生议聘经明行修老成硕德之士，不由官长荐举。"⑦ 清光绪年间，湖北西湖书院规定："书院掌教由首事绅衿访择本邑品学兼优之举人、进士，公举聘请。"⑧

由上述三种类型可见，山长任免权出现了打破官府一统天下，而渐向民间士绅和商人扩展的趋势。这是权力由朝廷下移到州县官员，再由州县官员下移到地方士绅的过程。虽然地方官凭借权力资源某些时候仍可操控其事，但毕竟受地方公论的约束。这就是山长选聘中"若有品望不孚众论者，不得延请"⑨ 的意义所在。它体现了民间力量参与书院管理自主权，尤其是书院田产也归山长、董事掌控的一些书院中，这种

---

① （清）吴甸华修：《嘉庆黟县志》卷10《政事志·书院义学》，同治十年刻本。
② （清）马步蟾纂修：《道光徽州府志》卷3《营建志·学校》，道光七年刻本。
③ （清）唐治编：《东山书院志略·新立条规》，咸丰二年刻本。
④ （清）马步蟾纂修：《道光徽州府志》卷3《营建志·学校》，道光七年刻本。
⑤ 同上。
⑥ 《龙冈书院章程》，转引自陈谷嘉、邓洪波主编《中国书院史资料》，浙江教育出版社1998年版，第1841页。
⑦ （清）戴钧衡：《味经山馆文钞》卷1《桐乡书院四议》，咸丰三年刻本。
⑧ （清）朱希白等修：光绪《孝感县志》卷4《学校志》，光绪九年刊本。
⑨ （清）何怀道等修：《开化府志》卷2《学校·书院》，道光九年增刻本。

权力达到了足以限制官府的程度。有学者就认为："山长选聘权的逐渐下移是一种进步，是封建专制制度下透出的一线民主之光，或许，此则正是书院得以延绵千年而衰的重要原因之一。"①

三 书院山长的惩戒措施

传统书院的山长有着较高的社会地位和优厚的薪资待遇，尤其是明清时期书院山长和教师的俸禄明显高于其他教师群体。有研究指出："在中华帝国，教书一般被认为是最受人尊重但收入不高的职业。然而，与非绅士的塾师相比，有绅士（指进士、举人、贡生及生员）身份的塾师所能获得的收入要高一些，在书院主讲的教师即山长平均年收入银 350 两左右，其他有绅士身份的塾师平均年收入为银 100 两上下。"② 但是，山长并非入选和被聘任后便高枕无忧。书院对于不合格的山长和教师有诸多处置措施。例如，清代制度规定，省会山长"如果教术可观，人材兴起，各加奖励。六年之后，著有成效，奏请酌量议叙"③。由此可知，山长大多六年为一任期，只有办学效果显著才能在届满之时请旨议叙，或被嘉奖或授官或续聘。明清时期，官方为了监督书院山长的教学，还设置"监院"一职。监院的职责是将书院山长及生徒的日常言行记录在册，定期向官府汇报。例如，王阳明《经理书院事宜》中记载道："于各学教官内推举学行端正，堪为师范者，呈来定委，专管书院诸务，训励诸生。"④ 再如，明代江西知府郑廷鹄在《示主洞教谕崔柏帖》中明确提及监院的职责是"每季终向官府启报一次书院情况"，启报内容之一包括"本月山长的教学内容及诸生学习情况"⑤。

---

① 邓洪波：《中国书院的教师和学生管理制度》，《河北师范大学学报》（教育科学版）2003 年第 4 期。
② 张仲礼：《中国绅士的收入》，上海社会科学院出版社 2000 年版，第 105 页。
③ 《清高宗实录》卷 20《上谕慎选书院山长及肄业生徒》，转引自陈谷嘉、邓洪波主编《中国书院史资料》，浙江教育出版社 1998 年版，第 857 页。
④ （明）王阳明：《王阳明先生全集》卷 20《外集二》，清道光六年刻本。
⑤ （清）毛德琦：《白鹿洞书院志》卷 10《艺文·提学郑廷鹄示主洞教谕崔柏帖》，转引自李梦阳等编《白鹿洞书院古志五种》，中华书局 1995 年版，第 1209 页。

为了防止山长不为学业和不按时授业，传统书院学规中大都对此做出相应规定，对不合格的山长和教师都有惩戒措施。具体说来，主要包括未到书院和未完成教授课程的惩罚。为防止书院山长占其位却不谋其职，出现遥领脩金的现象，书院制定相关未到院的惩处措施。反之，对常年在馆授业的山长和教师加以奖赏。例如，《信江书院收用章程》规定："发掌教脩膳纹银一百六十两，三节礼银十二两，家人三节赏银三两，掌教回往盘费银十二两，聘银四两（脩膳正额一百二千两，如山长常年在馆，加银两四十两，按四季于正四七十月首支送）。"① 其中，特别强调对长年在院者予以奖赏，加银四十两。此外，诸多学规中还有掌教者必须住院，与诸生朝夕讲学的规定。例如，江西象山书院规定"院长必请住院"②；山东营陵书院要求"掌教必须住院与诸生朝夕讲贯"③；湖北西湖书院强调山长"住院训迪"④；甘肃五泉书院规定山长必须住院，如有不住院者，一经发现，由本地绅士当请知府另行延聘⑤。还有些书院规定对于没有完成教授课业者予以扣减薪资。例如，《凤巘书院章程》规定："每年二月初开馆，十月内结课，课毕乃可解馆。如未毕课言旋者，诸项按季扣减。"⑥

第二节　传统书院的学生考评

传统书院教育考评中另一重要组成部分是对生徒的考评。相较之对书院山长和教师的考评资料而言，对生徒考评的记载更为丰富和详细。传统书院的学生考评主要分为招生考试、日常考课、德行考察和奖惩机

---

① 《信江书院收用章程》，转引自邓洪波主编《中国书院学规集成》，中西书局2011年版，第699页。
② （清）佚名：《象山书院章程》，清刊本。
③ 王金岳：民国《昌乐县续志》卷16《艺文志》，民国二十三年铅印本。
④ （清）朱希白等修：光绪《孝感县志》卷4《学校志》，光绪九年刊本。
⑤ （清）陈士桢等纂修：道光《兰州府志》卷3《建置志·学校》，道光十三年刊本。
⑥ 《凤巘书院章程》，转引自邓洪波主编《中国书院学规集成》，中西书局2011年版，第691页。

制四个部分。

一 招生考试与学业考核

传统书院的考试起于唐代。《唐六典》中规定，集贤殿书院的学士、直学士、侍讲学士、修撰官、校理官和知书官等都得参加考试，"月终则进课于内，岁终则考最于外"①。这是关于书院考试的最早记录。至宋代，书院已形成较为完备的考试制度。《延平郡学及书院诸学榜》中记载，书院"每月三课，上旬本经，中旬论，下旬策，课册得索上看，佳者共赏"②。传统书院的考试类型大致分为招生考试、平时考课和参加科考三种，由于科考是全国统一考试，以下就前两种类型加以探讨。

（一）传统书院的招生考试

传统书院入学考试的时间大多在当年的正月或二月，也有少数定在前一年散馆之后的十一月。生徒的考试成绩决定其能否入学及入学后的待遇等级。以下就书院的招生方式和招生名额进行探讨。

传统书院生徒的入院学习一般都需要经过招生考试这一环节。考试的类型多种多样，主要包括三种：甄别、调送、补录。

第一种类型：生徒的甄别。"甄别"，也称"考录"和"收录"，是书院招生考试最主要的形式。甄别由各府州县官员或书院山长组织，以生徒考试成绩和道德品质为衡量标准。考试时间大都定在冬季。由于这是保证书院教育质量的第一关，因此各书院对"甄别"都很重视。

从现存的书院章程、规条来看，书院需要先到官府请示日期，州县官员决定并发布公告。有些书院先年甄别，来年入学，在每年的十一月或者十二月先甄别，第二年再开馆。例如，湖南洞溪书院规定："每年十一月，由书院首事请邑尊示期甄别，其上学之期以三月初一为度，一年发膏火八个月。"③沅水校经堂要求三月启馆，开馆之时考选生徒住院，甄别与开学同时进行。有些书院当年二月甄别和启馆。例如，祁阳

---

① （唐）张九龄：《唐六典》卷9《中书省》，嘉庆五年刊本。
② （宋）徐元杰：《梅野集》卷11，道光二十八年刊本。
③ （清）李临辑：《浏东洞溪书院志》卷上《右课式膏奖章程十六条》，光绪二十六年刻本。

文昌书院"每年二月初二起馆,十二月初六散馆"①。从现有资料看,大部分书院是冬季甄别,春季开学。

　　甄别的第一步是"报名",报名亦称"投卷",地点在官府礼房或在书院内部。礼房为中央和地方官署的办事机构,顺天府及各府、州、县衙门内都设有,其官员辅佐长官经管春秋祭祀和考试等事。② 书院负责报名事宜的是监院。监院地位仅次于山长,管理书院日常行政、财务,稽查生徒、兼管图书等杂务也在其职权范围内。③ 有些书院明确规定生徒需赴官府的礼房报名。例如,湖南岳阳金鹗书院"定于隔年十一月十五日,由县示期甄别应试生童,先赴礼房投卷,临期齐集考棚点名扃试"④;湖南益阳箴言书院"岁十一月上旬,愿入院肄业者,各具姓名、年貌、三代、籍贯、居地,告于监院。监院黜其素不安者,而缮其余于册,以告于县尊,请示期连龙洲书院甄别课期,考试生童,以定去取"⑤。四川新都龙门书院规定:"每年定于二月考收录,以便上学……每年示期收录生童,务于前数日至礼房注册投考。收录者方准入院肄业应课,未经收取者,不准应课。至收录不到,月课始来投考者,必考超、特等一次,以作收录,再考超、特等一次,方挨次补正、附课。"⑥ 有些书院的生徒则无须经过官府,可直接到书院投卷。例如,湖南龙潭书院规定:"诸生赴试者先至监院处报名备卷,卷面须填明某里某团,以便按额录送。"⑦ 报名完毕后,监院将生徒信息汇总成册,以便地方官员或山长随时抽查,有些书院还依据此名册筹办试卷。

　　甄别的第二步是考试,并且试卷必须弥封。例如,湖南洞溪书院规

---

　　① 湖南省书院研究会、衡阳市博物馆编:《书院研究》,湖南大学出版社1988年版,第325页。
　　② 张政烺:《中国古代职官大辞典》,河南人民出版社1990版,第361页。
　　③ 季啸风等主编:《中国书院辞典》,浙江教育出版社1996版,第718页。
　　④ (清)张作霖辑:《计开酌议章程八条》,《巴陵县金鹗书院志略》,光绪十二年刻本。
　　⑤ 《箴言书院选士章程》,转引自陈谷嘉、邓洪波主编《中国书院史资料》,浙江教育出版社1998年版,第1612页。
　　⑥ 邓洪波:《中国书院章程》,湖南大学出版社2000版,第136页
　　⑦ 《龙潭书院章程》,转引自陈谷嘉、邓洪波主编《中国书院史资料》,浙江教育出版社1998年版,第1597页。

第六章 中国传统书院的教育考评

定："每年十一月总理首事禀请邑尊示期甄别，着礼科办卷弥封。"① 湖南宁远泠南书院《规程》明确规定："试卷造作弥封，原欲秉公取士，倘有不顾廉耻，暗通线索，求徇情面者，查出中罚；凡首士巨族，概不得以子弟未获取录，即生别议。"② 试卷弥封是科举考试中必要的防范手段。除了弥封，还有糊名，都是为防止出现漏题现象。

此外，有些书院还规定甄别之后需要复试。例如，衡阳的石鼓书院与船山书院规定"书院每年二月初旬，由府牌示定期，生童赴考棚扃试甄别，取录若干名，榜示再候示期复试，取准生员"③；"每年期定二月上旬，由道台甄别一次，再由书院复试，然后才定取录"④。甄别后进行复试是为了保证入院肄业生徒的质量，正如石鼓书院在条款后评论所言"此条甚善"⑤。

甄别是书院招生方式中最主要的一种类型。报名的实行，可以使书院参照生徒的数量来准备试卷，为书院节省成本，同时也可以从每年报名的人数中看出反映出书院的影响力；弥封在一定程度上杜绝了漏题泄题，保证了公平竞争；复试是甄别的进一步发展，可以遴选出具有真才实学的好苗子。

第二种类型：生徒的调送。"调送"是由巡抚或学政等官员在岁试、科试或其他考试中发现有培养潜力的生徒，令下属直接将其送入书院。与甄别的直接考试不同，调送是一种间接考试，它以学政岁科两试的招考成绩为选取依据。岁试的主要目的是考查生员学业，所以生员必须参加，三次未参加岁试的生员将被黜革。科试是选拔生员参加乡试的考试，"生员将应乡试者则与"⑥，不强制要求。生徒只有通过招考才有资格接

---

① （清）李临辑：《浏东洞溪书院志》卷上《章程》，光绪二十六年刻本。
② 湖南省书院研究会、衡阳市博物馆编：《书院研究》，湖南大学出版社1988年版，第367页。
③ （清）李扬华辑：《国朝石鼓书院志》卷4《规费》，光绪六年刻本。
④ 湖南省书院研究会、衡阳市博物馆编：《书院研究》，湖南大学出版社1988年版，第119—120页。
⑤ （清）李扬华辑：《国朝石鼓书院志》卷4《规费》，光绪六年刻本。
⑥ （清）昆冈等：《钦定大清会典》卷32《科试》，《续修四库全书》第794册，上海古籍出版社2002年版，第290页。

受调送，因此调送是岁科两试招考的结果，两者密不可分。甄别对象一般是童生和生员，调送对象则为各级官学的生员，等级明显要高。例如，晚清时期，湖南享有盛名的校经书院即采用调送的方法选拔生徒。校经书院规定："照得校经书院肄业诸生向有定额，皆由学院就岁科考试择其文理尚优、才堪造就者调送入院。"① 这里的学院是学政的别称，学政在主持岁科两试时，发现有潜能的生员就令下属送入书院。除此之外，校经书院不接收任何渠道的生员，包括生员的自我推荐。曾有常德府生员申请调入校经书院学习被明确拒绝的例子。据书院资料载："查调送书院，向由学院考校拔取，其中出入，本部院自有权衡，该生如果才具优长，自当留心录送，何得率行恳渎，致犯冒昧干进之嫌。"②

从各府州县选调的优秀生一般在书院学习三年，之后根据其学业长进程度决定去留。但也有生徒在不到三年就被开除，其空缺由重新选调的生员进行补充。此后，书院念及诸生"侧居旁舍，岂无问字之长头，请处囊中，或有脱颖之毛遂，因准于某日收取校经候额生员"③，还特别设立了"候额生"，作为补充缺额的后备力量。

第三种类型：生徒的补录。补录较为少见，是书院招生的补充。补录给不能按时赴试的生徒提供了一次机会。例如，湖南凤凰厅敬修书院规定："先年冬间录考之时，正课、附课酌留数名，于来春二月补录足额。"④

传统书院的招生名额都会提前制订计划，招生的数量由书院的级别和类型决定，并且，同一所书院受限于经费和环境的变化而有所变动。书院级别与类型不同，招生的生源和数量也有差异。大规模高级别的书

---

① （清）吴树梅：《湘辅丛刻》卷9《行桃源学调廪生于盘入校经书院肄业礼》，岳麓书院馆藏光绪年间《奉鞠斋丛书》本。
② （清）吴树梅：《湘辅丛刻》卷9《批常德府学生求调校经书院肄业禀》，岳麓书院馆藏光绪年间《奉鞠斋丛书》本。
③ （清）吴树梅：《湘辅丛刻》卷9《收考校经书院候额生示》，岳麓书院馆藏光绪年间《奉鞠斋丛书》本。
④ 《凤凰厅志》卷6，转引自陈谷嘉、邓洪波主编《中国书院史资料》，浙江教育出版社1998年版，第1618页。

院比小规模低级别的书院招生要多，如省、道、府、州、县级书院的名额呈递减之势，县级书院招生名额很少有超过百人者。书院的招生数量与经费多寡直接挂钩。一般来说，经费越多，招生越多，例如，江苏丹徒宝晋书院，生徒定额常规为生童各20名，至乾隆五十七年（1792），增为生员50名，童生30名，"嗣后经费渐充，逐次加增生员额数百六十名，童生额数百六十名"①。招生人数除与书院的级别、经费的多寡有关，同时受到山长影响力和学术氛围的制约。有些书院尽管级别不高，招生规模却不小，例如，清代安徽桐城桐乡书院虽地处偏僻之地，却因为历任山长的名气而声名远扬，招生规模堪比一些大书院。吴景贤先生称之为"乾嘉时代安徽方面的一个大书院……颇能代表一时的学风"②。同一所书院的招生人数并非恒定，名额因经费的多少或社会环境的改变而发生增减变化。例如，湖北孝感西湖书院原来"每年招正课生童十名，附课生员十名，附课童生三十名肄业"，后咸丰年间兵乱久废，光绪八年由于地方官员倡导，士绅捐资，规模扩大，录取生监可以录取七十名，童生可以录取一百四十名。③

生徒以童生或生员的身份入院后，书院再根据甄别考试排名分别将其划分正课生、附课生和随课生三种。第一种为正课生（内课），待遇最好；第二种为附课生（外课，童生则称附课），待遇稍差；第三种为随课生（附课生），没有膏火补助。正课生有膏火，在书院住宿；附课生膏火减半或没有，不能住在书院，视书院经费情况而定。因为正课生和附课生有膏火补贴，各书院对这类生徒的名额有相当严格的限制，例如，《拟定鳌峰书院事宜》中规定肄业生徒的名额"向来书院肄业生监内课、外课各六十名，附课无定额，大率多不过百人，少不过数十。盖当事遴才举贤，其道贵精而不贵多，诸生取友乐群，其道亦宜纯而不宜杂，多而杂则浮滥混淆，势难周防，且浇薄顽鄙之徒，幸厕其中，转足为有志者累。今请自后录取生监，仍旧内外课各六十名，附课准之，童

---

① 邓洪波：《中国书院章程》，湖南大学出版社2000年版，第59页。
② 吴景贤：《洋川毓文书院考》，《学风》1936年第7卷第3期。
③ （清）朱希白编：《孝感县志》卷4《学校》，清光绪九年刻本。

生仍旧内课六十名，附课四十名，沙汰精严，毋庸逾额"①。再如，湖北宜昌墨池书院的录取分为三个层次，分别为正课、附课、又附课。录取正课生监四十名、文童十五名；附课生取生监三十名、文童十五名；再取又附课八十名，总计招收一百八十名。② 这是属于规模较大、录取生徒较多的书院记载。生徒们经过甄别之后的初次分配入院学习之后，还需要进行再次分配。再次分配是指名额的正课、附课、额外课、附课的差别，在院生童要经历很多次的考课，每次考课的结果都将决定生童的资格升降。

晚清书院招生范围扩大，这一方面表现最突出的是中西书院，除了允许"十二岁以上者习学西学，如有聪明子弟，十岁以上者亦可，即八九岁者亦准来馆读书，迨年稍长，再习西学"③ 之外，还招收女生，延请女教师教授课程。其他如格致书院规定："凡聪幼文人，有志考求者，可于每礼拜六晚七点钟起到院，谈订录号，言定欲习何种西学，便照课讲习。"④《中西书院规条》第十五条指出："如有孤寒子弟，资质聪明，品性诚实，有志读书，该父兄邀请保荐人来院面商。愿来习学，预期报名，遴选十五名为止。"⑤ 这些规定无疑向有志于读书的寒门弟子打开了大门。此时，传统书院中也有进行招生变革的典型，例如，味经书院"时务斋"，只要致力于时务者，不分籍贯，不论文武农工商贾，都允许到时务斋听讲。这就意味着人无地域职业之分，无论男女，都有进入书院学习的机会。

二 传统书院的日常考课

当今学校教学中，"课"指教学的时间单位或者指教学科目。"课"的本义是"考核"，许慎在《说文解字》中释为"课，试也。从言果声"⑥。传统社会中，"课"常指对官员政绩或学生成绩的考核，如考课；又引

---

① （清）陈寿祺：《左海文集》卷10，清刻本。
② 《墨池书院章程》，清刊本。
③ 邓洪波：《中国书院章程》，湖南大学出版社2000年版，第52页。
④ 同上书，第49页。
⑤ 同上书，第55页。
⑥ （东汉）许慎著，徐铉校订：《说文解字》，中华书局1963年版，第53页。

申为督促完成指定的工作或学习任务，如课读。课试是书院对生徒学业评价的主要形式，书院教师以考课为职责，常被称为"课师"。以下就书院日常考课的类型、程序和试卷加以探讨。

(一) 书院日常考课的类型

书院日常考课的类型主要根据考试时间、考试内容和主考官身份的不同进行区分。

第一，以时间为标准，日常考课可以分为月课、季课和观风课。

例如，江苏明道书院规定月课为"每月三课，上旬经疑，中旬史疑，下旬举业。文理优者，传斋书德业簿"①；江西新喻县蒙山书院"仿嘉眉故事，礼先达以主试，月讲季课，春秋行释菜礼，四方学者云集"②；甘肃兰山书院"月课宜认真扃试也。书院应课诸生多至三四百人，其中良莠不齐，抄袭枪替之弊势所不免……本年正月甄别，宪台认真扃试，终日监临，诸弊皆除"③；福建致用书院"每月一课，奖赏例银"④。有些书院将月课称为大课，例如，安徽桐乡书院规定："生童大课，四书文一首、律赋一首、经解一首，律赋、经解不能者听。"⑤晚清校经书院月课常由学政主持，"谕校经肄业诸生悉知，本部院定于月日考试月课，仰监院先将正副诸生姓名册卷备齐送院查阅"，书院每月按照规定的时间定时考课生徒。⑥还有些书院按四季进行考试，例如，湖南莼湖书院官课和师课就分四季，定于每年的二月、四月、七月、十月，县官亲自到考棚点名扃试。⑦

除了一般的月课和季课外，观风课是地方官员到书院例行检查时举

---

① 陈谷嘉、邓洪波主编：《中国书院史资料》，浙江教育出版社1998年版，第204页。
② (清) 刘坤一等修：光绪《江西通志》卷81《建置·书院》，清光绪七年刻本。
③ 《宣统甘肃新通志》卷35《兰山书院条规》，转引自邓洪波《中国书院史》，东方出版中心2006年版，第507页。
④ (清) 王凯泰：《致用堂志略》，同治十二年刊本。
⑤ 佚名：《道光桐乡书院志》卷3《桐乡书院章程》，清末活字本。
⑥ (清) 吴树梅：《湘辅丛刻》卷9《月课校经书院示》，岳麓书院馆藏光绪年间《奉鞠斋丛书》本。
⑦ 湖南省书院研究会、衡阳市博物馆编：《书院研究》，湖南大学出版社1988版，第282—286页。

行的考试，带有浓厚的科举色彩。观风课一般于春秋两季举行，由知州负责考试，考试内容以科举内容为主。史载："学政莅省之始，先颁布观风题目于各府县，四书文一，其他经解、史学、词章、掌故、时务、算学等，无虑数十艺，以作成若干艺为完卷。学政莅考所属，先期由学官呈阅（童生亦得应观风试），期限或数月、半年不等，视莅考道路之远近定交卷之先后。号称观风，所以别于正试也。"① 例如，龙潭书院规定："州尊观风定为春秋二课，春课以二月十八日，秋课以八月十八日，先期由董事禀请州尊命题，一'四书'文、一试帖诗、一赋、一古近体诗、一策论，限三日交卷，毋得过期。"②

第二，以内容为标准，可分为经古课、诗课、实学课、散课等类型。

经古课顾名思义是以经史和古学为考试内容，这在讲习经史之学的书院较为常见。考课经史词章有助于增进学识，涵养性情。例如，江宁惜阴书院山长孙锵鸣强调："文字训诂之未明，曷由进而探性命精微之旨！而诗赋杂体文字，又所以去其专一固陋之习，使之旁搜遐览，铺章摘藻，以求为沈博绝丽之才。"③ 晚清汉学书院中，以经古为考课标准的代表是诂经精舍和学海堂，于此本书第三章书院教育内容中有详述。诗课即出诗题检查生徒的作诗能力。例如，清道光年间的湖南莼湖书院诗题比较频繁。④ 实学课与科举考试相对，重视策论。例如，岳阳平江县的天岳书院"每月初三应课，改为实学课，作策论、解说之属，即习'论孟'，亦不作时文"，具体程序是，斋长查明每一生徒的读书情况，山长根据生徒所读之书出题，每种类型的书出一道题，读同一本书的生徒做同一道题。⑤ 散课测试诗赋、经解、策论。大多数书院散课考试的题材不外乎"四书五经"，童生还以《三字经》《千字文》《增广贤文》

---

① （清）刘禺生撰，钱实甫点校：《世载堂杂忆》"清代之科举"条，中华书局1960年版，第7页。
② 《龙潭书院学规》，转引自陈谷嘉、邓洪波主编《中国书院史资料》，浙江教育出版社1997年版，第1596页。
③ （清）孙锵鸣：《惜阴书院东斋课艺·序》，光绪四年刻本。
④ （清）徐凤喈编纂：《莼湖书院志略》，道光四年刻本。
⑤ 易懋官：《平江书院初探》，《岳麓书院通讯》1986年第2期。

《千家诗》《幼学琼林》等为启蒙读物，继而诵读"四书五经"。

传统书院考课内容大致分为上述几种类型。但是，具体到某个书院，其考课内容重点各有侧重。从课艺中可见，有些书院偏重经学考课，例如，杭州《诂经精舍八集》十二卷，前九卷皆是经解训诂之作。这与诂经精舍"专试经解与碑版、考证诸作，即诗赋录取亦不多"[①]；"课士首重经解，兼及策论、诗赋、杂文"[②] 的传统是一脉相承的。有些书院偏重词赋考课，例如，江宁《惜阴书院西斋课艺》八卷，以词章之学为主，赋占其中六卷。这与惜阴书院重视词赋的风气有关，"文毅（即陶澍）创设始意，虽以讲习经史为主，而主斯席者，率偏重词赋"[③]。

第三，以主考者身份为标准，可分为官课与师课。

官课是指由地方官员对书院学生进行的常规考试，从出题、阅卷到奖励，都由官府主持，并发给成绩优秀者奖励。省会书院的官课由总督、巡抚、学政或布政使、按察使、转运使、道台等轮流主持。府、州、县书院的官课由道台、知府、知州、知县或教谕、训导轮流主持，一般是一月一次。例如，左辅任湖南巡抚时经常赴城南书院考课，对此他记述道"嘉庆二十五年八月，余任湘藩，旋晋巡抚，赴城南书院课士"[④]。如果所在地同时有几个行政机构，官课则由各个部门的长官轮流主持，这种方式被称为"轮课"。例如，浙江敷文书院"课期定于每月初八日，每年二月起十一月止，共十课，以二、三、四、六、七、八、十、十一月，禀请宪台暨藩、臬、运、粮、杭道轮课"[⑤]；广东粤秀书院"两院于四季孟月轮课，司道仲季两月轮课"[⑥]。除了地方官员，一些学官也负责书院的考课。例如，浏阳洞溪书院的官课还包括训导、教谕课，每年各一次；四月初八为教谕课，九月初八是训导课[⑦]。

师课又称斋课或馆课，由书院山长或掌教主持。山长负责安排课期、

---

① （清）胡敬：《诂经精舍文续集》卷首《序》，道光二十二年刊本。
② （清）马新贻：《诂经精舍三集》卷首《序》，同治六年刻本。
③ （清）褚成博：《惜阴书院课艺·序》，光绪二十七年刻本。
④ （清）余正焕辑：《城南书院志》卷2《重建城南书院碑记》，道光五年刻本。
⑤ 邓洪波编著：《中国书院章程》，湖南大学出版社2000年版，第69页。
⑥ （清）梁廷枏纂修：《粤秀书院志》卷3《粤秀书院条规》，道光刊本。
⑦ （清）李临：《浏东洞溪书院志》卷上（之二）《章程·书院原定章程》，光绪二十六年刊本。

出考题和评等级，奖励则视书院经费情况而定。例如，宜章养正书院每年农历一月到十一月山长主持斋课，时文一篇、试帖诗一首，奖金依靠学田①。另一种类型的师课称堂课，生徒当堂当面接受山长的考试，岳阳慎修书院规定："如遇堂课，凡住斋者概须上堂面试，其有不到者，必先乞假，否则每一次不到者罚扣膏火四之一，三次不课除课另补。"②

至清代，传统书院"课试"中同时存在"官课"和"师课"两种类型，特别是在较高层级的书院，形成了地方官府和书院轮流考课的制度。例如，河北龙冈书院章程规定："每月初二日官课一次，十七日馆课一次，作为正课，在院扃试，专试制艺试帖。初九日、二十四日两日散课，一由本县出题，一由山长出题，一文外，或论辨经解策赋，不拘一体。"③ 广东粤秀书院"官课""师课"的日期规定为"初三定为官课，十三、二十三定为馆课。两院于四季孟月轮课，司道仲季两月轮课，院长每月两课"④。福建鳌峰书院规定："书院每月三课，官课居其一，师课居其二，请以十六日一课时艺，排律，外兼课经解史论及古文词，以期兴倡实学，搜获异才。"⑤ 书院"官课"数量不及"师课"，但地位与"师课"同等重要。书院入学资格和膏火发放都由官课成绩决定，是官方控制书院的表现。"师课"是书院"课试"的常态形式，是传统书院的主要教学方式，也是书院教学质量过程化评价方式。

（二）书院日常考课的程序

传统书院日常考课的程序大致可以分为考前准备、正式考试、评阅试卷和张榜公布成绩。官课的考试从出题、考试到评阅都由官府操纵，山长只起到监考的作用。师课虽没有官课如此复杂的程序，但也要求生

---

① 湖南省书院研究会、衡阳市博物馆编：《书院研究》，湖南大学出版社1988年版，第343页。
② （清）钟英：《岳阳慎修书院志·新定住斋生童章程》，光绪二十二年刻本。
③ 《道光栾城县志》卷3《龙冈书院章程》，转引自邓洪波《中国书院史》，东方出版中心2006年版，第507页。
④ 《道光粤秀书院志》卷2《粤秀书院条规十八则》，转引自邓洪波《中国书院史》东方出版中心2006年版，第506页。
⑤ （清）陈寿祺：《左海文集》卷10，清刻本。

徒在考试过程中严格行事，认真对待，基本要求一天内完成。

传统书院普遍对日常考课程序十分重视，组织有序。例如，清代湖南洞溪书院的官课在春秋两季的初八举行，考前三日，书院派人到县衙请题，题目要原封不动地交给山长，由山长当众拆开。此前，应考生徒要先到书办处报名，以便按生徒名字发放试卷。考完书院将封好的试卷与名单呈给知县，知县负责评判甲乙。阅完卷后再将试卷送至书院，山长当场拆开并发给各位生徒。① 再如，宁远泠南书院的考课流程更为严谨。每年十二月，书院总理、监斋请地方长官主持考试。考试前半月，书院"先出红条张贴各处要路布知"。"红条"类似于通知和告示。生徒于考前到书院报名注册，第二天黎明开考，之前听长官点名发卷，三天后才能知道自己的成绩。试卷由监斋负责置办，造具、弥封、浮签等程序一样都不少，监斋还要巡视考场、收取试卷，但没有权力阅卷。生徒答完试卷才准撕掉浮签，成绩公布后监斋再次查对浮签。② 有些书院严申生徒在考试时必须慎重对待，不得喧哗。例如，每到考试之时，玉潭书院的生徒清晨至讲堂集合，不许喧哗，一天之内完成试卷，未完者不准离开考场。因考试时间为一天，中途书院会将饭食送到每位生徒的手中，馆课给生徒提供面食。生徒的试卷钱由书院的书办负责办理，年底交书院报销。③

（三）书院日常考课的试卷

书院生徒考课的试卷通称课艺，也称课作、课卷。据相关学者研究，现今存世的课艺文献，其形态有三种：一是课艺原件。多散见于各地公私藏所。近年也有少数丛书将课艺原件影印刊行。二是课艺别集。以个人书院课艺汇为一集，并不多见。三是地方长官或书院山长拟作的汇刊。四是课艺总集。这是存世课艺的主要形式，其名称多为"书院名+课艺"式。书院汇刊课艺，最早见于康熙年间安徽怀宁的《培原书院会

---

① （清）李临辑：《浏东洞溪书院志》卷上《章程》，光绪二十六年刻本。
② 湖南省书院研究会、衡阳市博物馆编：《书院研究》，湖南大学出版社1988年版，第367页。
③ （清）张思炯：《重修玉潭书院辑略》卷上《学规》，清嘉庆五年刊本。

艺》和湖南长沙的《岳麓试牍》。书院刊刻课艺成为风尚，始于嘉庆六年（1801）阮元手订的《诂经精舍文集》。其后直至清末，课艺的刊刻遂成为普遍现象。①

传统书院中很多山长都重视编辑和出版优秀课艺，这不仅能激励生徒学习的积极性，而且还能为历届生徒提供范本，供大家模仿和揣摩。由于出版课艺代表着展示学派主张或学术成果，因此得到清代不少书院的重视。课艺内容丰富多样，有经史作品、文学作品甚至自然科学作品等。课艺总集从内容上看，有专收八股文和试帖诗的，有专收经史词章、时务算学的，也有兼收前两者的。不论何种类型，课艺题目多为地方官和山长所拟，生徒所作皆是命题文章。故而，总集收录的文章多同题之作。②但是，有个别书院例外，倡导生徒自拟题目作答，例如，黄彭年（1823—1891）主讲保定莲池书院，他认为"课试成材，非启牖向学。限之以命题，虑非性所近也；拘之以篇幅，惧其辞不达也"，因而不再命题，改由生徒自拟，"命诸生为日记，人给以札，旬而易焉，月论其得失而高下焉"③。入选总集的课艺，皆是优秀作品，对其评点都是赞赏性的。但是，课艺原件中也存在一些批评性意见，例如，"寓意规讽，未始不佳。惟极力作态，而笔力不足以副之耳"，"后幅尚不直致结，未有余韵，前路未清"④；"情文相生，稍欠锤炼。排律误作五言"⑤；"诗有佳句，惜失拈"⑥；等等。

三 传统书院的德业考核

传统书院教育历来重视培养生徒的道德品质，其"育德为先"的教育特点在本书第二章中已做详细探讨。除了日常学业考核，传统书院同

---

① 鲁小俊：《书院课艺：有待深入研究的集部文献》，《学术论坛》2014 年第 11 期。
② 鲁小俊：《课艺总集：清代书院的"学报"和"集刊"》，《湖南大学学报》（社会科学版）2015 年第 2 期。
③ （清）黄彭年选编：《莲池书院肄业日记·黄彭年序》，光绪五年刊本。
④ 《金台书院吴大澂课艺》，上海图书馆藏本。
⑤ 《东城讲舍丁梦松课艺》，上海图书馆藏本。
⑥ 《剡溪书院宋烜课艺》，首都图书馆藏本。

时强调生徒的德业考核。德业考核主要是针对生徒品德方面的考查，检查生徒的学习生活和品性道德是否符合道德规范要求，督促生徒完善道德规范。道德教育在书院教育中置于首要位置，德业也是书院首要的考核内容，是书院评价生徒个体的重要标准，例如，王阳明把书院每日课程定为五节，即："每工夫先考德，次背书诵书，次习礼，或作课仿，次复诵讲书，次歌诗。"① 其中，将"考德"置于首位，显示出德业考核比背诵辞章、练习课业和习得仪礼更为重要。

为规范生徒的德行，书院制定学规、条约要求生徒遵守。最具代表性的是朱熹订立的《白鹿洞书院揭示》，内容关乎人伦、为学、修身、处事、接物。其他书院一般都遵照《白鹿洞书院揭示》来规定生徒的道德行为。每个书院在《白鹿洞书院揭示》基础之上，对德业考核还有具体要求。例如，方其义在《郴侯书院凡例并规条十三》中针对生徒的日常行为规范提出："书院之设，原以薰德端士习，如有酗酒、嗜音、洋烟、赌博诸弊，一经查核，不论学内学外，即时出斋，决不姑容。"② 江永县濂溪书院的道德考查牵涉到生徒的行动自由，"士贵立品，不同凡民，所谓无恒产而有恒心。行检原自如此，若已系籍书院，仍复浪荡村墟，出入衙门，其行不忌，在院者鸣鼓逐出。"③ 书院严令禁止生徒干涉民事。相比之下，玉潭书院的学规更为明细，从细微之处严格要求生徒，"不惜字纸者，有戒饬。饮酒至醉者，记大过一次，三次黜退……"④。可见，书院对生徒德业考核的重视程度。除了学规中的严格要求，考课中的试卷考核，传统书院的日常德业考核主要有两种方法：记录考评法和实践考评法。

首先，记录考评法。记录考评法包括日记本和德业簿考评。日记主

---

① （明）王守仁：《教约》。转引自陈谷嘉、邓洪波主编《中国书院史资料》，浙江教育出版社1998年版，第756页。
② （清）曹惟精：《郴侯书院志》卷1《郴侯书院凡例并规条十三》，同治二年刊本。
③ （清）周兆龙等：《濂溪书院惠政录》卷1《濂溪书院学规》，转引自陈谷嘉、邓洪波主编《中国书院史资料》，浙江教育出版社1998年版，第1607页。
④ （清）周在炽辑：《玉潭书院志》卷2《玉潭书院规条》，转引自陈谷嘉、邓洪波主编《中国书院史资料》，浙江教育出版社1998年版，第1600页。

要就是将每天发生和观察到的事情以及解决的问题记录下来,特别是要将每日的行为和思考记录下来。日记记录诸生每天德和业的进修状况,是诸生将自己的内心感受诉诸笔墨的一种最真实的表达方式。宋代安湖书院就要求生徒:"置进学日记,令躬课其业,督以无息。"① 清代台湾海东书院规定:"(诸生)各置一簿子,将每日所读及旧所温习之书,四书、六经、三史、通鉴纲目、近思录、性理大全、古文、诗文等项,逐一照格填注册内,各自量材力之浅深以为功课之多寡,勿怠缓,勿急迫。悠游玩索,以俟自得。每旬日,诸生将所注簿子汇缴,凭院长逐条稽查,以验所学之勤惰。"② 岳麓书院明确规定诸生:"各立日课簿,每日将用过工夫登簿内……各抒己见力量,但要日有日功,月无忘之。"③ 如此一来,生徒"果能敬守训谟,切己体察,自能学有成就"④。通过日记记录,诸生可以对自己的德行进行全过程控制,有利于提高自我完善的针对性和有效性。

除了以日记记录每日德行,书院还为生徒发放德业簿进行考评。利用德业簿抽查生徒德业进修的方法具有较强的操作性,起到了很好的督促作用,因而受到很多书院的重视。南宋景定年间,明道书院规定"诸生德业修否,置簿书之,掌于直学,参考黜陟"⑤。明代陕西弘道书院学规规定:"凡立志高古,持身端谨,居家孝友,接人谦恭,处乡邻和睦,有一者取一,有二者取二,载之考德簿,以示劝。"⑥ 岳麓书院重视利用德业簿考核生徒品德,要求生徒"置一劝善规过簿,详列其目,简而不略,要而易遵,监院掌之,各斋之长纠察众友之善过而登记之,以每月朔望会讲呈之院长,面加劝警焉"⑦。白鹭洲书院在生徒德业考核落实中

---

① (宋)文天祥:《兴国安湖书院记》,北京商务印书馆(文渊阁四库全书影印本)2005年版,第82页。
② 谢金銮:《续修台湾县志》,台湾银行经济研究室1962年版,第167页。
③ (清)王文清:《岳麓书院学规》,乾隆十三年刻本。
④ (清)陈宏谋:《培远堂偶存稿·文檄》卷48《申明书院条规以励实学示》,清刊本。
⑤ (宋)周应合:《景定建康志》卷29《明道书院规程》,嘉庆六年刊本。
⑥ (明)来时熙:《弘道书院志·学规》,弘治十八年刊本。
⑦ 李国钧主编:《中国书院史》,湖南教育出版社1994年版,第989页。

第六章 中国传统书院的教育考评

尤其重视德业簿的作用，要求"诸生各随意力量，但要日有日功，月不忘之。本府将无时抽鉴稽查"①。

日记记录法和德业记录簿都具有"积日求之，逐事而稽之，知其所亡，无忘所能，为者不畏其难，教育考其实，途有其程也，匠有矩也"②的优点，考核德业的实际效果良好，被大部分书院所采纳。

其次，实践考核法。实践考核法主要通过讲会中的研讨和祭祀中的一系列仪式体现。

传统书院的讲会主要是学术争鸣和答疑解惑，前已述及。有些书院也通过这种方式不定期地考核检查学生的德业。例如，陆世仪与门生经常用这种方式考查德业，"岁有岁会，月有月会，旬有旬会，季有季会，大家考德课业，严惮切磋"③。再如，嵩阳书院在会约中规定诸生要在讲会中反身求己，思考自身明德状况，"须得朋友大家讲论，直教一言一句皆与我身上有着落贴实处，觉得圣贤所说之心就是我之心，圣贤所说之理就是我心之理，如此融贯浃洽，庶几可以坐言起行"④。这种讲会以研讨的方式来考核生徒的德业，是书院德业实践考评常用的一种方法。

祭祀被诸多学者称为书院的"三大事业"⑤之一，也是书院对师生进行德育实践的重要途径。在中国传统社会各种礼仪中，祭礼的地位最为重要，所谓"凡治人之道，莫急于礼。礼有五经，莫重于祭"⑥。有学者认为，一部中国教育史，可以说是从"学"到"庙学"的发展过程。在"学"的时代，除讲堂外，都用正厅或正殿之室以供祭祀之用。在"庙学"时代，则已有独立空间作为祭祀场所，校园也由教学与祭祀两个空间构成。⑦ 在书院发展历程中，书院祭祀的地位也不断提高，成为

---

① 李国钧主编：《中国书院史》，湖南教育出版社1994年版，第986页。
② （清）黄彭年：《陶楼文钞》卷9《莲池书院日记序》，民国十二年刻本。
③ （清）陈瑚：《确庵先生文钞·白鹿洞规讲义》，同治九年刻本。
④ （清）耿介：《敬恕堂文集·辅仁会约》，中州古籍出版社2005年版，第141页。
⑤ 盛朗西：《中国书院制度》，上海中华书局1934年版，第47页。
⑥ （清）阮元：《十三经注疏》，《礼记正义》卷25《祭统》第25，中华书局1980年版，第1602页。
⑦ 高明士：《书院祭祀空间的教育作用》，《中国书院》第1辑，湖南教育出版社1997年版，第65—78页。

书院规制中越来越重要的内容。正如戴钧衡所言："今天下郡县莫不有书院，亦莫不有崇祀之典。"① 明清徽州紫阳书院的祀期规定为"春以三月，秋以九月，皆于十三日集院中讲学，十五日黎明释典"②。对于祀品、祀位、祀器和仪式程序，紫阳书院都有严格的规定，特别是历次讲会前都有隆重的祭祀仪式。史料载："陈设已定，主祭者、陪祭者、执事者皆吉服以竢序立。执事者各司其事，陪祭者各就其位，主祭者就位迎神鞠躬……诣盥洗所盥手巾手。诣酒尊所司尊者举幂酌酒，司爵者捧爵，司馔者捧馔，司帛者捧帛，诣先师徽国文公朱夫子神位，前跪奠帛，进爵进馔，俯伏兴平身。读祝。诣读祝位跪。陪祭者皆跪。展读。俯伏兴平身。诣左配神位前跪献帛献爵，俯伏兴平身。诣右配神位前跪献帛献爵，俯伏兴平身。升歌。歌诗生就歌位。（歌生八人或六人，左右对立）诗歌某章歌诗生复位行亚献礼……"③ 可以说，书院祭祀主要是提供了导向和规范，书院士人应该据此确定进德修业的方向。通过祭祀仪式，学生可以身临其境地感受先师乡贤的生平业绩、思想品格，从而获得道德教育，并且认同、继承和发扬先贤"其学"和"其道"。书院祭祀先圣先师"非徒以尊德尚道也，其将使来学者景仰先型，钦慕凤微，以砥砺观摩而成德"④。因而，传统书院的祭祀活动可以使生徒们在先贤先师的参照中，审视自身德业修为，从而在为学为人和修身处事等方面得以自我考核和修正。⑤

书院的德业考察要为了让生徒养成良好的品德修养，纠正生徒的不良行为，以期使其符合儒家人伦纲常的道德目标。但有些书院的规定过于苛刻，如严格限制生徒的自由；将犯了小错的生徒逐出院门；等等。这些措施均不利于书院的人才培养。

---

① （清）戴钧衡：《书院杂议四首》，《桐乡书院志》卷6《艺文》，清末活字本。
② （清）施璜：《紫阳书院志》卷3《祀典》，雍正三年刻本。
③ 同上。
④ （清）戴钧衡：《书院杂议四首》，《桐乡书院志》卷6《艺文》，清末活字本。
⑤ 以上关于祭祀作为书院德育实践的论述，参见张晓婧《清代安徽书院研究》，博士学位论文，安徽师范大学，2014年。

四 传统书院学生考评的奖赏机制

为了确保书院考评系统的有效运行，奖罚制度不可或缺。奖励是为了激发个体的潜能，而惩罚则是为了督促个体的改进。书院能够吸引读书人，不仅在于读书论道，还在于它为生徒提供了丰厚的奖助学奖金和其他奖励。

第一，膏火奖励。膏火是传统书院最直接的奖励手段。生徒入院肄业，无须自备生活费，书院定期发放膏火。膏火，本指膏油灯火，宋元以来，指代官学和书院发给生徒的日常生活费和学习费用。书院用以支付生徒膏火的方式主要是发放米谷，一些经费充裕的书院也会发给生徒膏火钱。

传统书院一般都会把入院后的学生分成童生与生员两大类，再按入学成绩分成高低不同的层次，给予不同的膏火待遇。各等次的膏火并非固定不变，而是根据考课成绩好坏予以升降以防生徒偷懒，从而达到激励学习的作用。生徒的课型决定所领膏火的数目，正课数额最多，依次递减。例如，湖北宜昌墨池书院将一百名学生分成"正课""附课"分别给予膏火外，再取"又附课"八十名，无膏火而予优等者奖赏，正、附、又附三等则按优劣升降。[①] 湖北宣城紫峰书院规定："现今酌定每课正取生员八名，每名给膏火一串，前三名赏赉花红有差。正取童生十二名，每名给膏火钱八百，前二名赏赉花红有差。"[②] 四川龙门书院光绪年间在内外正课之外，又设"附课"作为第三等，其膏火钱则区分为一串文、八百文、一百文。[③] 湖南省城城南书院，"原定学内生监正课二十八名，附课四十名，又学外童亝正课三十名，附课十名，计学内学外正附课共计一百零八名"，至道光四年（1824），又"取列不给膏火之额外附课生童数十名，俾得在院读书，共资研习"[④]。乾隆年间，湖南岳麓书院

[①]《墨池书院章程》，转引自陈谷嘉、邓洪波主编《中国书院史资料》，浙江教育出版社1998年版，第1571—1572页。

[②] 邓洪波主编：《中国书院学规集成》，中西书局2011年版，第991页。

[③] 邓洪波：《中国书院章程》，湖南大学出版社2000版，第247页。

[④]（清）余正焕：《城南书院志》卷1，转引自赵所生、薛正兴主编《中国历代书院志》第5册，江苏教育出版社1995年版，第13—14页。

规定:"正课生员定额六十名,除度岁给假一月外,每名月给银一两,不扣小建,以到馆日起支。遇乡试之年,增额生员二十名,膏火与正课一体交给。无论原额、增额,各生乡试,每名给卷资银一钱二分。附课生员定额十五名,每月课期二次,给纸笔银五钱。应一课者减半,不附课者不给。"①

为了鼓励生徒住院学习,一些书院把住斋与膏火联系起来。例如,湖南岳阳书院规定生徒不住斋就不发给膏火,即:"两院共取正课百名,住院者概给膏火,如不能住院虽有膏火亦不发给,凡取正课不住斋者如系巴陵生员即以巴生之附课第一者推补,告假、缺课及逾限开缺者亦照此例,各归各县推升,附课无膏火,不能住院或住文昌阁俟正课缺出,准其挨次推补,以昭平允。"②贵州松桃县崧高书院规定:"每年十二月扃试生童,拔其文艺优长者,分取正、附课,住斋的正课生员每月给米三京斗,膏火钱八百文,附课生员住斋每名每月三京斗米,膏火钱六百文,童生则相应减少。"③

与其他形式的奖励相比,膏火奖赏具有数目大、效果直接的特点。膏火能够给无恒产的读书人提供物质帮助,是激发士子进入书院学习的原动力。但是,与此同时,膏火也带来了一些负面影响。它让生徒对书院产生依赖性,甚至只为膏火而入院,并且长期待在书院不愿离去,这也是书院出现白发生徒的一个原因。书院背着"养士"的重负,膏火奖赏的有无和厚薄成为书院延续的血脉,也养成了一些生童视书院为"养济之局、孤贫之院"而不能治生养家的陋习,年复一年靠膏火糊口,变成"惰游之民""偷食之众"。有些书院生童平时不住院学习,只是到考试时才来报到领膏火混顿饭吃,"受精等于卖文,注籍同于食客"。有学者研究指出,清代书院张冠李戴冒领膏奖的现象也很严重。一旦拿不到约定的膏奖,亦会引起生童的骚动。④

---

① (清)陈宏谋:《培远堂偶存稿·文檄》卷48《申明书院条规以励实学示》,清刊本。
② (清)钟英辑:《岳阳慎修书院志·议定岳阳慎修两书院生童课额及推补章程》,光绪二十二年刻本。
③ 邓洪波主编:《中国书院学规集成》,中西书局2011年版,第1598页。
④ 刘琪:《清代书院的膏火奖赏——以助贫养士为中心》,《教育评论》2006年第2期。

第六章 中国传统书院的教育考评

第二，升降奖励。升降奖励是传统书院依照考课成绩来确定生徒资格的制度。正额、副额等升降只在童生与童生、监生与监生同级别生徒之间进行。

以湖南书院的升降奖励记载为例。敬修书院，"又正课生童三课列后三名者，降作附课；附课生童三课列前三名，升为正课"①；箴言书院，"凡生童先经考取正附课，开馆到不满额，于二月官课榜超等、上取，挨次以附课补正课，以额外附课补附课。其斋课连考三次前五名者，有缺，以次升补；连考三次后三名者，以次黜降。如正附课有缺，而无三次前五名者，则择斋课屡列前茅、品学俱优者补之"②；狮山书院，"住斋生童有连取三次前三名者，副升正，额外升副，膏火以升课后算发；连取三次后三名者，正降副，副降额外。如生监住斋人数不满十名，必连取三次前二名方准升课，降亦以连取三次后二名"③；洞溪书院，"每月堂课甄别正副，倘生监不满十名之数，总以三分定课，一为正课，一为附课，一为额外，额外不发膏火，童生不满三十名之数，亦以三分平分定课，额外亦不发膏火，三分不均，其多者推入正附课内。未经甄别来院肄业者，亦不必另备束修贽仪，但无膏火，倘有逢三三课叠取前三名者，除奖赏外，升作正课，照发膏火，以后作为正课，惟学内住斋人数较少，须示限制。如住斋不满十人，额外者□三课叠取前二名，方升正课，不满六名必须三课叠取第一名，方升正课，其降课亦依此例计筹。学内学外课均照甄别案取定原额，应课以凭升降，学外课不得移入学内，学内课不得降为学外，其有学外甄别时考学内者，原系有志上进者，自应准其以学内上学应课，若到院后又复应学外课者，系骑考内外碍难，听其自便，虽经院长取录，断不给发膏火，其余散课亦不准给奖钱"④。

---

① 《凤凰厅县志》卷6《敬修书院条规》，转引自陈谷嘉、邓洪波主编《中国书院史资料》，浙江教育出版社1998年版，第1618页。
② （清）胡林翼辑：《箴言书院志》卷上《志选士第四》，同治五年刻本。
③ （清）萧振声纂修：《浏东狮山书院志》卷3《书院规条》，光绪四年刻本。
④ （清）李临辑：《浏东洞溪书院志》卷上《右课式膏火章程十六条》，光绪二十六年刻本。

161

其他地区相关记载，例如，《文瑞书院章程》规定："三次列三等者，内课降外课；三次列一等者，外课升内课，膏火遇缺挨补。"①《粤秀书院条规十八则》规定："如有全抄刻文及全卷雷同并不能完卷者，正、外课俱降附课，附课除名。"②江西象山书院规定："评量文艺，应论其优劣，随课升降。"③ 如此等等。

上述材料是对书院升降奖励情况的一个大概描述。这种升降并不是十分频繁，升降标准也并非完全固定在前三和后三。传统书院的升降制度虽是根据成绩决定生徒或升或降，但实际操作较为人性化和合理化，降的比例极小，升的居多，其激励作用非常明显。升降制度的目的主要还是为了调动书院生徒积极性，激发他们的学习热情。

第三，精神奖励。传统书院除了在膏火、住斋和考课等方面对生徒给予物质奖励，还有精神层面的奖励。精神奖励主要从满足人的精神需要出发，通过对人的心理施加必要的影响，从而激发人的潜力，影响人的行为。膏火等物质奖励固然是激发生徒学习积极性的基本因素，但精神需求是更大的推动力，是较物质需求而言更高层次的需求，可以持久地鞭策和鼓励书院生徒。

书院的精神奖励重在树立生徒在学生中的榜样和示范作用。例如，安仁宜溪书院每月官师课共六次，每次考试一篇四书文、一首诗题，内容涉及经解、策论，由山长评定名次，但无钱米奖励，只是规定"每次课卷发下，诸生宜转相阅看，看毕，然后各自领归。名次后者，阅前列之佳卷，即以广自己的识解，不可生忌刻之心，而以为不欲看也"④。有些书院还设立相关职位让生徒担任，以此锻炼生徒的综合能力。例如，宁远泠南书院选任入学考试第一名的童生为司书，"岁出入领缴书目登之簿搭，自入学日发箧，监斋将书过卷数本数，交司书工人，至十二月

---

① 陈谷嘉、邓洪波主编：《中国书院史资料》，浙江教育出版社1998年版，第1466页。
② （清）梁廷楠：《粤秀书院志》卷2《规则》，清道光二十七年刊本。
③ （清）佚名：《象山书院章程》，清刊本。
④ 《嘉庆安仁县志》卷6《宜溪书院条规》，转引自陈谷嘉、邓洪波主编《中国书院制度研究》，浙江教育出版社1997年版，第504页。

第六章　中国传统书院的教育考评

初一日止,司书工人将书点过,全数交监斋置藏书楼"①。司书即是负责核对书目,并将书籍的具体情况报告给监斋的职事。再如,湖南船山书院设有斋长一职,如若生徒考取第一名,便可得到斋长的职务,负责清查在院生徒的名册、分发试卷、收取试卷、写榜、发膏火等。② 又如,白鹿洞书院也设立了一些职位让生徒担任,以此奖励诸生。据《白鹿洞书院志》记载,书院"副讲"的职责是协助山长"批阅文字,辨析疑义";书院"堂长"的职责是"主诱掖、调和洞中学徒,尊巡行,督视课业勤惰",相当于学校的教辅人员。这些职位"择学徒之优者为之;不称则更易"。书院"管干""副管干"的职责是"专管洞内一切收支出纳,米盐琐碎,修整部署诸务",相当于学校的后勤人员,"即于院中择有才而诚实者为之,不称则更易"。书院"典谒"的职责是"专管接对宾客及四方来学者,察其言貌劲静",由洞中"言貌娴雅者充之,按季更易"。③

传统书院精神奖励的诸方式中较高层面的是刊刻生徒的佳作。这种奖励可使优秀学生受到鼓舞,后进学生有所激励。由于刊刻佳作对生徒的激发作用较大,因此得到清代不少书院的重视。例如,张伯行《紫阳书院示诸生》指出:"愿尔诸生悉除诸弊,以先辈大家文为式,余将采其尤者,刊刻流布,以树风声。"④ 狮山书院学规指出:"每课诗文及经古、策论、词赋,遇有佳构,院长于卷面签注'另誊送阅'字样,存藏书楼待选付梓。"⑤ 福建诗山书院规定:"每师课,其超等上取及小课所作,由山长择其最优者交董事,推书手抄帖,以便观摩。"⑥ 湖北经心书院两次出书刊印书院优秀考课的文章《经心书院集》和《经心书院续

---

① 湖南省书院研究会、衡阳市博物馆编:《书院研究》,湖南大学出版社1988年版,第367页。
② 湖南省书院研究会编:《书院研究》(第二集),湖南大学出版社1989年版,第120页。
③ (清)高璜:《白鹿洞书院经久规模议》,(清)毛德琦原订《白鹿洞书院志》卷10《艺文》,清宣统二年刊本。
④ (清)张伯行:《正谊堂文集》卷12,清乾隆三年刊本。
⑤ 陈谷嘉、邓洪波主编:《中国书院史资料》,浙江教育出版社1998年版,第609页。
⑥ (清)戴凤仪:《诗山书院志》卷4,光绪三十一年刊本。

集》。刊刻优秀课卷对于书院生徒来说无疑是莫大的鼓励，起到了很好的精神鼓舞与激励作用。

除了上述的主要奖励措施，传统书院中还有一些相应的惩罚规定，不参加考课或者考试作弊者，都受到相应处罚。例如，湖南金鹗书院规定两次不参加考课，或试卷出现文理荒谬、雷同及文字恶劣的情况，由监院记下名字，生徒永远不许肄业[①]；湖南莼湖书院对于生徒必须参加每次的考试，如若发现不来考试或者请人代替，轻则不发给膏火，重则轰出书院[②]；福建诗山书院严令生徒"不许假冒混考……如有抄袭旧文、雷同等弊，应即叩除"[③]；等等。

综上所述，传统书院对生徒的考评形成了以奖励为主、惩罚为辅的奖赏机制，最终目的是为了激励生徒的学习积极性，从而达到良好的学习效果。

[①] （清）张作霖辑：《巴陵县金鹗书院志略·计开酌议章程八条》，光绪十二年刻本。
[②] （清）徐凤喈辑：《莼湖书院志略·条目》，道光四年刻本。
[③] （清）戴凤仪：《诗山书院志》卷4，光绪三十一年刊本。

第七章　中国传统书院教育的当代价值

晚清书院改制的完成和新学制的确立，意味着积淀了千余年教育和文化精华的传统书院被切断了演变成为近现代大学的可能，而高等教育在迈向近现代化的过程中也割裂了与传统书院之间的联系。书院改制不仅使传统书院在制度层面消失，而且使书院在千余年发展过程中累积下来的优秀传统几乎完全丧失。"书院之废，实在是吾中国一大不幸事。一千年来学者自动的研究精神，将不复现于今日了。"[①] 然而，书院制度的终结绝不意味着书院精神和书院文化的消亡。传统书院的教育精神和文化都深刻地影响着当代中国大学，使中国大学在接受欧美大学模式的同时保持了民族特性，而非完全西化和成为"欧洲大学的凯旋"。进入新时代，随着高等教育综合改革的推进，重新对传统书院教育的当代价值进行研究，对探索出一条适应我国新时代高等教育发展的改革创新之路，极具启示和借鉴意义。

第一节　我国当代高等教育的困境

我国近代高等教育是在近代社会转型的过程中创立和发展起来的。近代中国大学的兴起与传统书院的终结是同步进行的。由于书院改学堂的仓促和对欧美模式的照搬，使得高等教育发展过程中出现了各种各样的问题。新中国成立后，我们又一度照搬苏联模式，直至改革开放之后

---

① 胡适：《书院志史略》，《北京大学日刊》1923年12月24日。

才渐渐开启中国特色的高等教育。当代高等教育在发展过程中出现的困境和弊端主要表现为以下六个方面。

一 德育目标偏颇和德育实效性较弱

中华民族历来有重视德育的传统。但是，我国当代高校德育现状却不容乐观。教育主管部门颁发的各类德育文件以及理论研究者和教育工作者的研究成果中涉及高校德育现状和发展对策时都会贯穿"改进"和"加强"两个词语。党的十八大报告将教育发展放在改善民生和加强社会建设之首，对教育事业提出了一系列新论断和新要求。其中，首次在党的全国代表大会中提出把"立德树人作为教育的根本任务"。这一提法规定了高等教育的根本使命，明晰了高等教育的本质属性，符合人才培养规律和教育发展规律。2019年3月18日，习近平总书记在学校思想政治理论课教师座谈会上又明确强调，用新时代中国特色社会主义思想铸魂育人，贯彻党的教育方针，落实立德树人的根本任务。[1] 这对于指导新时代高校德育建设具有里程碑意义。我国高校德育多年来取得了一定的成果，但仍然存在不足之处，主要体现为德育目标偏颇和德育实效性较弱。以下从两方面对此加以论述。

首先，高校德育中普遍存在"社会本位"的教育目的观。

我国德育传统中一直秉承着"社会本位"的德育目的观，德育的个体价值往往被忽视。"社会本位"的德育价值导向对于促进社会和谐发展具有重要意义，但是，如果忽视了人的全面发展的客观需求，某种程度上就会造成德育走入误区，造成"无人德育"的现象。高校德育课堂和实践中一味机械地灌输道德知识，学生被动地接受限定的道德规范，易使他们变为德育养成的"模具"，造成学生个性的趋同与丧失。德育目标高于学生的日常生活世界，缺乏对学生日常生活道德的关注与养成，造成学生对其产生距离感。

---

[1] 《用新时代中国特色社会主义思想铸魂育人 贯彻党的教育方针落实立德树人根本任务》，《人民日报》2019年3月19日。

第七章 中国传统书院教育的当代价值

长期以来我国高校德育被定位于服务层面。改革开放以前主要为政治服务，之后又增添了为经济服务的属性与功能，这样高校德育的价值就取决于它所提供服务的数量和质量。在被动迎合政治或经济需要的时候，是不会有谁去关心它的文化主体的权利的。① 高校德育就其本质而言应该是一种内含文化生命、体现文化价值、承担文化使命的文化实体。因此，高校德育应改变"社会本位"的德育教育目的观，着力于打造社会本位和个人本位并重的人性化教育目的观。对于受教育者个人而言，最成功的德育应当是在与社会价值统一的过程中，使得个人的价值得到充分的实现。

与西方大学"学术共同体"的构建理念形成鲜明对比，中国特色的高等教育关键在于打造"德育和学术共同体"。新时代我国高校德育应该继承和发扬中国特色。习近平总书记在全国高校思想政治工作会议上强调，各级党委要把高校思想政治工作摆在重要位置，加强领导和指导，形成党委统一领导、各部门各方面齐抓共管的工作格局。要把思想政治工作贯穿教育教学全过程，实现全程育人、全方位育人，努力开创我国高等教育事业发展新局面。② 这就为新时代我国的高校德育指明了前进方向和奋斗目标。高校德育现代化"全面发展"的目标，不仅仅是要实现德育工作的与时俱进，更要实现人的现代化，进而培养出具有创新精神和全面发展的社会主义建设者和接班人。

其次，高校德育中重理论和轻实践的培养模式。

中华优秀传统文化一直强调身体力行与知行合一。从"君子欲讷于言而敏于行"到"纸上得来终觉浅，绝知此事要躬行"再到"知行合一"的学说，实质上都是在阐述理论与实践相结合的重要意义。传统书院德育的显著特色也是注重道德践履。当代高校德育中理论与实践相结合的教育方式并不广泛，在"知识本位主义"影响下，普遍存在重认知

---

① 金雁：《文化视域中的大学德育——对改革开放以来大学德育的一种反思》，《江汉论坛》2008年第10期。
② "中国共产党新闻网"2016年12月9日，http://dangjian.people.com.cn/n1/2016/1209/c117092-28936962.html。

发展、轻实践生成，忽视对学生独立的价值思考和批判能力的培养。有研究指出："当代我国高校德育实践存在的问题主要包括：一是高校德育的实践体系内部缺乏整体效应。德育知性化将教育与德育的一体性割裂开，现代德育走向抽象、虚假的困境而不能自拔；也割裂了德育的内容结构与形式结构，将道德仅视为外在的纲常礼仪与行为规范，进而在学校德育中强调学生对这些规范的模范和操练。二是高校德育实践与外部环境的适应性弱。根据外部环境的变化而适时调整德育相关内容的能力较弱，这也是导致德育实效性低的重要因素。"①

德育过程中的知识传授和理论讲授固然重要，但是最终要引导道德主体将知识和理论落实到实践中去。教师需要"唤醒"学生的德性，用实践教育这个外部动力去激发个体德性实践的内生动力，解决道德修养中的主观动机问题。高校德育的对象是青年大学生，立德树人这一中心环节也是针对青年大学生，所以德育实践的培养模式一定要瞄准这一特殊群体。每一代青年大学生都有其特殊的群体特征、思想意识和价值观念。目前，很多高校在德育实践教育教学中仍把大学生作为单一群体，在制订德育计划、编制德育内容、设计德育形式的时候，没有分层分类，在行动上整齐划一、缺乏创新。尤其是随着"互联网+"时代的到来，高校德育实践的外部环境和内部结构发生着前所未有的改变，创新高校德育实践方法迫在眉睫。

最后，高校德育中师生间交流互动较弱。

由于受自古以来尊师重道观念的影响，教师在道德和知识两方面都具有绝对权威的话语权，这就造成教师认同自身角色对学生的支配权，学生应当遵守自己的道德观念和知识传授，否则就是违逆师威。随着新时代的到来，传统的权威和服从的师生关系已经发生变化，教师和学生之间的教育关系更多地强调民主。由于现代知识更新速度的加快和互联网传播的速度加快，一些教师的知识储备不能完全跟进和满足学生的需要，学生在社会上和网络中接受的一些道德观念使他们开始质疑教师的

---

① 杨金铭：《高校德育现代化研究》，博士学位论文，哈尔滨师范大学，2017年。

知识权威和道德权威。

长期以来，高校校园作为一个特定的教育教学场所与学问研修场域，与外界社会保持着相对疏离的状态，使得高校享有"象牙塔"的称誉。与此同时，高校校园文化显得相对单纯，与社会文化风尚保持一定的距离。然而，随着信息技术的发展，特别是互联网时代的到来，使得各种社会思潮、文化、知识和信息都可以经由社交媒体、网络空间较自由地出入高校场域。高校日益成为多元文化、多元思想、多元信息和知识复杂交织与相互角力的地带。这种变化对高校思想政治工作更是带来了挑战。大学生正是"三观"形成的重要时期，容易受到各种思想的影响和左右。而一些高校思想政治教育工作者在不及时有效掌握互联网先进技术上，不仅不主动去学习，甚至在思想上排斥先进技术，与学生之间的距离越来越远。高校互联网形式的思想政治教育活动中的师生互动程度却没有跟随时代发展，互动性较低。据一份调查结果显示，在高校思想政治教育活动中，学生对传统教学方式的接受度非常低，而对通过互联网平台进行互动教学以及结合课外学习与社会实践活动等多层次全方位互动教学的比重相当高。[1]

二 研究生教育中治学精神的缺失

新时代高校承担着为国家"培养担当民族复兴大任的时代新人"这一光荣使命。人才培养是高等教育的"本"；治学精神是大学精神的"魂"。治学的"治"的含义是"钻研"；治学的"学"，应该包括一切与学术有关的活动，比如教学、学术、学科和学风等。高校的治学精神在研究生教育中有着集中的体现。当前我国研究生教育体制历经不断改革和完善，取得了丰硕成果。但是，研究生教育中仍然存在一些问题，为了更好地提升研究生培养质量，必须深刻反思当前研究生教育中的不足，尤其是当下我国研究生治学精神缺失的问题。

---

[1] 茆荣英：《互联网时代高校思想政治教育对策研究》，硕士学位论文，南京信息工程大学，2018年。

首先，治学缺乏质疑精神。研究生治学不自主主要表现在学习和研究具有盲从性，缺乏质疑辩难的意识。部分研究生一味地被动接受和盲目跟从，不仅盲从教师权威，也不敢质疑导师或其他学者的观点。以文科为例，据有关调查，只有16.7%的研究生怀疑过学术大家的观点和权威，其他的文科研究生基本上都是全盘接受。① 此外，有专项访谈结果显示，由于研究生自身专业知识的欠缺，对专家的观点大多持有吸收状态，所以怀疑权威观点的主动意向较差。且尽管有些研究生对专家的学术观点产生过质疑，但其质疑行为频率很低。② 这种现象与传统教育强调"师道尊严"和当代应试教育的负面影响密切相关。受这些因素的影响，教师与学生在教学活动中仍然是以"支配与被支配"的关系为主，课堂上没有形成真正平等对话的氛围，导致研究生严重缺乏质疑精神和问题意识。在应试教育中成长的学生在进入研究生阶段后，难以适应自主探究的学习方式，缺乏独立思考和质疑的态度。

其次，治学缺少学术理想。相当数量研究生认为读研的主要目的是为就业做准备，极少有学生是因为真正热爱做学问、怀抱崇高的治学理想。调查发现，研究生的入学动机中，想做学问的占17.8%，缓解本科就业压力的占33.2%。③ 某些研究生在学术研究目标上呈现虚泛化的趋势，做研究不是为了求真，而是为了完成任务；对所在学科领域中的学术前沿追踪研究的热情和参与论辩的激情不是很高。研究生治学不专心主要是受一些消极社会影响和自我价值认识不清导致，不愿意扎扎实实地做学问，也不想深入研究学术问题或社会现实问题。

最后，治学眼界较为狭窄。部分研究生在学习期间不仅不主动与自己导师和同门探讨沟通，而且较少与其他师友交流切磋。有调查显示，研究生在学习和研究过程中能向自己的导师和同门请教的比例分别为

---

① 潘庆：《文科研究生科研问题意识欠缺的归因与对策》，硕士学位论文，西南大学，2007年。
② 张文燕：《研究生科研问题意识的现状及对策研究》，硕士学位论文，西南大学，2016年。
③ 孙丽、崔建芳、郝永贞等：《研究生生存发展问题系列调查之二——研究生学业：学术理想与现实的对接》，《教育与职业》2007年第22期。

40.2%和43.3%,均不及研究生总数的一半,向其他老师请教的占5.9%,认为无处请教的占6.1%。① 部分研究生缺乏学术交流,仅限于本校本专业组织的学术报告和讲座等活动,没有充分利用校内外各种学术资源。同时,一些研究生没有充分利用节假日进行调研实践增长见识。此外,高校内部的学科壁垒以及高校之间的"门户之见",限制了研究生的学术视野,不利于研究生学术研究的创新和突破。

三 高校教学方法的陈旧

19世纪,由威廉·洪堡组建的柏林大学从新人文主义思想出发,建构了"教学自由"与"学习自由"的理念。柏林大学坚持的理念是"大学是由参与真理追求的师生组成的学者共同体",学校争取到在宪法和法规之下"教授治校"和师生"学术自由"的权利。② 这种自由的教育理念也为我国近代高等教育所借鉴。然而,在教与学"自由"的背后,需要不断努力改进教学方法来促进学生的自主学习。

在教学方法改革的问题上,当代高校的表现不尽如人意。虽然高等教育的新理论和新成果不断涌现,但是传授新成果的教学方法却停滞不前。不少教师墨守成规,无视"互联网+"时代所带来的各种挑战及其所引发的种种需要。有调查表明,当代大学生对教学的感受包括:对于课堂教学"意见较多"甚至"不满"两项合计占80.7%;"灌输式"教学方法占据支配地位;课堂气氛沉闷,教学过程单调死板,每堂课都是教师"一讲到底";"目前的教学过分强调灌输知识,学生摆脱不了上课记笔记,下课对笔记,考试背笔记"的状况;有的学生担心"长此下去,一届一届这么教,什么时候是个头"。③

近年来,不少高校工具理性日益膨胀,只注重科研而轻教学,导致科研与教学之间的发展不协调。长此以往,许多从事一线教学的教师积

---

① 孙丽、崔建芳、郝永贞等:《研究生生存发展问题系列调查之二——研究生学业:学术理想与现实的对接》,《教育与职业》2007年第22期。
② 陈洪捷:《什么是洪堡的大学思想》,《中国大学教学》2003年第6期。
③ 郭广生:《培养创新人才呼唤教学方法大变革》,《中国高等教育》2011年第18期。

极性会受到严重挫伤，不愿拿出时间和精力从事教学方法改革。另外，对于教学来说，照本宣科最容易最省事，探索新的教学方法不仅费时费力，而且可能吃力不讨好。教学改革如果改得不好，对教师将会产生很大的负面影响。比如，管理部门可能会责怪教师别出心裁，影响正常的教学；学生可能会对教师的能力和水平提出质疑。尤其是教师本人可能会因为进行教学方法改革，而影响搞科研拿项目写论文，进而影响其职称晋升。因此，一些教师干脆忽视或回避教学方法改革。

教学方法除了"教法"，还包括"学法"。传统书院教育教学的精髓就是把教学的重心放在"学法"上。例如，传统书院普遍实施的"朱子读书法"主要是"学"的原则，强调学生刻苦钻研、自修自学。真正意义上的教学不是把知识满堂灌输给学生，而是教给学生探究知识的门径、方法，教会学生"学会学习"。

四 高校师生关系的异化

教育场域中最重要的人际关系是教师和学生之间的关系。师生关系融洽与否直接关系到教育效果的好坏。毫无疑问，高等教育的核心和关键要素之一即为师生关系。

师生关系的实质是教师和学生的交往关系。近年来，关于高校师生交往关系类型的研究日渐成为关注的焦点。多数课题组采用调查研究的方法，分析总结当代高校师生关系的类型。有研究采取纵向分析、依照历史的发展脉络来概括时代特征，例如，将师生关系分为"父子式"师生关系、"君臣式"的师生关系、"工匠式"的师生关系、"主客式"的师生关系。[1] 有研究综合了时间与空间，属于横向与纵向的综合归纳，例如，将当今实践的师生关系概括为"神圣型师生关系""权威型师生关系""平等型师生关系""服务型师生关系"。[2] 有研究者用"差异性""利益化""冷漠化"和"复杂化"等词语来形容当前的高校

---

[1] 康伟：《师生主体间性理论与实践研究》，博士学位论文，陕西师范大学，2007年。
[2] 万作芳、任海宾：《师生关系的四种类型：基于教育历史和实践的概括》，《教育理论与实践》2011年第8期。

第七章 中国传统书院教育的当代价值

师生关系的特点。[①] 还有研究者开展"高校师生关系问卷调查",并结合对教师和学生两个群体于2017年对上海、山东、江苏等地18所普通本科院校3000余名本科学生进行长期考察,发现总体上本科院校的师生关系是和谐同向、共融发展的,但也发现一些不容乐观的现实问题,师生之间传统的"亦师亦友"的"从游"关系发生了"变异",出现了功利化倾向,具体表现可以阐释为物质化、工具化、平淡化三方面。[②] 受传统社会专制主义和儒家教化观念的影响,传统社会的师生关系主要是"权威—依附"型的关系,其模式是单一对象化的"主体—客体"的两极化模式。

当代高校师生关系的主流是民主与和谐。但是,确实存在以上调查研究中提及的"变异"现象。随着高等教育规模的不断扩大和新媒体的发展,高校师生关系在互联网平台下也发生了一些变化,主要表现在以下两个方面。

首先,高校的生师比持续升高,由此导致教师对学生的关注度显著下降,师生关系陌生、冷漠的现象层出不穷,师生关系状况呈现日益疏离的态势。大学城和多校区办学,造成教师"有课才来、下课即走"现象,高校师生之间的交流互动大多仅局限于课堂之中。师生间关怀缺失,感情逐渐淡漠。

其次,高校普遍存在的"重科研、轻教学"的评价体系导向迫使教师把主要甚至全部精力投向与其发展紧密相关的科研工作上,很难也很少愿意投入时间和精力到师生沟通中,师生之间无形中形成了难以逾越的"鸿沟"。近年来,我国高校中出现的关于师生关系的热点事件之一即研究生对导师的称谓带有直观性评价,不再尊敬地称呼自己的导师为"老师",而改口为"老板"。由"师徒关系"转变为"雇佣关系",反映了我国某些部分院校的师生关系发生了微妙变化,这种变化带给我们对于教师重科研而轻教学的倾向性的反思。[③]

---

① 贺撒文:《当前高校师生关系特点及其启示》,《咸宁学院学报》2009年第12期。
② 陆林召:《高校师生关系功利化倾向及其矫正》,《国家教育行政学院学报》2017年第8期。
③ 林茜:《论互联网平台下高校新型师生关系的建构》,硕士学位论文,江西农业大学,2016年。

最后，互联网时代下，网络媒介对师生关系产生了宏观和微观的影响。有研究者指出："在信息时代，网络教育不仅仅是教育手段的革新，促使师生关系的后现代转型，还引致对于教师和学生身份的后现代认同。网络教育减弱了师生关系中的在场性，促使虚拟的师生身份关系的形成。网络对于师生关系的影响具有两面性：一方面，弱化了现代教育中师生关系的稳固性，疏远了师生之间的距离；另一方面，强化了师生关系的灵活性，降低了师生交往的心理负担。"[1] 师生关系稳定性的弱化，使得师生之间的感情交流越来越少，亲其师而信其道的教育效果不理想。

五 高校校园规划的困顿

校园规划是一门具有自身规律的科学，是介于城市规划与整体建筑设计之间的综合学科。中外著名高校都有独特的校园规划和优美的校园环境，尤其是整体规划和单体建筑所体现出的校园文化特色。我国高等教育自近代起步，大多数著名高校都是在传统书院的基础上改制而来，校园规划体现着传统书院的环境意蕴。但是，改革开放以来，随着高等教育规模的不断扩大，高校新校区的建设，尤其是"大学城"现象的出现，造成了诸多规划方案不甚成熟的情况。主要体现为以下三个方面。

首先，缺乏顶层设计和整体规划。一些高校完全从实用主义出发，缺乏顶层设计，无法建立一种可持续发展的规划理念，导致重复建设和反复建设。还有一些高校的新校区建设缺乏整体规划，使得新校区出现两极分化格局：一是就单个建筑而言，体现出别有特色的设计理念，成为校园里一道亮丽的风景线。然而，就整体规划而言，无法形成浑然一体的感受，容易让人产生杂乱无章的感觉。二是为了达到整齐划一，忽视了单体建筑的风格，导致学校成了一个"工厂"和"兵营"，失去了大学应有的文化底蕴和精神风貌。

其次，缺乏资源保护和生态理念。一些学校过分重视校园的开发和利用，不注重对学校自然资源的保护，为了能够多建几栋大楼就挤绿地

---

[1] 程建军：《网络教育与后现代身份认同》，《江海学刊》2009年第4期。

建大楼,缺少与校园建筑相匹配的自然景观,导致自然资源的浪费。另外,一些学校为博人眼球,不惜重金追求校园规划建筑的外表风格,缺乏对低碳环保的深层思考,造成资源浪费,增加了校园建设的经济成本。

最后,缺乏大学精神和校园文化。大学并非大楼的堆积,它需要大师和灵魂。"高校物质文化是高校校园文化的外在标志与物质载体。而高校的精神文化则是高校校园文化的精髓与核心。"[1] 对于大学新校区建设而言,硬件固然重要,但大学精神和文化底蕴才是真正的核心。每一所高校都应有值得记忆的历史,有区别于其他高校的气质与风骨,因此,学校应当注重大学精神和文化内涵在规划中的体现,在潜移默化中锤炼学生的价值情怀和内在秉性。然而,新校区建设往往只注重硬件设施,忽视了文化底蕴和人文气息的规划,既没有体现出大学的文化传承性,也没有展现出它的内在品质,导致校园建设呈现出千篇一律的格局。此外,一些新建应用型本科院校的校园建设只停留在视觉化层面,对校园绿化、楼宇建筑、道路设计等可见的硬件设施不遗余力,追求阔气奢华的表面形式,诸如"豪华校门""豪华图书馆""豪华办公楼""豪华体育场馆"等屡屡见诸报端,然而,对学校长远发展目标、办学理念、核心价值、校风学风等"看不见"的软件设施却不够重视。缺乏历史底蕴和文化气息,具有浓厚现代感和商业化的校园建设,剥离了校园环境对师生的人文关怀,致使校园文化发挥的引导作用有限。

六 高校校园文化的匮乏

文化是教育的根源,也是大学的灵魂。有学者指出:"在一定意义上说,大学即文化,大学的教育教学过程,实质上是一个有目的、有计划的文化过程,所谓教书育人、管理育人、服务育人、环境育人说到底是文化育人,大学的传统、精神、校训、章程及校风等说到底都指向文化,文化是一个大学赖以生存、发展的根基和血脉,也是大学间相互区别的

---

[1] 马来焕:《校园文化价值取向》,北京理工大学出版社2012年版,第186页。

重要标志和特征。"① 高校校园文化是一个体系复杂的文化组织,主要包含物质、精神、制度和行为四种文化。四种文化互相关联,互为辅助,不能被简单割离。从其内部构成分层视角分析,精神文化内容处于较深层次,而制度文化内容则处在中介层,物质文化和行为文化两部分文化则处在表层。同时,四种文化还经由学校的办学宗旨、教育理念、培养目标以及硬件设施等诸多要素表现出来。

高校校园文化是硬实力和软实力的共同体现。高品位的校园文化可以净化人的心灵、升华人的品格、陶冶人的情操,对大学师生的道德人格、伦理规范、思维方式和行为举止都会产生潜移默化、熏陶感染的作用。当代高校校园文化建设尤其是在文化育人方面取得了长足发展,但是也存在一些不足。有些高校忽略了高校的精神文化建设,片面追求物质文化最大化。有些高校将校园文化建设的重点停留在校园环境美化,追求视觉化效果,认为在校园中多修建名人雕像,多展示专家题词就等同于精神文化建设,缺乏对校园精神的构建与弘扬。有些高校在校园文化建设中缺乏特色,没有考虑自身办学特点及文化理念的独特之处,造成校园建筑的大同小异。还有一些高校缺乏仪式感的文化符号,甚至校训、校歌都趋于雷同,例如,"博闻""创新""求实""团结"等词汇在高校的校训中随处可见,缺乏鲜明的符号化和个性化特征。

除了上述不足,总体来看,高校校园文化建设过程缺少长效性与连贯性,多数高校没有将校园文化建设放在高校顶层设计和整体发展层面上进行有效部署,没有形成高校师生共同参与校园文化的建设形态,同时缺乏相关机构的统一部署和整体协调。正如有学者指出:"在校园文化建设相关内容的管理和实施过程中存在宣传部门、保卫部门、后勤部门和各群团部门分而治之的现象,管理上比较混乱,实施过程缺乏有序性和有效性。"②

---

① 王冀生:《大学之道》,高等教育出版社 2005 年版,第 92 页。
② 张岱年:《中国文化概论》,北京师范大学出版社 1994 年版,第 115 页。

第二节　中国传统书院教育的当代价值与启示

在千余年的发展过程中，传统书院形成的独特文化符合教学育人规律，具有重要的现实意义。进入新时代，弘扬传统书院优秀文化，既可以引领人们的思想、规范人们的行为，又可以促进文化自觉和文化自信。中国传统书院教育中蕴含着丰富的教育智慧，可为当代教育提供启示和借鉴，我们将其总结为以下六个方面。

一　传统书院的道德首位教育及启示

谈及传统书院教育理念的时候，我们在第二章已经强调，作为儒家思想的传承基地，书院尤为重视生徒个体道德品质的培养，并把道德教育作为书院教学的首位和核心。书院将德育摆在教育活动的首要位置和中心环节，对道德教育的高度重视和完备的德育体制成为我国传统书院文化的重要特色。[1]

"尊德行而道问学"充分体现了书院的教学理念。朱熹十分注重对学生的人格教育，《白鹿洞书院揭示》中就明确规定："言忠信，行笃敬，惩忿窒欲，迁善改过；己所不欲，勿施于人。"[2] 朱熹本人更是谦逊温和，以人格魅力感染着学生。经过胡宏、张栻、朱熹等书院大师的推崇倡导和阐发实施，"育德为先"成为历代书院教育家共同遵循的基本原则。传统书院以"明伦传道"为根本宗旨，无论对于山长和教师的选聘，还是学规制度、教学管理、环境建设等，都以道德教育为首，以生徒的个体德性培育为指归。书院教育家们把"以德育人"视为书院教育的灵魂，严格按照儒家的道德理想模式来设计书院的人才培养模式。很多书院将道德教育渗透到教育教学活动的每一个环节，注重因材施教，培养生徒的个体德性，并且将书院德育实施方法体现在书院章程和学规

---

[1] 张晓婧：《清代安徽书研究》，博士学位论文，安徽师范大学，2014年。
[2] （宋）朱熹：《晦庵先生朱文公文集》卷74《白鹿洞书院揭示》，朱杰人等主编《朱子全书》（修订本）第24册，上海古籍出版社、安徽教育出版社2010年版，第3586页。

上，注重德育培养的实践性。传统书院德育中形成的爱国教育传统、德育教学方法、德育环境构建以及德育评价机制都具有可资借鉴的当代价值。

除了强调坚持"德育为先"的教育理念和健全约束制度，当代高校德育建设尤其需要重视实践因素在学生德性培育过程中的重要作用。高校对学生的道德教育不能异化为知性德育，过多地强调道德知识的传授和道德理论的灌输。正如鲁洁所言："将道德教育推上唯知识化的道路，把道德知识的获得作为道德教育的唯一的追求，将活生生的实践、经验排除在教育之外。同时，又将道德知识进行普遍化的打造，使之走向抽象化、概念化，道德知识也因此完全失却了它对于道德生活的直接指导能力，面对现实的道德现象和问题，它也就不拥有发言权。"① 明代书院大儒王阳明在书院教育中始终强调"知行统一"，强调道德教育的知识与实践的统一，他强调"知之真切笃实处，便是行；行之明觉精察处，便是知。若知时，其心不能真切笃实，则其知便不能明觉精察；不是知之时只要明觉精察，更不要真切笃实也。行之时，其心不能明觉精察，则其行便不能真切笃实；不是行之时只要真切笃实，更不要明觉精察也"②。以传统书院道德践履中的仪式教育为例，中国传统书院仪式价值追求的核心即是对道德的追求。书院举行的各种类型的仪式活动，无论是祭祀仪式、讲会仪式还是日常生活仪式，均是为了营造一种环境和氛围，潜移默化地改变学生的道德品质。

高校德育的最终目标就是让人获得道德尊严和道德价值感，不仅要完善人的人格，还要确立人的理想信念，只有如此才能保证完成自己特殊而神圣的使命。从这个角度而言，高校仪式活动要将仪式与信仰紧密联系，在仪式活动中不仅设置有外在的程式化活动，同时要注重内在的教育理念和教育宗旨。尤其是在仪式活动的宣传、实施和总结等环节中，

---

① 鲁洁：《边缘化、外在化、知识化——道德教育的现代综合症》，《教育研究》2005年第12期。

② （明）王守仁：《文录三·答友人问》，《王阳明全集》（卷六），上海古籍出版社1992年版，第210页。

要促进德育内容的充分展现,通过营造特定的情境和引发学生的自我认同,最终演化为学生的自我约束和自我要求,实现对于个体和群体的德育示范影响作用。"从思想政治教育的角度来看,仪式是一种以文化为载体,并由文化传统所规定的特有的情境教育与学习方式,它密切结合现实生活,并通过各种要素与场景的作用,将思想政治教育融于个体生活与文化活动之中,从而提供了一个思想政治教育系统的开放性环境。"[1] 传统书院仪式延续与转型的核心,是其发挥的道德教育作用和承载的传统文化价值。开展新形势下高校的仪式活动,将体现高校核心价值观、文化传统及社会主义核心价值观的仪式文化内容融入其中,不断探索多种有效的教育手段,可以让学生在不知不觉中接受道德教育的内容和过程。[2]

此外,书院山长品行的率先垂范同样值得高校研究生教育借鉴。研究生教育中,导师的言传身教对学生的道德培养和人格完善起着潜移默化的作用。导师的学术精神和人格魅力,甚至日常生活的一言一行都在影响和塑造着研究生的品行。传统书院山长和教师们不忘教书育人的本职,是恪守职业操守的典范。研究生导师也同样承担着教书育人的责任。子曰:"其身正,不令而行;其身不正,虽令不从。"[3] 因而,导师个人首先只有修正己身、率先垂范,才能起到榜样作用。当然,光靠导师个人的榜样力量远远不够,高校要加强对研究生的思想道德教育,理论教育与实践相结合,使理论外化为个人行为。一方面,需要研究生自身努力;另一方面,对研究生的品行进行评估。此外,高校应大力开展道德实践活动,比如,组织研究生积极参加公益活动,组建研究生志愿者团队,提升学生的修养品行,培养学生的社会责任感,强化学生的使命担当。

---

[1] 李荣华等:《大学生思想政治教育中的仪式:价值与路径》,《思想理论教育导刊》2011年第2期。

[2] 张晓婧、乔凯:《中国传统书院仪式活动的特点、价值及其当代启示》,《西南民族大学学报》(人文社科版)2016年第7期。

[3] 刘兆伟译注:《论语·子路篇》,人民教育出版社2015年版,第284页。

习近平总书记指出："中国优秀传统文化的丰富哲学思想、人文精神、教化思想、道德理念等，可以为人们认识和改造世界提供有益启迪，可以为治国理政提供有益启示，也可以为道德建设提供有益启发。"[1] 尽管书院德育的传统与当代高等教育的德育受所处时代之社会形态、文化背景、教育需求不同的影响，但是传统书院和当代学校都是一种教育组织形式，二者具有较强的互通性。[2] 简言之，书院的精神文化是知识追求与价值关怀的完美统一。如今，与社会现代化和大学世俗化相随，大学本应有的风骨精神日渐远去，表现在人文精神失落、功利趋向严重和批判精神缺乏等方面。因此，新时代高校可以借鉴传统书院的精神文化，坚守德育为先的理念，切实从思想上和实践中将德育放在极端重要的位置，在注重知识的同时追求学生人格的完善。

二 传统书院的学术自由精神及启示

书院教育缘起于补官学之流弊，所以自建立之初就具有学术自由和质疑辩难的传统。书院倡导不同学派的交流，提倡百家争鸣；教师自由讲学、研究；各派山长开放教学，学生可以自由择师。书院和新儒学的结合不仅使新儒学获得发展的依托，而且也使书院获得了新的发展空间，书院因之转型为新儒学的研究和传播基地，创新和传播学术是书院作为中国古代大学的最典型标志之一。[3] 北宋的程朱新儒学、明代的王湛心学、清代的乾嘉汉学，这些学术学派的形成与发展都与书院息息相关，或者是以书院为研究基地，或者是以书院为传播基地，或者二者兼而有之。书院的学术自由精神是以书院宽松的办学环境为基础的，学术大师云集书院讲学为推动力，师生相互答疑问难、相互激荡获得新的观点、思想而形成的。

---

[1] 习近平：《在孔子诞辰2565周年国际学术研讨会暨国际儒学联合会第五届会员大会开幕式上的讲话》，人民出版社2014年版，第13页。

[2] 张晓婧：《中国传统书院文化对现代高等教育的启示》，《江苏高教》2016年第1期。

[3] 朱汉民：《书院精神与书院制度的统一——古代书院对中国现代大学建设的启示》，《大学教育科学》2011年第4期。

第七章　中国传统书院教育的当代价值

　　传统书院教育中学术自由精神之体现主要是通过"讲会"这一形式实现。讲会制度由书院孕育，又与书院发展融为一体。作为一种制度，讲会的内涵具有双重性：从组织形式上看，它是一种学术团体；从活动方式上看，它是一种以学术论辩为特色的会讲活动。在书院讲会中，各家思想在这里碰撞、交流，有利于思想和教学水平的提升，学术思想和观点也扩大了传播范围。这充分反映了书院兼收并蓄与百家争鸣的学术氛围。著名的讲会有关中书院讲会、惜阴书院讲会、徽州紫阳书院讲会、东林书院讲会、姚江书院讲会等。[①] 讲会中的讲学也是自由讲学。明清两朝将程朱理学奉为儒学正宗，但是，在朱子故乡，我们也可以发现书院的讲坛上不仅仅传播朱子学说。与朱熹学术观点相对立的王阳明学派也被邀请至徽州各大书院举办规模盛大的讲会，每会会期十天，听众有时多达千余人。正是这种宽松的学术环境，使得当时的徽州人的思想特别活跃。[②] 这也是明清以来，徽州学术大师频出的一个因素。此外，书院讲会受众的来源也较为广泛，最后发展的路线是平民化和大众化。如万历年间耿橘在《虞山书院会簿引》中就规定："虞山会讲，来者不拒。人皆可以为尧舜，何论其类哉！"[③] 书院讲会不限制学术派别和学识层次，鼓励不同学派之间交流和争辩，彰显了学术自由的精神。来者不拒和自由讲学拓宽了学者们的眼界，并且使书院的学术讨论扩展至社会各界，树立起书院的社会形象，扩大了书院的社会影响力。质疑辩难是书院学术自由精神的另一主要体现。质疑就是善于思考，不唯书，不唯圣贤。书院教师一般都是把指导学生如何读书、如何治学作为教学的重要任务，鼓励学生思考辩难，独立钻研。朱熹就告诫学生说："读书无疑者，须教有疑，有疑者却要无疑，到这里方是长进。"[④] 清代一些书院还将读书与质疑的情况进行考核管理，如芜湖中江书院发给学生每人一本日记簿，记录每日行事和读书情况，其中读书心得和疑问都要及时记录，

[①] 张晓婧：《中国传统书院文化对现代高等教育的启示》，《江苏高教》2016 年第 1 期。
[②] 张晓婧：《清代安徽书院研究》，博士学位论文，安徽师范大学，2014 年。
[③] （明）张鼐：《虞山书院志》卷 7《会簿引》，万历刻本。
[④] （宋）黎靖德：《朱子语类》卷 11，中华书局 1986 年版。

并且呈山长批改。①

清华大学校长梅贻琦先生说:"今日中国之大学教育,溯其源流,实自西洋移植而来,顾制度为一事,而精神又为一事。"② 传统书院倡导的学术自由和思考质疑的独立精神对当代高等教育尤其是研究生教育具有借鉴和启迪作用,主要表现在以下两个方面。

第一,坚持学术自由,鼓励学术交流。

研究生阶段主要是培养学术人才,而创造学术的基础是倡导学术自由。学术自由是学术特质的内在要求和逻辑必然,也是大学的核心理念。目前,关于学术自由概念的界定众说纷纭。但是无论有多少差异,有关学术自由的概念都主张,高深知识的探究活动,必须在一个自由自在的、不受任何外界干扰的环境中进行,否则,真理的探究不可能有真正的创造。③ 蔡元培在《北京大学月刊》发刊词中写道"所谓大学者,'囊括大典,网罗众家'之学府也"④,强调大学应当是各学派专家及其学说交流的学府。陈寅恪坚持学术研究中最关键的是要有独立的精神以及自由的思想,他认为"独立精神以及自由意志是必须争的,且须以生死力争"⑤。蔡元培开创的北大精神与陈寅恪燃起的清华薪火,最后都汇聚为中国现代学术自由之精神。

学术权威在当前研究生导师队伍中不是少数,但学术权威与一般学者之间、导师与研究生之间,应该平等探讨、坦诚交流。研究生教育只有在"百家争鸣,兼容并包"的学术精神和独立自由的学术氛围中才能实现学术繁荣。同时,鼓励研究生积极参加学术交流会议,积极主办学术交流沙龙。故步自封只能带来思想的僵化,不同学派的交流才能碰撞出不同的思想火花,才能产生新观点、发现新问题,才能照亮学术前进的道路。

---

① (清)袁昶:《中江讲院现设经谊、治事两斋章程》,光绪渐西村舍汇刊本。
② 梅贻琦:《大学一解》,《清华学报》1941年第1期。
③ 谢俊:《大学的学术自由及其限度》,重庆大学出版社2012年版,第19页。
④ 蔡元培:《北京大学月刊》发刊词,1918年11月10日。
⑤ 陈寅恪:《在对科学院的答复》,转引自包伟民编选《历史学基础文献选读》,浙江大学出版社2007年版,第2页。

第二，培养质疑论辩精神，强化独立研究能力。

研究生要具备的不仅仅是单纯的理论知识，更要具备开拓创新的思维和批判质疑的能力。这一点在当今研究生教育中往往是欠缺的。研究生教育应当在相同领域的不同派别以及某一领域的交叉学科内建立互相交流的渠道并加以制度化和常规化，积极开展学术活动，充分发扬学术民主，鼓励师生平等地辩论争鸣。

当代社会是信息社会，学术交流与争鸣显得十分迫切和重要，闭门造车很难得出研究成果。堪称传统书院教学经典的《朱子语类》大都是朱熹在书院教学过程中与弟子质疑问难的实录。因此，培养研究生质疑论辩的精神尤为重要，对知识不仅要知其然，而且要知其所以然。学术上的许多创新和突破无一不是从大胆的怀疑和设想开始的。虚心为学，博采众长，大胆质疑，勇于批判，是每一个研究生必备的治学态度。研究生在质疑辩难和学术交流中，可以拓宽视野，开通思路，活跃思想，受到别人的启发而产生新思想、新观点，同时也可以发现自己的局限与不足。导师应带领研究生快速把握科研前沿，掌握学术动态，鼓励研究生撰写相关论文、参加有关学术会议，尤其是全国性和国际性的会议。此外，研究生也不应囿于所谓的门户和门派之说而排斥他人之见。这样一方面可兼收并蓄各派各家的学术观点；另一方面又可取长补短、发展自己。

此外，还需要重视和培养研究生独立从事科研的能力。导师应把研究生引领到学科发展前沿，指导研究生选好研究方向和论文课题，支持研究生大胆开拓、勇于创新。导师要关注研究生研究的进展情况，经常与之交换意见，给予指导、启发，使之独立完成科研任务，写出较高水平的论文。导师要以自己的治学经验指导研究生掌握治学方法。因此，在科研领域，导师必须在方法上给予及时指导，以避免研究生走弯路，做到事半功倍，以使之尽快成才。

三 传统书院的自主培养模式及启示

传统书院的自主培养模式主要体现在两方面：一是给予学生学习的

自主性；二是给予教师研究的自主性。

第一，书院教学注重学生自修和自动研究。

朱熹对学生强调："为学勿责无人为自家剖析出来，须是自家去里面讲究做工夫。"① 胡适先生谈及"书院精神"三个方面时，尤其强调"书院之真正精神唯自修与研究，书院里的学生，无一不有自由研究的态度，虽旧有山长，不过为学问上之顾问"。② 虽然以学生自修为主，但前提是教师先给予学生指导意见，列出参考读本，传授阅读方法，然后让学生根据进度计划诵读书籍，反复琢磨，直到获得书中真意，进而将书中的教条运用到实践之中。书院里，往往是一位大师带一大群弟子。大师讲学也不是逐字逐句地讲经，而是就某一个论点进行阐述，是指点性、纲领性的。③ 章太炎曾批判官学的教学方式："专重耳学，遗弃眼学，过求速悟，不讲虚心切己体察穷究，学生才性不一，教师只管大班讲授，而非因材施教，实为糟蹋人才。"④ 而在书院中，教师因材施教、循循善诱，学生相互讨论、质疑辩难。此外，书院有丰富的藏书，还配有相应的图书管理制度，为学生自由读书和独立钻研提供了基本条件。⑤

第二，书院教师的教学具有自主性。

书院大师都是其学派学说的积极研究者，又将其学术研究融入书院的授课育人之中。正如书院研究者所云："真正的学问研究所，却在书院。求道问学，非书院不可。书院是孕育新的学术思想，产生新学派的孵化器。"⑥ 学术研究是书院教育教学的基础，而书院的教育教学又是学术研究成果得以传播和进一步发展的必要条件。书院的学术研究最终落脚点还是服务于人才培养。书院教师的教学内容正是他们的学术研究成

---

① （宋）黎靖德编：《朱子语类》卷8《学二·总论为学之方》，朱杰人等编《朱子全书》第14册，上海古籍出版社、安徽教育出版社2002年版，第284页。
② 胡适：《书院志史略》，《北京大学日刊》，1923年12月24日。
③ 张晓婧：《清代安徽书院研究》，博士学位论文，安徽师范大学，2014年。
④ 陈平原：《中国现代学术之建立——以章太炎、胡适之为中心》，北京大学出版社2010年版，第85—86页。
⑤ 张晓婧：《清代安徽书院研究》，博士学位论文，安徽师范大学，2014年。
⑥ 胡适：《书院志史略》，《北京大学日刊》，1923年12月24日。

果，而这些成果也通过讲学才得以成熟完善。因此，在教师方面，做到了把教学和研究密切结合起来。对于书院生徒而言，在接受基础知识的同时，又能及时了解老师的学术见解，摸索到治学的门径，从而很快地走上研究的道路。正因为将学术研究和人才培养相结合，书院教育同时也承担起学术传承和传播的功能。[1]

现代高等教育能够给予学生的最重要的是独立的精神和气质，然而在高等教育高度专业化的育人模式下，我国现代高等教育仍无法摆脱以德国教育家赫尔巴特所主张的"教师中心论"的影响。学生接受高度同质化的管理模式，很少有自主选择的机会，其内在的需要及个体差异得不到应有的重视，个性难以得到发展，更谈不上创新精神和创新能力的培养。要解决上述问题，亟须探索一种新型的从学生需要出发、尊重学生个体差异、让学生主动参与的教育教学模式。此外，教师的科研能力提升对于教育教学水平也具有很大的影响作用。高校教师应该增强学术研究意识，通过科学研究提高教育教学质量，进而促进学生的发展。

四 传统书院的师生"共同体"关系及启示

书院中的师生朝夕相处、切磋砥砺，教师和学生之间的感情也十分深厚，形成了"共同体"的亲密关系。书院师生之间的情深谊厚来源于在学术研究和学院管理中师生之间能够平等地讨论交流、质疑问难。而且传统书院大多将科举应试与学术研究统一起来，努力培养生徒的道德品行和综合素质，并非一味地追逐科举之利。朱熹曾抨击过宋代官学中师生的冷漠疏远关系，他分析根源在于官学实为科举附庸，"但为声利之场"，未有"德行道艺之实"，故而师生相视也漠然形同路人。[2]

虽然官学化和科举化给书院的发展确实带来了制约和阻碍，导致书院中出现"其所日夕呫哔者，无过时文帖括，然率贪微末之膏火，甚至

---

[1] 张晓婧：《中国传统书院文化对现代高等教育的启示》，《江苏高教》2016年第1期。
[2] （宋）朱熹：《晦庵先生朱文公文集》卷69《学校贡举私议》，朱杰人等主编《朱子全书》（修订本）第23册，上海古籍出版社、安徽教育出版社2010年版，第3360页。

有头垂白而不肯去者"①的"职业学生"现象。但是，这种现象在绝大多数书院中还是少见。也正是因为科举考试有其弊端，导致不能培养真正有用的人才和品德高尚之士，书院便承担了"广学校之不及"的责任，发挥了"人才培养"的功能。所以，传统书院中虽不能给学生授予什么"功名""出身"，而师生之间就学问相互切磋、平等互动，却是形成了诲人不倦、融洽和谐的超功利的师生关系。② 书院中情谊深笃的师生关系为我们留传下不少佳话，例如，朴学大师凌廷堪去世后，其学生张其锦闻君殁，"徒步至歙，访君遗书，不得。又北走海州，于败簏中，捃拾残稿，假居僧寺，辑录以归"③。学生们不仅不负师承，而且将老师的学术研究整理发扬，成为学术上尊师的范例，同时也反映出师生间浓厚的情谊。为了最大限度地保证师生共处的时间，大部分书院明确要求山长"必请住院"，不得"遥领"书院讲席。山长们与生徒朝夕相处，以一己的处世态度、博学远识、行为方式直接影响着一地书院乃至特定地区的学风和士风。

　　梁启超先生在对比传统教育基础上总结近世教育的弊端，他认为："其学业之相授受，若以市道交也……上课下课，多变成整套的机械作用……师生之间除了堂上听讲外，绝少接谈的机会。"④ 这种教育近代化伊始出现的弊端，随着高等教育的扩招和工具理性主义的兴起，越来越严重。很多高校中的师生关系日益淡化和疏远，老师不能及时了解学生思想变化和个性需求，无法像传统书院的老师那样在日常生活学习的潜移默化中完成对学生的人格教育，无法有针对性地对学生进行思想教育。高校教师作为教育者，其自身的品德修养、人文精神和科研水平会在社会责任感、处世精神和科研态度等方面对学生的人生观和价值观产生潜移默化的影响。因此，书院大师们的高尚品德情操、行为处事风格和培

---

① （清）刘锦藻：《清续文献通考》卷100《学校考七·书院》，民国景十通本。
② 张晓婧：《中国传统书院文化对现代高等教育的启示》，《江苏高教》2016年第1期。
③ 许承尧、李明回等点校：《歙事闲谭》卷10《补录凌仲子事》，黄山书社2014年版，第315页。
④ 梁启超：《自由讲座之教育》，《饮冰室合集文集之三十六》，中华书局1989年版，第37页。

第七章　中国传统书院教育的当代价值

养学生的教育方法，对当代高校教师具有非常重要的借鉴意义。

五　传统书院的环境建设及启示

校园环境建设是校园文化建设的重要组成部分。传统书院是中国古代的大学，在近代改制之后直接演变为今天很多高校的前身。因此，无论从历史渊源和还是文化传承来说，书院环境建设对当代高校校园文化建设都具有诸多启示意义。从传统书院环境的建设中，我们可以发现，其包含的教育环境思想主要体现为三方面：一是书院选址与体验感悟的治学精神；二是书院建筑布局与传道授业的理想追求；三是书院景观与修身济世的远大志向。

陶行知先生曾提出过大学选址的"五项标准"，即"一要雄壮，可以令人兴奋；二要美丽，可以令人欣赏；三要阔大，可以使人胸襟开拓，度量宽宏；四要富于历史，使人常能领略数千百年以来之文物，以启发他们光大国粹的心思；五要便于交通，使人常接触外界之思潮，以引起他们自新不已的精神。"[1] 由此可见，高校选址对校园建设的重要性。校址的选择要尽量兼顾自然景观与人文精神，同时学校需要努力营造浓郁的建筑文化氛围。从书院选址的视角而言，最终目的都是为了让选址最大限度地满足其育人和讲学的需求，体现独有的"书院精神"。[2] 虽然到明代，随着城市商品经济的发展，书院日益官学化，影响到书院的选址，出现由山林逐渐向城镇靠拢的趋势。由于城镇环境和用地的限制，设于城内的书院喧嚣嘈杂，书院大多采取"半依城市半依郊"的折中方式来营造，坚守着"天人合一"的同构性。[3] 有学者在研究当代高校选址时，也强调"重视场所精神对大学精神的呼应"，认为"居于名山大川的古代书院以亲近山水来表达自己'学达性天'的精神理想"[4]。近代高校选

---

[1] 陶行知：《陶行知全集》（第8卷），四川教育出版社1991年版，第4页。
[2] 张晓婧：《中国传统书院环境的教育意蕴及对当代高校校园文化的启示》，《江苏高教》2018年第5期。
[3] 同上。
[4] 张凯：《大学选址可以史为镜》，《光明日报》2017年2月28日13版。

址有许多典范，例如，武汉大学选址于东湖之滨的珞珈山上，校园与山地林木相依成景，湖光山色相映生辉，被誉为中国最美丽的高校之一。厦门大学和中山大学也是典型的山水校园，依山傍水，形成人与自然交相呼应的校园特色。

建筑具有双层属性，它既是物质财富，又是精神产物。大学校园是学生学习、生活、交流的场所，校园建筑如果只着重于为师生的学习、生活提供便捷的物质基础，那么只能称其为合格，而不能称其为优秀。优秀的大学校园建筑应更着眼于营造一个有助于学生品德养成与气质提升的文化氛围。高校建筑作为师生教与学发生的主要环境，对教与学的影响既涉及学校建筑整体的宏观环境，也涉及学校建筑细部的微观因素。[①] 高校校园主体建筑一般包括主校门、教学主楼、图书馆、实验楼等，它们往往是一个学校文化品位的主要载体和历史传统的象征，因而应当具有比其他建筑更高的审美价值、人文含量和教育功能。尤其是作为高校脸面的"校门"已经成为该学校本身的标志。[②] 应当突出教学楼和图书馆的中心地位，从而使学生意识到学校的主要功能。此外，在各个主体建筑之间，可以用各种景观形式实现彼此的灵活穿插，体现建筑的综合艺术性。[③] 在高校校园景观设计中，多种植一些具有象征意义的植物，尽量给学生创造多个环境幽雅、绿树成荫、富有人文气息的绿色场景。园林景观应该成为当今高校校园建筑环境中重要的、最具活力的组成部分，并且成为育人教育的室外课堂。[④] 例如，武汉大学已经形成了樱园、梅园、枫园和桂园等各具情趣的景观；北大的燕园、清华的清华园等，都是景观和人文结合的典范。

高校校园文化是校园环境中师生共同创造并能促进师生健康发展的文化模式，它直接呈现出一所高校的"大学文化"和"大学精神"。当

[①] 张晓婧：《中国传统书院环境的教育意蕴及对当代高校校园文化的启示》，《江苏高教》2018年第5期。
[②] 同上。
[③] 同上。
[④] 同上。

代高校校园文化建设中,除了强调教书育人、管理育人和服务育人之外,我们可以从我国传统书院环境建设中得到重要的启示和借鉴,即是"环境育人"。人创造环境,环境同时也在影响和造就人。创造和美化环境的过程就是对各种美德潜在客体进行再创造的过程以及对其人文价值进行挖掘和升华的过程。校园美化是一种隐性教育因素,它能对学生的教育起到潜移默化的熏陶和启迪作用。书院和现代大学校园注重建筑环境建设,有其深刻的哲学文化内涵即中国传统哲学文化体现出的人与自然间的辩证关系。校园环境的建设表现出来的不仅是一种学问,而更多的是一种做人的道理一种对"生命"的关怀。因此,高校校园环境建设的目的应该是使它成为承担"大学精神"的载体,更好地促进高校育人功能的实现。

六　传统书院文化的基本维度及启示①

传统书院不仅是教育组织,更是文化机构,历经千余年的发展积淀,形成了博大精深的书院文化。书院文化是中华文化的重要组成部分,也已经成为中华优秀传统文化的象征。传统书院文化中蕴含的文化价值、道德价值、历史价值和世界价值,值得我们深入挖掘,进行创造性转化和创新性发展,从而为新时代文化提供精神的家园。传统书院文化的内涵相当丰富,可以从精神、物质、制度和行为四个层面进行解读,汲取其合理成分,为当代教育改革与发展提供镜鉴和启示。

第一,精神文化层面,传统书院注重价值关怀,有益于对当代德育为先理念的坚守。书院的精神文化主要包括书院的办学宗旨和教育理念。古代书院为"补官学之弊而兴办",在长期的办学过程中,形成了"明道传道""发扬学术"的办学宗旨与"德育为本,修身为要;心忧天下,忠勇报国"的教育理念。书院大儒朱熹曾言:"熹窃观古昔圣贤所以教人为学之意,莫非使之讲明义理,以修其身,然后推以及人,非徒欲其

---

① 有关传统书院文化的基本维度及启示,参见张晓婧《传统书院文化的基本维度及当代价值》,《光明网》2018年11月23日,http://share.gmw.cn/theory/2018-11-23/content_32031575.htm。

务记览、为辞章，以钓声名、取利禄而已也。"① 简言之，书院的精神文化是知识追求与价值关怀的完美统一。如今，与社会现代化和大学世俗化相随，大学应有的精神日渐远去，表现在人文精神失落、功利趋向严重、批判精神缺乏等方面。因此，当前大学可以借鉴传统书院的精神文化，坚守德育为先的理念，切实从思想上将德育放在极端重要的位置，在注重知识的同时追求学生人格的完善。

第二，物质文化层面，传统书院重视环境熏陶，有助于当代大学校园规划的科学。书院的物质文化主要包括书院的选址、建筑、景观等。书院选址体现着体验感悟的治学精神，书院建筑布局体现着传道授业的理想追求，书院景观体现着修身济世的远大志向。与高等教育大众化相适应，学校纷纷建立新校区，出现了诸多弊端，如规划不科学、缺乏生态理念、盲目追求豪华、缺少文化底蕴。因此，传统书院物质文化可以弥补当前大学校园建设的不足。如大学的选址要兼顾自然景观与人文精神，努力营造浓郁的建筑文化氛围；借鉴书院"中轴线"的设计原则，凸显图书馆和教学楼的中心地位，从而使学生意识到自己的主要任务和学校的主要功能；校园景观设计中，多种植梅、兰、竹、菊等具有象征意义的植物，尽量给学生创造环境幽雅和人文情怀兼具的场景。

第三，制度文化层面，传统书院强调规范保障，有利于当代高等教育管理的优化。书院的制度文化主要包括书院的管理架构和制度规范，其特点是管理机构精练化、管理原则民主化和管理方式学规化。书院的管理架构主要是"山长负责制"。山长是书院的灵魂和核心，主持教学、引领学术，德行必须"足为多士模范"。书院生徒参与管理比较普遍，很多职务都由学生担任，"斋长"是其中最主要的职务，从生徒中选择品行端正、学业优秀者担任。学规是为古代书院师生共同遵守的规章制度的通称，一般包括揭示、学则、学约等。在中国书院发展史上最具有代表性的学规是朱熹的《白鹿洞书院揭示》，内容涵盖阅读目的、进德

---

① （宋）朱熹：《晦庵先生朱文公文集》卷74《白鹿洞书院揭示》，朱杰人等主编《朱子全书》（修订本）第24册，上海古籍出版社、安徽教育出版社2010年版，第3586页。

立品、修身养性、阅读技法等方面，语言严肃而不失婉约。书院学规是根据学生的主体需要和内在潜能确定的，有利于激发学生的自觉性和主动性。现代学校的制度文化面临着目的性偏离、人性化不足的困境，规训色彩浓厚，灵活性不够、较为僵化。因此，在高等教育改革与发展中，我们应该注重学生的自我教育、自我管理和自我服务，应该加大高等学校学生手册道德教育方面的内容，采用积极的"劝谕式"话语，制度设计应以师生发展为本，达成刚柔并济的管理。

第四，行为文化层面，传统书院倡扬活动实效，有助益于当代学校教育实践的优化。书院的行为文化主要包括书院的会讲、讲会和游历等活动。讲会指大家聚集在一起，共同探讨，开展学术交流和学术争鸣。讲会参与者不分阶级、不问出身、广纳会友，所有人一律平等交流，学生在自习中产生的问题可以当面向老师请教，能够得到及时解答。南宋乾道三年（1167），理学家朱熹专程从福建崇安来到湖南长沙，访问主教岳麓书院的张栻，开创了中国书院史上不同学派之间会讲的先河，留下了千古佳话——"朱张会讲"。游历，是书院大师提倡的践履活动，教育不能局限于课堂、书本，应该走向民间，走近名山大川。书院山长经常带领生徒"绝其尘香，存其道气"，使生徒"聆清幽之胜，踵明贤之迹，兴尚友之思"，强化其社会责任感。现行高校的学术报告和会议缺乏深入交流，鲜有质疑、辩难；教学活动中师生关系疏离，教师上完课就离校回家，学生很少有请教问题的机会；课堂教学是主渠道，灌输色彩浓厚，教师一直讲、学生被动听。传统书院行为文化的当代启示：一是在教学活动中运用启发式、探究式、问题式等方法；二是在学术交流中真正地直面问题，客观公正地评价，才能达到启迪思想、碰撞火花的作用；三是在师生关系中要平等和谐，形成尊师重道、敬业爱生的氛围。

传统书院文化博大精深、历史悠久，不仅是传统文化的亮丽名片，也要成为时代文化的精神家园。在书院的千年发展史上，她成为中华文化的优秀代表和中华民族的精神圣地。习近平总书记指出："中华优秀传统文化已经成为中华民族的基因，根植在中国人内心，潜移默化影响着中国人的思想方式和行为方式。"① 新时代我国大学文化的构建需要在继承中国传统书院优秀文化的基础之上，对其精华部分加以凝练转化，将其转换为大学文化的有机组成部分，使新时代我国高等教育呈现出明显的"中国气派"，这也是构建新时代中国特色大学文化的必经之途。

中国传统书院教育中蕴藏着教育理念、教育精神、教育环境和教育文化等诸多方面的价值，我们应当对此进行深入挖掘，使其在展示优秀传统文化和教育魅力的同时，为新时代的教育事业所借鉴和使用。

---

① 习近平：《青年要自觉践行社会主义核心价值观——在北京大学师生座谈会上的讲话》，《人民日报》2014年5月5日第1版。

附表 《清代全国新建及修复（重建）书院建置一览》

附表《清代全国新建及修复（重建）书院建置一览》由课题组根据乾隆《大清一统志》、嘉庆《重修一统志》《清史稿》《清朝文献通考》《中国地方志集成》《中国历代书院志》等古籍资料，以及参考前辈学者们的相关研究成果，例如，《中国书院史》（邓洪波，2006）、《明清书院研究》（白新良，2012）等，爬梳统计而成。

顺治朝书院（新建）

省份（数量）	名称	地点	时间	名称	地点	时间	名称	地点	时间
江西（11）	乐育书院	清江		章江书院	新建	顺治十四年	兴贤书院	临川	
	萧江书院	清江	顺治八年	檀溪（琪园）书院	新建		文昌书院	崇仁	
	友教书院	南昌	顺治十一年	西昌书院	新建		锦云书院	安仁	
	宗孔书院	安福		同善书院	安福				
湖北（5）	蕲阳（玉台）书院	蕲水		紫荆书院	武昌		上庸书院	竹山	
	甘棠书院	安陆	顺治十八年	文明书院	应城	顺治十年	仰嵩书院	颍州	
安徽（4）	培原书院	怀宁		泗水书院	泗州	顺治九年			
	敬业（嵋公）书院	绩溪							
浙江（4）	唐公书院	临海	顺治五年	名贤书院	武康	顺治十五年	怀棠书院	淳安	顺治十四年
	义田（月湖）书院	鄞县	顺治八年						
陕西（4）	端泉（丹山）书院	宜川	顺治四年	槐里（槐花）书院	兴平		紫薇书院	邠州	
	五凤书院	渭南	顺治十三年						
江苏（4）	香坛书院	丹徒	顺治三年	梁公书院	崇明	顺治十六年	东壁书院	萧县	
	梅岩书院	昆山							
直隶（4）	蔚罗书院	蔚州		白鹿书院	获鹿		右山书院	衡水	
	南亭书院	南宫	顺治八年						

194

附表 《清代全国新建及修复(重建)书院建置一览》

续表

省份(数量)	名称	地点	时间	名称	地点	时间	名称	地点	时间
湖南(3)	延光书院	澧阳	顺治七年						
	正学书院	息县	顺治十一年	玉兰书院	攸县	顺治十六年	兴文书院	靖州	顺治十七年
河南(2)				志学(东娄)书院	杞县	顺治十六年			
云南(2)	信天书院	昆阳州		育贤书院	顺宁	顺治十七年			
福建(1)	凤山书院	永安	顺治八年						
广东(1)	甘棠书院	英德	顺治十七年						

顺治朝书院(修复、重建)

省份(数量)	名称	地点	时间	名称	地点	时间	名称	地点	时间
江西(12)	白鹭洲书院	庐陵	顺治三年	紫阳书院	南城	顺治四年	阳明书院	德化匡庐	顺治十六年
	白鹿洞书院	星子	顺治四年	濂溪(廉泉)书院	赣县	顺治十年	鹅湖(文宗)书院	铅山	
	芝山书院	鄱阳	顺治九年	沮阳(云住)书院	乐平	顺治十四年	东山书院	余干	
	濂溪书院	九江		经归(云住)书院	都昌		四贤(九贤)书院	奉新	
	紫阳(晦庵)书院	婺源		山合书院	怀宁		还古书院	休宁	顺治十年
安徽(9)	紫阳书院	歙县	顺治七年	陵阳书院	石埭		水西书院	泾县	
	天都(文峰、仙源)书院	太平	顺治八年	紫阳书院	铜陵	顺治九年	同人书院	天长	

195

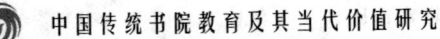

续表

省份（数量）	名称	地点	时间	名称	地点	时间	名称	地点	时间
湖北（7）	大观书院	监利	顺治七年	象山书院	荆门	顺治十五年	碧霞书院	德安	顺治十六年
	叠山书院	阳新	顺治十一年	文昌书院	安陆		江汉书院	武昌	
	摘珠（汉东、烈山）书院	随县	顺治十二年						
湖南（6）	超然（文成）书院	醴陵	顺治十二年	濂溪书院	邵阳	顺治十五年	宗濂（濂溪）书院	永州	顺治十四年
	石鼓（李秀才）书院	衡阳		深柳（文正）书院	安乡	顺治十六年	东莱（莱山）书院	醴陵	顺治十七年
河南（6）	游梁书院	开封	顺治十二年	汝南书院	汝阳	顺治十八年	百泉书院	辉县	顺治十六年
	怀仁书院	河内	顺治十三年	天中（笃志）书院	汝阳	顺治十六年	汝阳书院	汝州	
江苏（5）	香山（三山）书院	丹徒	顺治五年	镇山（两河）书院	沛县		黄公书院	山阳	
	文昌书院	上元	顺治十四年	二泉（尚德）书院	无锡				
福建（4）	朝天书院	仙游	顺治十年	崇贤书院	崇安	顺治十七年	龟山书院	将乐	
	延山（延平）书院	南平	顺治十四年						

附表 《清代全国新建及修复(重建)书院建置一览》

续表

省份(数量)	名称	地点	时间	名称	地点	时间	名称	地点	时间
广东(4)	培风(双忠、七贤、九贤、程江)书院	嘉应州	顺治二年	冠山书院	澄海	顺治十六年	嵩台书院	高要	
	韩山(韩公)书院	海阳	顺治四年						
浙江(3)	琼林书院	淳安	顺治十五年	蓉峰(桐荫、宝篆)书院	金华		瀛山书院	遂安	
山东(2)	伏生书院	邹平	顺治十七年	云门书院	益都				
直隶(2)	欧阳文忠公书院	滑县	顺治九年	国士(龙冈、连城)书院	顺德	顺治十年			
山西(1)	晋阳(三立、河汾)书院	太原	顺治十七年						

康熙朝书院(新建)

省份(数量)	名称	地点	时间	名称	地点	时间	名称	地点	时间
广东(76)	菁云书院	德庆州	康熙五年	东莆书院	海阳	康熙十一年	田心书院	佛山	康熙十二年
	昌山书院	乐昌	康熙六年	昌黎书院	海阳	康熙三十年	番山(番水)书院	佛山	
	城内书院	乐昌	康熙十年	登云书院	海阳		莲峰书院	佛山	
	以文书院	增城		增江书院	增城		三都(长溪)书院	高要	康熙五十七年

197

续表

省份（数量）	名称	地点	时间	名称	地点	时间	名称	地点	时间
广东（76）	讲陀书院	增城		培凤（金溪）书院	高要		嵩崖书院	高要	康熙四十一年
	凤池书院	增城		桂溪书院	高要		沙溪书院	高要	康熙四十六年
	文明书院	罗定州	康熙十七年	琼台书院	琼山		穗城书院	番禺	
	文昌书院	罗定州		臧合书院	潮阳		石洞书院	番禺	
	瀛海书院	琼山	康熙十八年	新建茶阳书院	大浦		粤秀书院	番禺	
	宝安书院	新安		晦翁书院	广州		城东书院	乳源	康熙二十年
	文昌书院	博罗	康熙二十二年	凤山书院	顺德		温泉书院	乳源	
	登峰（罗阳、怀芝）书院	博罗	康熙四十四年	花峰书院	花县		景奎（景星）书院	封川	
	映珠（联珠）书院	合浦		鳌湖书院	龙川		西湖书院	归善	
	天南书院	合浦	康熙二十九年	三台书院	龙川	康熙二十五年	西江书院	归善	
	滇江书院	清远		五云（龙溪）书院	和平		课士书院	普宁	康熙六十年
	西灵书院	灵山	康熙二十六年	韶阳书院	曲江		文昌书院	英德	
	宝安书院	东莞		居丁书院	定安		近圣（渐江）书院	英德	康熙三十七年
	靖康书院	东莞	康熙二十八年	丰山书院	香山	康熙三十一年	鹅江书院	临高	康熙三十三年
	东坡书院	钦州	康熙三十四年	安乐书院	茂名		近圣书院	茂名	康熙五十一年
	茂山书院	茂名		敷文（高文）书院	茂名	康熙四十八年	观澜书院	茂名	康熙五十二年

198

附表 《清代全国新建及修复（重建）书院建置一览》

续表

省份（数量）	名称	地点	时间	名称	地点	时间	名称	地点	时间
广东(76)	三至书院	茂名	康熙三十六年	敦仁书院	茂名		墨江书院	始兴	康熙三十八年
	文明书院	始兴	康熙五十九年	海门（还珠）书院	廉州	康熙四十五年	桂香（阳溪）书院	阳山	康熙四十九年
	甘棠书院	西宁	康熙三十九年	文澜书院	英德	康熙四十七年	三堡书院	南海	
	兴贤书院	从化		连山书院	连山厅		正学书院	三水	康熙五十四年
	郑公书院	三水							
	星冈（崇正）书院	龙门		凌江书院	南雄府	康熙五十五年	起凤书院	信宜	
	洞桥书院	莆田	康熙三年	鳌峰书院	福州	康熙四十六年	正谊书院	长汀	
	越山书院	福州	康熙十年	文昌书院	归化	康熙十八年	清惠书院	上杭	康熙二十年
	斗南书院	福州	康熙三十年	龙山书院	长汀		阳明书院	上杭	
	琴南（濂溪、文峰）书院	上杭	康熙五十七年	弥陀室书院	台湾	康熙三十二年	东安坊书院	台湾	康熙三十一年
福建(50)	西定坊书院	台湾	康熙二十二年	竹溪书院	台湾	康熙三十二年	海东书院	台湾	康熙五十九年
	镇北坊书院	台湾		崇文书院	台湾	康熙四十三年	梅冈书院	沙县	康熙二十四年
	五经（育德）书院	漳州		图南书院	德化	康熙二十八年	屏山书院	古田	康熙三十九年
	锦江书院	漳州	康熙六十一年	共学书院	宁洋	康熙二十九年	玉泉书院	古田	
	龙津书院	龙岩	康熙二十六年	紫阳（朱子）书院	连江	康熙三十七年	斗山（燕江）书院	永安	康熙四十一年
	安砂书院	永安		双旌书院	福清		文溪书院	连城	康熙四十七年

199

续表

省份（数量）	名称	地点	时间	名称	地点	时间	名称	地点	时间
福建(50)	崇文书院	大田	康熙四十二年	文昌书院	同安	康熙四十五年	正学书院	龙溪	康熙四十八年
	明德书院	福清		紫阳书院	同安		三贤（集贤）书院	泰定	康熙五十五年
	屏山书院	高雄	康熙四十九年	玉溪书院	瓯宁		紫阳书院	福安	
	紫芝书院	瓯宁	康熙五十二年	仰文书院	莆田	康熙五十四年	笔峰书院	福安	
	右文书院	瓯宁		景贤书院	建阳		西湖书院	侯官	
	同兰书院	仙游		振文书院	云霄		龙津（丰山）书院	清流	
	螺阳书院	惠安		沈公书院	诏安				
	证人书院	鄞县	康熙七年	东壁书院	临海	康熙十一年	清惠书院	萧山	
	育才书院	鄞县	康熙三十六年	东湖书院	临海		西山书院	萧山	
	南冈（南刚）书院	临海		幔峰书院	临海		青霞书院	西安	
浙江(44)	正学书院	海宁	康熙十三年	放石镇书院	海宁		东山书院	海宁	康熙十九年
	县治书院	海宁		袁花镇书院	海宁		育才（樊川）书院	黄岩	康熙二十一年
	长安镇书院	海宁	康熙五十年	郭店镇书院	海宁		来学书院	永康	
	鹤亭书院	永康	康熙二十四年	紫阳书院	杭州	康熙四十二年	丽正（滋兰）书院	仙居	
	敬一书院	杭州	康熙二十九年	南阳书院	杭州		绿野书院	永康	康熙三十一年
				丰乐书院	余姚		正谊（爱莲）书院	衢州	康熙四十七年

附表 《清代全国新建及修复（重建）书院建置一览》

续表

省份（数量）	名称	地点	时间	名称	地点	时间	名称	地点	时间
浙江（44）	修文书院	衢州		近圣书院	台州		崇正书院	镇海	
	紫阳书院	义乌	康熙五十一年	鸳湖书院	嘉兴	康熙五十六年	文渊（双峰）书院	建德	康熙五十八年
	观海书院	山阴	康熙六十一年	观成书院	海盐		旧定阳书院	常山	康熙六十年
	松陵书院	上虞		上林书院	奉化		澜冈书院	乐清	
	吕公书院	平湖		蓉浦书院	定海		仰川书院	乐清	
	尔安书院	平湖		延陵书院	定海		太白书院	乐清	
	铜川书院	确山	康熙六年	新建（大中丞）书院	长葛	康熙二十二年	浍川书院	睢州	康熙十四年
	成皋书院	汜水		郾城书院	郾城	康熙十二年	道存书院	睢州	
	嘉惠书院	长葛		德阳书院	郾城	康熙二十一年	扦源书院	荥阳	康熙十五年
	传经书院	荥阳	康熙二十六年	学山书院	孟县	康熙二十二年	消阳书院	淯川	
	兴贤（茨山）书院	新郑	康熙二十年	檃阳（瑞春）书院	密县	康熙二十三年	广学书院	中牟	
河南（42）	河阳书院	孟县		进学书院	通许		求诚书院	沈邱	康熙十七年
	平津书院	孟津		光学书院	密县	康熙二十五年	俞公书院	济源	康熙四十八年
	四知书院	孟津	康熙五十七年	龙公书院	济源	康熙二十七年	鸣鹿书院	鹿邑	康熙十八年
	敬业书院	巩县	康熙五十四年	甘公书院	济源	康熙二十八年	王公书院	温县	
	古蓼书院	固始		紫阳书院	柘县	康熙三十年	刘公书院	河内	康熙三十三年
	甘棠书院	禹县		闫公书院	洛阳	康熙三十一年	邑侯李公书院	河内	康熙三十五年
	丹山（凤台）书院	禹县	康熙二十九年	周南（狄梁、天中）书院	洛阳		省身书院	新乡	康熙三十四年

201

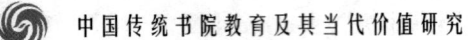

续表

省份（数量）	名称	地点	时间	名称	地点	时间	名称	地点	时间
河南（42）	德化书院	新乡		召南书院	陕县		清见（饮泉）书院	仪封	康熙五十五年
	龙门书院	光州	康熙五十二年	新建书院	汝阳		桃林书院	灵宝	康熙十五年
	洪都书院	南昌	康熙元年	槐荫书院	南昌	康熙十七年	王侯书院	清江	
	刘公书院	南昌	康熙九年	云岩（雪岩）书院	清江		孙公书院	清江	
	元钧书院	南昌		龙冈书院	南昌	康熙六年	鹤城（盱江）书院	盱溪	康熙三年
	董公书院	安义	康熙四年	景贤书院	庐陵	康熙五年	良箴书院	新建	康熙十四年
	文昌书院	新昌		焕文书院	萍乡	康熙八年	江渚书院	新建	康熙十八年
	宜阳书院	新昌	康熙五年	韩公书院	新建	康熙十年	观澜书院	新喻	康熙二十一年
	江源书院	鄱阳	康熙二十三年	凤游书院	余干	康熙二十五年	缑山书院	新喻	康熙三十二年
江西（40）	希贤书院	鄱阳	康熙二十四年	龙门（龙城）书院	龙南	康熙二十八年	泰东书院	吉水	康熙三年
	溶湖（芝阳）书院	鄱阳		双溪书院	靖安	康熙三十年	仰山书院	吉水	康熙三十八年
	吴公书院	定南厅	康熙三十五年	赵邑侯书院	永新		姚西书院	万年	
	桐山书院	信丰	康熙三十六年	石溪书院	长宁	康熙四十八年	崇儒书院	南城	康熙三十年
	秋山书院	永新	康熙四十二年	敖西书院	上高	康熙四十九年	剑江书院	丰城	康熙五十二年
	二何先生书院	奉新		龙门书院	安仁		信江（曲江、钟灵、紫阳、钟宁）书院	上饶	
	凤冈书院	宜黄							

202

附表 《清代全国新建及修复（重建）书院建置一览》

续表

省份（数量）	名称	地点	时间	名称	地点	时间	名称	地点	时间
云南(37)	绿萝书院	白盐井提举司	康熙二年	西平书院	沾益州	康熙四年	敬一书院	新兴州	康熙二十四年
	张公书院	白盐井提举司	康熙三十九年	育德（育才）书院	蒙化厅	康熙八年	玉溪（灵峰）书院	新兴州	
	南城书院	南宁	康熙三年	育才书院	昆明		万青书院	云南	康熙二十五年
	龙翔书院	云南		桂香书院	弥勒	康熙二十七年	聚奎书院	易门	康熙四十二年
	养正（浓津）书院	顺宁		甸溪书院	弥勒	康熙二十八年	凤山书院	河阳	康熙二十九年
	平彝书院	平彝		桂香书院	易门		雄山书院	宜良	
	育英（笔山）书院	宾川州	康熙三十二年	九隆书院	保山	康熙二十八年	龙泉（邓川）书院	嵩明州	
	凤梧（寻阳）书院	寻甸州	康熙三十三年	开南书院	景东厅	康熙四十年	卢公书院	楚雄府	
	螺峰书院	河西	康熙三十六年	龙川（鸡和、鹳和、盘山）书院	镇南州	康熙四十年	凤山（新建）书院	楚雄府	康熙四十六年
	登龙书院	石屏州	康熙四十八年	澧江（文昌）书院	元江	康熙五十一年	鹤山书院	广西厅	康熙五十六年
	山天（山仙、文明）书院	南安州		焕文书院	建水	康熙五十五年	河阳书院	河阳	康熙五十七年
	玉河书院	丽江	康熙四十九年	凝秀书院	广西厅		碧峣书院	昆明	
	古木书院	马关							

203

续表

省份（数量）	名称	地点	时间	名称	地点	时间	名称	地点	时间
江苏（35）	安定书院	江都	康熙六年	九峰书院	青浦	康熙八年	东川书院	靖江	康熙五十年
	养贤书院	常熟	康熙四年	延陵书院	武进	康熙十年	东山书院	江浦	康熙十二年
	思文书院	常熟	康熙十六年	骥腾书院	靖江	康熙十一年	刘公书院	崇明	
	双清书院	崇明	康熙五十三年	虹桥书院	上元		安道书院	昆山	康熙二十四年
	张公书院	崇明		扶风书院	松江	康熙二十一年	观澜书院	阜宁	
	濂溪书院	丹阳	康熙二十年	敬亭书院	江都	康熙二十三年	观海（紫阳）书院	阜宁	
	陈安道书院	太仓州	康熙二十五年	惠来书院	青浦		凤鸣书院	丰县	康熙四十四年
	去思书院	丹徒	康熙二十七年	临川书院	清河	康熙二十二年	竹西（广陵）书院	江都	
	淀湖书院	青浦		诚意书院	兴化		紫阳书院	吴县	康熙五十一年
	姜公书院	铜山		大新书院	江浦		虹桥书院	甘泉	
	醴泉书院	铜山	康熙五十八年	潜台书院	长洲		文正书院	如皋	康熙五十二年
	桂林（昭义）书院	睢宁	康熙五十七年	阳城书院	江阴				
山东（32）	正率书院	莱芜	康熙十二年	少陵（东鲁）书院	滋阳	康熙二十二年	马公书院	鱼台	
	讲德书院	济宁州	康熙二十年	少岱书院	东阿	康熙二十五年	海山书院	被县	康熙三十年
	文在书院	滋阳		注经书院	费县	康熙二十八年	北海书院	被县	康熙三十三年
	唐文书院	定陶		鸣琴（琴台）书院	单县	康熙三十七年	阳邱书院	章邱	康熙三十五年

附表 《清代全国新建及修复（重建）书院建置一览》

续表

省份（数量）	名称	地点	时间	名称	地点	时间	名称	地点	时间
山东（32）	回澜书院	定陶	康熙五十六年	先觉书院	莘县		瀛洲（莲洲）书院	蓬莱	
	般阳书院	淄川		青岩书院	泰安	康熙三十八年	白雀书院	堂邑	
	近圣书院	邹县	康熙三十三年	徐公书院	泰安	康熙五十年	六一书院	日照	
	稷门（闻韶）书院	临淄		振英（嵩庵、景贤）书院	历城	康熙五十一年	锦秋书院	博兴	康熙五十七年
	阳平书院	东昌		昆阳书院	文登		山阳书院	金乡	
	咨保书院	益都	康熙四十八年	崇文书院	文登		汪公书院	益都	
	玉山书院	高唐州	康熙五十九年	济阳书院	济宁州		新州（涿鹿）书院	保安州	康熙四十一年
直隶（29）	卢公书院	清河	康熙十六年	繁阳书院	南乐	康熙二十四年	广川书院	井陉	
	凤辉（洛州）书院	鸡泽	康熙十七年	东壁（文昌）书院	晋县	康熙二十七年	玉川（崇实）书院	景县	
	和阳书院	南河		湘毁（鼓城）书院	栾城	康熙三十年	堂阳书院	满城	康熙四十六年
	徕水书院	徕水	康熙十八年	龙冈书院	滦城	康熙三十二年	三取书院	新河	
	东山书院	抚宁	康熙二十一年	漳南书院	肥乡	康熙三十三年	潞河书院	天津	
	玄州书院	西宁	康熙二十二年	广陵书院	文安		昌黎书院	通州	
	培英书院	藁城		澜阳书院	吴桥		昌黎书院	昌黎	康熙五十六年
	萦过书院	长垣	康熙五十九年	双峰书院	易州		麦齐书院	昌黎	
	范阳书院	定兴		扰龙书院	固安		三台书院	元氏	康熙五十八年
	彤塔书院	南宫		蒙泉书院	宁晋				

205

续表

省份（数量）	名称	地点	时间	名称	地点	时间	名称	地点	时间
山西（27）	涑水书院	闻喜	康熙六年	昭余书院	祁县	康熙十二年	凤山书院	孝义	康熙二十七年
	义仓书院	闻喜	康熙九年	金河书院	徐沟	康熙十八年	凤山书院	临县	康熙二十八年
	心水（五龙、莲池）书院	长治	康熙三年	讲学书院	洪洞		龙门书院	河津	
	启光书院	绛州	康熙四年	鹳山书院	武乡	康熙二十年	崇实书院	蒲州	康熙三十六年
	卢川书院	交城	康熙十一年	棠荫（西河）书院	汾州	康熙二十四年	清风书院	万泉	康熙四十二年
	卦山书院	交城	康熙十七年	开运书院	岳阳	康熙二十五年	西河书院	平遥	康熙六十一年
	楼山（楼川）书院	永和	康熙四十六年	绍文书院	翼城	康熙五十一年	神山书院	浮山	
	紫川书院	隰州	康熙四十七年	扶风书院	翼城		延陵书院	广灵	
	谦益书院	太平		正谊（平阳）书院	临汾	康熙五十七年	图南书院	太宁	康熙二十二年
安徽（24）	三玄（潜岳、三立、天柱）书院	潜山	康熙三年	夏邱（兴学）书院	虹县	康熙十六年	赵公讲学书院	滁县	康熙三十年
	凤仪书院	巢县		环峰书院	含山	康熙十四年	洪山书院	怀远	康熙三十二年
	茅茹书院	广德州	康熙五年	雷阳（来仙）书院	望江	康熙十九年	滴翠书院	芜湖	康熙三十二年
	培原（修永、敬敷）书院	怀宁	康熙十年	池阳书院	池州	康熙二十年	庐阳（横渠）书院	合肥	康熙三十五年

附表 《清代全国新建及修复（重建）书院建置一览》

续表

省份（数量）	名称	地点	时间	名称	地点	时间	名称	地点	时间
安徽（24）	遂宁书院	怀宁		回澜书院	池州	康熙三十二年	斗文书院	合肥	
	××书院	虹县	康熙十二年	秀山书院	池州	康熙六十年	和阳书院	和州	康熙三十七年
	凤临（启蒙）书院	临淮	康熙四十七年	崇文（文昌）书院	舒城		龙门书院	繁昌	
	仁寿书院	定远	康熙四十九年	紫山书院	泾县	康熙二十八年	河州书院	颍上	
	天一书院	北流	康熙元年	正谊书院	南宁	康熙二十九年	眉江书院	永安州	康熙四十八年
	铜阳（抱朴）书院	北流	康熙四十年	南坡书院	宁明州		蔚南（武南）书院	南宁	
	新华亭书院	兴安	康熙二十五年	绣江书院	容县	康熙三十一年	修和书院	南宁	康熙五十五年
广西（21）	观澜书院	梧州	康熙二十五年	三渠书院	平乐	康熙四十九年	栖霞（阜成）书院	临桂	
	回澜（茶山、传经）书院	梧州	康熙二十五年	新道乡书院	平乐	康熙四十六年	爱日书院	临桂	
	丽泽书院	永康州	康熙二十七年	徐公书院	永淳		文笔书院	灵川	康熙五十八年
	龙江书院	灌阳	康熙五十六年	李公书院	宜山		南池书院	昭平	
	潾山书院	邻水	康熙元年	登龙书院	江油	康熙四十六年	龙泉（岳阳）书院	安岳	康熙五十三年
四川（20）	少峰（文峰）书院	夔州	康熙四年	天柱书院	江油	康熙四十七年	汝江书院	安县	
	桂香书院	梁山	康熙二十三年	雅材（蔡蒙、月心、崇文）书院	雅安		摩云书院	彭水	康熙五十七年

续表

省份（数量）	名称	地点	时间	名称	地点	时间	名称	地点	时间
四川（20）	龙湖书院	屏山		凤鸣书院	荣县		锦云（桂山）书院	永川	康熙五十八年
	嘉陵（江祎）书院	广元	康熙三十年	瀛山书院	綦江	康熙四十九年	绣川书院	金堂	康熙五十九年
	锦江书院	成都	康熙四十二年	忠贤书院	荣昌	康熙五十年	江源（崇阳）书院	崇庆州	康熙六十年
	渠江书院	广安州	康熙四十三年	凤翔（南溪）书院	南溪				
	传经书院	潜江		青山书院	夔阳	康熙十年	古南阳书院	均州	康熙十一年
	仁凤书院	沔阳州	康熙十二年	晴川（汉阳）书院	汉阳	康熙四十四年	穆清（房陵）书院	房县	康熙五十七年
	古郝书院	黄冈	康熙二十四年	阳春书院	安陆	康熙四十八年	睢阳书院	麻城	
湖北（20）	涂山（四公、惠山）书院	京山	康熙三十五年	坪江书院	黄冈	康熙五十二年	荆南书院	江陵	
	紫峰（鄢郢）书院	宜城	康熙三十六年	仙湖书院	黄冈	康熙五十三年	伥山书院	长阳	康熙五十八年
	兴山书院	长阳	康熙三十八年	勺庭书院	武昌		紫阳（甑山）书院	汉川	康熙六十年
	魁南书院	钟祥	康熙三年	邱公书院	东湖		景贤书院	郴州	康熙五十六年
湖南（17）	观湘书院	衡山		东皋书院	湘乡	康熙二十二年	东山书院	郴州	康熙五十八年
	龙标书院	黔阳		崇文（中梅）书院	安化	康熙三十一年			

208

附表 《清代全国新建及修复（重建）书院建置一览》

续表

省份（数量）	名称	地点	时间	名称	地点	时间	名称	地点	时间
湖南（17）	三江书院	会同	康熙五年	罗山书院	通道	康熙三十三年	岳阳书院	岳州	
	澹津书院	澧阳	康熙二十一年	洣泉（黄龙、鄙湖）书院	郴县	康熙五十二年	昌江（天岳）书院	平江	康熙五十九年
	育才书院	宜章		天河书院	郴县		湘南书院	攸县	康熙六十一年
	洁爱书院	安仁		古吴书院	东安				
	溥仁书院	平越	康熙四十年	启秀（育才）书院	遵义	康熙五十六年	培英（湘江、湘川、芹香）书院	遵义	康熙五十四年
贵州（7）	双明书院	镇宁州	康熙三十年	三台书院	麻江	康熙五十八年	竹溪书院	沿河	
	安化（近奎、龙津、依仁）书院	安化	康熙四十九年						
	崇文书院	巩昌	康熙二十八年	成章书院	武威	康熙四十三年	王公小书院	河州	
甘肃（7）	培风书院	靖远	康熙三十六年	王公大书院	河州		应理书院	宁夏中卫	康熙四十五年
	柳湖书院	平凉							
	二曲书院	户县	康熙三十年	少梁书院	韩城	康熙四十二年	龙门（汪平）书院	韩城	康熙四十四年
陕西（7）	横渠书院	临潼	康熙三十七年	萝石书院	韩城		仰华书院	华阴	康熙五十一年
	丰宁（丰盈）书院	西乡	康熙五十四年						
东北（3）	萃升书院	沈阳	康熙十三年	龙城书院	宁安	康熙十五年	银冈书院	铁岭	

209

康熙朝书院（修复、重建）

省份（数量）	名称	地点	时间	名称	地点	时间	名称	地点	时间
福建（27）	涵江（龙江）书院	兴化府		小山丛竹书院	晋江	康熙四十年	鳌江书院	同安	康熙四十二年
	芝山（龙江）书院	兴化府	康熙元年	湛卢书院	松溪	康熙二十二年	建安（建溪）书院	建宁府	康熙三十二年
	凤鸣书院	罗源	康熙四年	南溟书院	漳浦		石井书院	泉州	康熙三十九年
	秦亭（文公）书院	长泰		文公书院	永春州	康熙二十三年	龙江书院	长汀	康熙四十九年
	观澜书院	漳州	康熙七年	水南书院	莆田		南溪书院	尤溪	康熙五十五年
	丽泽书院	漳州	康熙四十八年	兴安（明宗）书院	莆田		道南书院	延平府	康熙五十八年
	××书院	宁化		共学（凤池）书院	侯官	康熙二十四年	会心书院	仙游	
	云岩书院	光泽	康熙十一年	武夷（紫阳）书院	崇安		泉山（温陵）书院	晋江	康熙十二年
	文公书院	延平		新罗（瀛龙）书院	龙岩	康熙二十五年	文公（大同）书院	同安	康熙三十七年
河南（26）	锦襄书院	睢州	康熙九年	二程书院	开封	康熙二十六年	连城（兴贤、二贤）书院	大康	
	大梁（丽泽）书院	开封	康熙十二年	显道（上蔡）书院	上蔡		白水书院	新野	
	嵩阳（太乙）书院	登封		黄华书院	林县		大吕书院	新蔡	康熙三十年
	伊川（乐道）书院	登封		兴文书院	荥阳	康熙二十七年	临端书院	邓州	康熙三十一年

210

附表 《清代全国新建及修复(重建)书院建置一览》

续表

省份(数量)	名称	地点	时间	名称	地点	时间	名称	地点	时间
河南(26)	范文正书院	商邱	康熙十三年	瀍东书院	洛阳	康熙二十八年	子贡(仕学、申阳)书院	信阳州	康熙三十六年
	涑水书院	光山	康熙十九年	人龙书院	荥泽		东峰书院	禹县	康熙五十五年
	新建(冏公、定颖)书院	西平		问政书院	叶县	康熙二十九年	启运书院	济源	康熙五十七年
	中丞王公书院	河内	康熙二十五年	诸葛书院	南阳		崇正(崇道)书院	郏县	
	弦歌(知德)书院	淮宁		两程书院	偃师				
	憺明书院	新淦	康熙元年	濂溪书院	修水	康熙七年	岑山(文昌、岑阳)书院	兴安	康熙二十八年
江西(26)	高峰书院	新淦		筠阳(尊道)书院	高安		豫章书院	南昌	
	端明(怀玉)书院	玉山		汇东(南山)书院	星子	康熙九年	濂溪港书院	九江	康熙三十一年
	复贞(复真)书院	安福	康熙三年	钟陵书院	进贤		周程书院	大庾	康熙三十二年
	道东书院	安福	康熙十年	金石书院	上高		绵江(文成)书院	瑞金	康熙三十四年
	识仁书院	安福		观澜书院	峡江	康熙十二年	宗濂书院	萍乡	
	昌黎书院	宜春	康熙四年	兴贤书院	德兴	康熙二十年	求仁书院	泰和	康熙三十九年

211

续表

省份（数量）	名称	地点	时间	名称	地点	时间	名称	地点	时间
江西（26）	濂溪书院	万安	康熙五年	息斋书院	德兴		仁文（文江）书院	吉水	
	登东书院	吉水		凤冈（盱江）书院	南城				
	宗传（海门）书院	嵊县	康熙三年	石门书院	青田		浦阳（文昌、仙华）书院	浦江	康熙五十四年
	南山书院	镇海	康熙五年	西湖（孤山）书院	杭州		圭山（南明、莲城）书院	丽水	康熙三十三年
	敷文（万松、太和）书院	杭州	康熙十年	虎林（吴山、两浙）书院	杭州	康熙二十五年	长春书院	归安	康熙四十二年
	龙山书院	建德	康熙十二年	崇文书院	杭州	康熙二十七年	姚江书院	余姚	康熙四十五年
	传贻书院	石门	康熙十三年	五云书院	绍兴	康熙三十四年	安定书院	湖州	康熙五十九年
	黄冈书院	海宁	康熙十四年	蕺山（蕺里）书院	绍兴	康熙三十年	丹山书院	象山	康熙六十年
浙江（24）	缑城书院	宁海	康熙十七年	桐江书院	桐庐	康熙五十五年	紫阳（樊川）书院	黄岩	
	五云书院	缙云	康熙二十二年	月泉书院	浦江	康熙三十一年	魁峰书院	平阳	
	大中（天峰、弘道）书院	保昌	康熙二年	瑞云（育英）书院	阳春	康熙二十五年	同文（应台、端山）书院	合同	康熙四十四年
	罗浮书院	博罗	康熙五年	濂溪书院	广州		凤冈书院	三水	康熙四十九年
广东（21）	相江（曲江、旧濂溪）书院	曲江	康熙十年	蔚公（至公、玉阳）书院	文昌	康熙二十六年	松明书院	石城	康熙五十七年

附表 《清代全国新建及修复（重建）书院建置一览》

续表

省份（数量）	名称	地点	时间	名称	地点	时间	名称	地点	时间
广东（21）	濂溪书院	阳江	康熙十三年	正谊（正疑、听涛）书院	吴川	康熙三十年	典学（东皋）书院	西宁	康熙五十九年
	又安书院	海阳	康熙二十二年	端溪书院	高要		明诚书院	增城	
	濂溪书院	仁化	康熙二十四年	丽泽书院	儋州	康熙三十九年	文明书院	惠来	
	平湖（莱泉）书院	海康		又了斋书院	合浦	康熙四十二年	景韩书院	澄海	
安徽（15）	籍山书院	南陵	康熙八年	广阳（长林）书院	石肆	康熙十一年	崇圣书院	盱眙	康熙四十年
	斗山书院	歙县	康熙九年	禹江（日新、松滋）书院	宿松		采石书院	当涂	康熙四十八年
	天都书院	歙县	康熙十二年	西津（凤山、明德、开德）书院	宁国	康熙十六年	明经书院	婺源	康熙五十二年
	南山书院	歙县		海阳（瞻云）书院	休宁	康熙二十九年	龙津（格致）书院	六安州	康熙五十三年
	敬亭（待学、正学）书院	宣城	康熙二十一年	大学（储英）书院	旌德	康熙三十五年	文昌书院	怀远	康熙五十六年
直隶（14）	性道书院	泾县	康熙七年	清晖（莲花）书院	广平	康熙十一年	正学书院	宁晋	康熙十九年
	元城（天雄）书院	大名	康熙十年	正学（正义）书院	容城	康熙十二年	文清书院	元氏	康熙十八年
	莲洲书院	任县		云从书院	抚宁	康熙十四年	童子书院	景县	康熙四十三年

213

续表

省份（数量）	名称	地点	时间	名称	地点	时间	名称	地点	时间
直隶（14）	漳川（紫山）书院	永年		北平书院	卢龙	康熙十六年	有斐（振英）书院	蠡县	
	漳阳书院	藁城		宁邑书院	西宁				
湖南（13）	濂溪书院	桂阳州	康熙六年	濂溪（宋元）书院	永明	康熙十四年	南山书院	浏阳	
	岳麓书院	长沙		文昌（青莲、莲潭）书院	新宁	康熙二十四年	濂溪书院	郴州	康熙三十五年
	永昌（文昌）书院	祁阳	康熙七年	双鹤（芹东、集贤）书院	常宁	康熙二十五年	虎溪（阳明）书院	辰州	康熙四十五年
	汉宁（文昌）书院	兴宁	康熙八年	南台（近圣）书院	浏阳	康熙三十一年	龙洲书院	益阳	康熙六十一年
	希濂（东山）书院	邵阳							
云南（13）	鹿元（碧澜、瑶华、崇文、龙山）书院	嵩明州	康熙七年	桂香（中溪）书院	太和	康熙三十年	崇正书院	建水	康熙三十九年
	玉笋书院	河阳	康熙八年	秀峰书院	腾越	康熙二十年	通泉书院	马龙州	康熙四十三年
	文昌书院	易门	康熙十六年	碧城书院	罗次	康熙二十九年	博南书院	永平	康熙四十四年
	崇敬（汲泉）书院	太和	康熙二十三年	文龙（定远）书院	定远	康熙三十五年	金华书院	剑川	康熙五十二年
	楳川书院	姚州							

附表 《清代全国新建及修复（重建）书院建置一览》

续表

省份（数量）	名称	地点	时间	名称	地点	时间	名称	地点	时间
山西（11）	河中书院	永济	康熙二年	河东书院	运城	康熙十年	龙门书院	太平	
	文昌（共学）书院	长治	康熙三年	启弘书院	运城	康熙十二年	子夏（文学）书院	芮城	康熙十一年
	晋山书院	平阳		弘运书院	运城		寿阳书院	寿县	康熙四十一年
	济南吴公书院	蒲州	康熙四十六年	体仁书院	泽州	康熙二十八年			
山东（11）	闵子书院	沂水	康熙六年	历山（白雪）书院	历城		东莱书院	掖县	
	文山书院	文登	康熙二十三年	范公书院	邹平	康熙二十五年	松林书院	青州	康熙三十年
	学道（道学、弦歌）书院	武城	康熙二十四年	长白书院	邹平	康熙二十九年	崇德书院	鱼台	
	陶山书院	馆陶	康熙四十四年	颜子书院	滋阳	康熙三十年			
江苏（10）	文正（至圣、忠孝）书院	通州	康熙三年	鹤山书院	吴县	康熙二十四年	文学（学道、虞山）书院	常熟	康熙四十六年
	明道书院	上元	康熙六年	东坡（蜀山）书院	宜兴	康熙三十七年	秦东书院	东台	康熙四十七年
	文正书院	吴县	康熙十二年	文正书院	许墅关	康熙四十二年	东林书院	无锡	
	胡公（安定）书院	泰州	康熙八年						
四川（10）	来凤（凤山）书院	井研	康熙四十一年	晋阶（少陵）书院	夔州	康熙四十一年	修文（雅江）书院	洪雅	康熙四十九年
	凤山书院	岳池	康熙二十五年	合宗（濂溪）书院	合州	康熙四十四年	九峰（高标）书院	乐山	

续表

省份（数量）	名称	地点	时间	名称	地点	时间	名称	地点	时间
四川（10）	鹤山书院	邛州	康熙三十年	紫岩（景宣、月波）书院	绵竹	康熙四十八年	鹤山书院	眉州	
	眉山书院	眉州							
	鸣阳（昂宵）书院	贺县	康熙五年	宣城（华掌）书院	桂林	康熙二十一年	文昌书院	岑溪	康熙四十三年
广西（9）	道乡（访贤）书院	平乐	康熙六年	清湘（柳山）书院	全州	康熙二十六年	阳明书院	思恩	
	敷文书院	南宁	康熙九年	凤坡书院	全州	康熙五十七年	明江（太子泉）书院	宁明州	
	同津（龙仁夫）书院	黄冈	康熙六年	调梅（大林、梅调）书院	黄梅	康熙二十四年	万松书院	麻城	康熙四十九年
湖北（8）	玉阳（回峰）书院	当阳	康熙十七年	西湖书院	孝感	康熙三十年	龙溪书院	麻城	
	二程（望鲁）书院	黄陂		墨池书院	宜昌				
贵州（4）	明德（龙川）书院	石阡	康熙三年	为仁书院	思南	康熙三十年	中峰书院	定番州	
陕西（4）	阳明书院	贵阳	康熙十二年						
	嘉岭书院	延安	康熙三年	正学书院	西安		商山书院	商州	康熙二十四年
	关中书院	西安							
甘肃（2）	超然书院	狄道州	康熙二十五年	陇干（阿阳）书院	静宁州	康熙五十五年			

216

附表 《清代全国新建及修复（重建）书院建置一览》

雍正朝书院（新建）

省份（数量）	名称	地点	时间	名称	地点	时间	名称	地点	时间
广东(35)	文冈书院	新安	雍正二年	正阳书院	归善		偕南书院	河源	
	槎江书院	河源	雍正三年	南靖书院	开建	雍正十年	观澜书院	河源	
	南轩书院	连州	雍正五年	安阳（宁阳）书院	长宁	雍正十二年	崇文书院	河源	
	王侯书院	新宁		琴峰书院	饶平		高明书院	茂名	
	凤山书院	澄海	雍正七年	东阳书院	电白		东津（文津）书院	茂名	
	尊育（王公）书院	澄海		海门书院	琼山		朋来书院	茂名	
	棉阳书院	潮阳	雍正八年	端州书院	广州		拱极书院	茂名	
	王公书院	阳春		明经书院	曲江		参天书院	茂名	
	温泉书院	乐会	雍正九年	群芳书院	兴宁		潘江书院	茂名	
	凤冈书院	信宜		聚奎书院	合浦		文兴书院	灵山	
	同春书院	信宜		海天书院	合浦		聚奎书院	灵山	
	海昌书院	雷州		文会书院	雷州				
	兴文书院	蒙化厅	雍正元年	凤翔书院	浪穹	雍正四年	修翱书院	云龙州	
	罗公书院	蒙化厅	雍正五年	万奎书院	浪穹		文山书院	文山	
云南(32)	迤西道书院	太平	雍正二年	西林（金钟、日新、钟灵）书院	会泽		凤池（昭阳、昭阳）书院	恩安	雍正八年
	雪山书院	丽江		宏文书院	邓川州		凤山书院	顺宁	
	敬业书院	元江		联云书院	邓川州	雍正六年	罗阳书院	罗次	雍正十一年

217

续表

省份（数量）	名称	地点	时间	名称	地点	时间	名称	地点	时间
云南（32）	迷阳书院	阿迷州	雍正三年	毓英书院	邓川州	雍正七年	保和书院	景东厅	雍正十二年
	鹏飞书院	云南		龙登（登龙）书院	邓川州		景文书院	大关厅	
	凤鸣（览凤）书院	赵州		罗俊书院	邓川州		晴川书院	永北厅	
	龙翔书院	赵州		桂香书院	邓川州		鲁峰书院	新平	
	新建书院	浪穹		云龙书院	云龙州		中和书院	太和	
	汲泉书院	南安州		龙泉书院	顺宁				
河南（14）	廊南（古廊）书院	新乡		白鹿书院	巩县	雍正十二年	仙丹书院	巩县	雍正十三年
	南湖书院	汝阳	雍正元年	见山书院	巩县		正谊书院	阳武	雍正四年
	××书院	临漳	雍正八年	连山书院	巩县		紫山书院	南阳	雍正六年
	鸿文书院	舞阳	雍正九年	石河书院	唐县		崇正书院	延津	
	育英书院	延津		斅文书院					
福建（11）	兴祥书院	福清		紫阳书院	邵武府	雍正二年	奎楼（中社）书院	台南	
	兴文书院	福清	雍正九年	邵武书院	邵武府		南社书院	台南	雍正四年
	理学书院	连江	雍正元年	龙门书院	龙岩		宝海庵书院	晋江	雍正六年
	海滨书院	莆田	雍正八年	峨嵋书院	归化	雍正十三年			
直隶（10）	庆成（苹文）书院	武清	雍正二年	紫荫书院	易州	雍正五年	紫阳书院	怀来	雍正七年
	信都书院	冀州	雍正三年	甘陵书院	故城	雍正六年	资川书院	无极	雍正十年

218

附表 《清代全国新建及修复（重建）书院建置一览》

续表

省份（数量）	名称	地点	时间	名称	地点	时间	名称	地点	时间
直隶（10）	云峰书院	密云	雍正四年	溧阳书院	怀来		莲池书院	保定	雍正十一年
	李德裕（文饶）书院	赞皇							
山东（9）	近圣书院	恩县		光岳书院	聊城	雍正五年	宏远书院	益都	
	城阳书院	莒州	雍正元年	沥源书院	济南	雍正十一年	高节书院	高苑	
	甘露书院	德平	雍正四年	峄阳书院	峄山	雍正十三年	长学书院	文登	
	赵大中丞书院	临武	雍正四年	芹溪书院	新田	雍正七年	青阳书院	耒阳	
湖南（9）	端品书院	临武		春陵书院	道州	雍正五年	桃花书院	常宁	
	榜山书院	新田		桂香（崇文）书院	永顺府	雍正十一年	两湖书院	华容	
	乳泉书院	襄阳	雍正四年	鹿门（荆南）书院	襄阳	雍正十二年	桃溪书院	崇阳	
湖北（8）	博陵书院	襄阳	雍正八年	养蒙书院	麻城	雍正十年	栖城（紫荫）书院	兴山	
	甘露书院	黄陂		崇化书院	恩施				
	文昌书院	洪雅	雍正三年	郎池（盛山）书院	营山		文翁书院	苍溪	
四川（8）	金鹅书院	隆昌	雍正五年	芙蓉书院	开县	雍正十二年	探源书院	夹江	
	云品书院	中江		崇书院	邛崃				
安徽（7）	三乐书院	泾县	雍正元年	柳湖书院	亳州	雍正六年	正谊书院	广德州	雍正八年
	翠螺书院	太平		凌云书院	英山	雍正七年	巢湖书院	巢县	
	牛山书院	巢县	雍正十二年						

219

续表

省份（数量）	名称	地点	时间	名称	地点	时间	名称	地点	时间
陕西（7）	关西（潼川）书院	潼关	雍正七年	汾川书院	安定	雍正十二年	骊山书院	临潼	
	西河书院	朝邑	雍正九年	云峰书院	肤施	雍正十三年	云梦（梦云）书院	延安	
	杨公书院	延安							
贵州（7）	龙标书院	开泰	雍正三年	凤冈（德江、凤仪）书院	思南	雍正九年	鸣凤（古凤）书院	正安州	雍正十一年
	洋川书院	绥阳	雍正八年	维凤书院	永宁州	雍正十年	图园书院	开泰	
	贵山书院	贵阳							
浙江（6）	柏林书院	平湖		鸦峰（指南）书院	景宁	雍正七年	东山书院	淳安	
	梅溪书院	乐清	雍正六年	南明书院	绍兴		靳侯书院	常山	
广西（6）	康山书院	永康州	雍正二年	留恩（流恩）书院	临桂		毓秀书院	西林	雍正十年
	丽江书院	崇善	雍正九年	秀峰书院	临桂	雍正十一年	临江书院	贺县	
山西（6）	虞峰书院	平陆	雍正元年	慎文书院	洪洞	雍正二年	魏榆书院	榆次	
	玉峰（春文）书院	洪洞		东雍书院	绛州		檀台书院	马邑	
江苏（5）	钟山书院	江宁		游文书院	常熟	雍正三年	云龙书院	铜山	雍正十二年
	虞山书院	常熟		崇正书院	如皋	雍正二年			
江西（5）	敬业书院	彭泽	雍正二年	棠正书院	新建	雍正三年	桃溪书院	信丰	
	片云书院	安远		龙门书院	于都				
甘肃（3）	正业书院	皋兰	雍正元年	兰山书院	皋兰	雍正十二年	维新书院	宁夏府	

附表 《清代全国新建及修复（重建）书院建置一览》

雍正朝书院（修复、重建）

省份（数量）	名称	地点	时间	名称	地点	时间	名称	地点	时间
四川（5）	鹤山书院	蒲江	雍正四年	兼山书院	剑州	雍正五年	凤山书院	长寿	
	鹤山（穆清）书院	蒲江	雍正十年	环溪（蓬莱）书院	蓬溪	雍正十一年			
广东（4）	龙湖书院	海阳	雍正七年	瑞光书院	饶平	雍正十二年	古筠（筠城）书院	新兴	
	雷阳书院	海阳							
浙江（3）	崇文书院	平湖	雍正元年	梅溪书院	乐清	雍正六年	甬东书院	宁波	
湖北（3）	鄢山（龙门）书院	鄢阳	雍正十年	南湖书院	武昌	雍正十一年	河东（黄中）书院	黄冈	
云南（3）	五华书院	昆明	雍正九年	三台书院	姚州		文华书院	蒙化厅	
江西（2）	扶风（马融）书院	建昌	雍正六年	盱江书院	南城	雍正七年			
福建（2）	寿泽书院	莆田		观澜（文山）书院	漳州	雍正七年			
安徽（1）	西湖书院	阜阳	雍正十三年						
山西（1）	凤山（繁穰）书院	太谷	雍正元年						
贵州（1）	中和（大中）书院	思南	雍正十一年						

221

乾隆朝书院（新建）

省份（数量）	名称	地点	时间	名称	地点	时间	名称	地点	时间
四川（114）	重璧（璧江）书院	璧山		大成（集贤）书院	东乡		金栗书院	仪陇	
	通川（宣汉）书院	绥定		蓬莱书院	叙永厅	乾隆六年	金江（会华）书院	会理州	
	月波书院	绵竹	乾隆元年	丹山书院	叙永厅	乾隆七年	孝感（兴贤）书院	德阳	
	晋熙书院	绵竹		万春书院	温江	乾隆三十年	凤仪（励忠、旌阳）书院	德阳	乾隆十六年
	龙池（岩渠）书院	新宁	乾隆二年	菁莪书院	温江		龙门书院	南江	乾隆十七年
	东川（渝川）书院	巴县		戴匡书院	荥经	乾隆九年	龙门书院	新都	
	缙云书院	巴县	乾隆三年	懋修（朱凤）书院	南充	乾隆十年	岷阳书院	郫县	
	三益书院	巴县		玉屏书院	荥昌		白鹤书院	苍溪	
	儒林书院	简州		鹤鸣书院	大邑		南池书院	南充	
	凤山书院	简州		临江（仰白）书院	忠州	乾隆十一年	凤仪书院	简州	
	雁江书院	资阳		潜溪书院	华阳		琴山书院	南溪	
	左绵（涪江）书院	绵阳	乾隆五年	方亭书院	什邡		泸峰书院	西昌	乾隆十八年

附表 《清代全国新建及修复（重建）书院建置一览》

续表

省份（数量）	名称	地点	时间	名称	地点	时间	名称	地点	时间
四川（114）	景贤书院	双流		邱山书院	定远	乾隆十二年	绍闻（稜山）书院	长宁	
	江津（几水、几江）书院	江津		讲道书院	汉州		草堂（文峰）书院	三台	
	棠香（宝鼎）书院	大足		凤翔（翔凤）书院	威远	乾隆十五年	凤仪书院	合江	
	蒙山（铜山、金凤）书院	万源		唐昌书院	崇宁		和山书院	九姓司	
	宕汉书院	达州		金泉书院	仪陇		三台书院	黔江	乾隆十九年
	九峰书院	彭县		云安（飞凤）书院	云阳		巴川书院	铜梁	
	隆化书院	南川	乾隆二十一年	陆吴书院	云阳		琼江书院	铜梁	乾隆二十五年
	青莲书院	彰明		凤山书院	盐亭		汶川书院	汶川	乾隆二十八年
	陇西书院	彰明		钟灵书院	西阳州	乾隆二十年	石纽书院	汶川	
	天池书院	乐至		东山书院	宜宾		岩梁（岩梁）书院	保宁府	
	凌云书院	垫江		龙门书院	龙安府	乾隆二十三年	文昌书院	梓潼	乾隆二十七年
	邹公书院	合州		俯临书院	新津		潼江书院	梓潼	
	临江书院	昭化		通津（宝资、饮公）书院	新津	乾隆五十七年	岷江书院	灌县	
	文江书院	高县		大雅书院	丹棱	乾隆二十四年	南广（德馨）书院	珙县	

223

续表

省份（数量）	名称	地点	时间	名称	地点	时间	名称	地点	时间
四川（114）	崇文书院	清溪		鹿鸣（平山、五云）书院	鄢都	乾隆四十三年	圣泉书院	巫山	
	繁江书院	新繁		鳌峰书院	南部	乾隆四十四年	台登书院	冕宁	
	鳌峰书院	仁寿	乾隆二十九年	东皋书院	通江	乾隆四十六年	香城书院	盐源	
	酉山书院	石泉		西江书院	庆符	乾隆四十七年	柏林书院	盐源	
	振文书院	大竹		濂溪书院	金堂		和川书院	天全州	
	双江（纹江）书院	罗江	乾隆三十一年	凌霄书院	兴文	乾隆四十八年	桂香（江源）书院	彭山	
	莲峰（云安）书院	夔州	乾隆三十二年	凤山书院	万县	乾隆四十九年	清江书院	青神	
	青峰书院	威远	乾隆三十六年	刘公书院	万县	乾隆五十三年	珠江书院	资州	
	蓬山书院	蓬州	乾隆三十七年	东皋书院	永川	乾隆五十四年	子渊书院	资州	
	南溪书院	石柱厅	乾隆三十八年	云溪书院	纳溪	乾隆五十八年	汉安书院	内江	
	文明书院	芦山	乾隆四十一年	腾川书院	筠连		岷山书院	松潘厅	
	鹿岩书院	西充		龙川书院	南川		锦屏书院	松潘厅	
广东（109）	东城（端山）书院	德庆州	乾隆元年	乳源书院	乳源	乾隆五年	培南（南冈）书院	嘉应州	
	凤城书院	清远		葵潭书院	惠来	乾隆六年	东山书院	嘉应州	
	滨江书院	清远	乾隆二年	龙山书院	陆丰		鹏湖（安贵）书院	丰顺	乾隆十一年
	东海书院	遂溪	乾隆二年	鸿溪书院	揭阳		天禄书院	西宁	乾隆十二年
	凤山书院	平远	乾隆三年	榕江（榕城）书院	揭阳		梯云书院	顺德	乾隆十二年

224

附表 《清代全国新建及修复（重建）书院建置一览》

续表

省份（数量）	名称	地点	时间	名称	地点	时间	名称	地点	时间
广东（109）	龙溪书院	东莞		近圣书院	揭阳	乾隆十六年	葛堡书院	顺德	乾隆十四年
	水南书院	东莞	乾隆十年	兰田书院	揭阳	乾隆二十八年	西淋书院	顺德	
	西湖书院	东莞	乾隆二十五年	梅冈书院	鹤山		凤阳书院	连平州	
	观澜书院	归善		鹤山书院	鹤山	乾隆七年	鳌洲书院	钦州	
	回澜书院	归善		陶黄二公书院	鹤山		钦江书院	钦州	
	墨池书院（韩苏）书院	兴宁	乾隆四年	昆阳书院	南海		回澜书院	钦州	乾隆三十七年
	槐山书院	香山		佛山书院	普宁		仁文书院	钦州	
	景行书院	香山		昆冈书院	电白	乾隆八年	鸿飞书院	钦州	
	旗山书院	香山		莲峰书院（电阳）书院	电白		星江书院	连州	乾隆十七年
	鳌山书院	香山		双峰书院	永安	乾隆九年	西溪书院	连州	乾隆三十二年
	桂山书院	香山	乾隆二十一年	元峰（铁算）书院	仁化		双凤书院	增城	乾隆十八年
	东山书院	香山		仁阳书院	潮阳		海门书院	灵山	
	凤池书院	香山		东山书院	潮阳		桂轮书院	开平	
	龙山书院	香山		贵山书院	潮阳		朱崖书院	崖州	乾隆十九年
	金山书院	香山	乾隆二十年	河东书院	广宁	乾隆十年	越华书院	番禺	
	凤山书院	从化		文治书院	新宁		石岐书院	从化	
	金山书院	长乐		文海书院	新宁		云瀛书院	南海	乾隆四十五年
	顺潮书院	陵水	乾隆二十五年	潭州书院	新宁	乾隆三十五年	文昌书院	南海	
	南平书院	恩平		广海书院			心性书院	南海	
				蕈英书院			桂香（桂乡）书院		

续表

省份（数量）	名称	地点	时间	名称	地点	时间	名称	地点	时间
广东（109）	景贤书院	新会	乾隆二十三年	雁峰书院	琼山		陇西书院	南海	
	冈州书院	新会	乾隆二十七年	临江书院	临高	乾隆三十六年	颍川书院	南海	
	大和书院	海阳	乾隆二十四年	丽江书院	海丰	乾隆三十九年	浣江书院	南海	
	凤栖书院	海阳		文昌书院	高要	乾隆四十年	辉映书院	南海	
	学海书院	南澳	乾隆二十六年	玉山书院	高明	乾隆四十二年	鹿山书院	番禺	乾隆四十六年
	双溪书院	昌化	乾隆三十年	养正书院	信宜	乾隆四十四年	观澜书院	新会	乾隆四十八年
	七贤书院	阳江	乾隆三十一年	遂良书院	遂溪		头溪园（桃溪）书院	高要	乾隆五十五年
	宁阳书院	新宁	乾隆三十七年	桂岭书院	镇平		苓文书院	顺德	
	凤山书院	增城	乾隆五十九年	焕文书院	博罗		石洞书院	博罗	
	今丰湖（惠阳）书院	归善		五马公书院	博罗		碇冈书院	博罗	
	榕溪书院	博罗		白沙书院	博罗		平湖书院	合浦	
	融合书院	合浦		莲峰书院	连城		云龙书院	宁化	乾隆八年
福建（98）	南胜书院	漳州		龙潭书院	龙岩	乾隆六年	白沙（白河）书院	彰化	
	菁城书院	漳平	乾隆元年	恢文书院	龙岩	乾隆十一年	凤冈书院	彰化	乾隆十二年
	东山书院	漳平	乾隆二十年	江山书院	龙岩	乾隆二十一年	凤山书院	同安	
	双溪书院	同安		文砥书院	龙岩	乾隆二十四年	舫山书院	同安	
	丹霞书院	同安		仁里书院	龙岩		玉屏书院	同安	
	紫阳书院	光泽		桐冈书院	龙岩		浯江书院	同安	
	周敦书院	宁德							

附表 《清代全国新建及修复（重建）书院建置一览》

续表

省份（数量）	名称	地点	时间	名称	地点	时间	名称	地点	时间
福建（98）	初晴书院	宁德		东山书院	龙岩	乾隆三十八年	东皋书院	政和	
	莲峰（鹤峰）书院	宁德	乾隆十年	仰山书院	龙岩	乾隆四十三年	云龙书院	德化	
	崇文书院	龙岩	乾隆二年	锺灵书院	龙岩	乾隆四十七年	瑶合书院	德化	
	万安书院	龙岩	乾隆三年	雁江书院	龙岩	乾隆五十年	九和书院	平和	
	樵川书院	邵武	乾隆四年	莘秀书院	龙岩	乾隆五十一年	金石书院	仙游	
	兰溪（近圣）书院	福宁府		松升书院	龙岩	乾隆五十八年	华阳书院	顺昌	
	考志书院	闽县		东山书院	龙岩	乾隆五十九年	森玉书院	长汀	乾隆十四年
	双峰书院	宁洋	乾隆五年	凤冈书院	龙岩		平川书院	上杭	乾隆十五年
	五仓书院	连城		南阳书院	福州		桐山书院	福鼎	乾隆十六年
	奎光书院	古田		凤山书院	浦城		虚舫书院	金门	
	龙门书院	云林	乾隆十八年	南浦书院	新竹		金沙书院	金门	乾隆四十二年
	景贤书院	崇安	乾隆十九年	明志书院	龙溪		培元书院	连城	乾隆四十四年
	广业书院	兴化		开山书院	台南		奎壁书院	嘉义	乾隆四十六年
	潀川书院	建宁		南湖书院	南安		诚正书院	宁义	
	嵩山书院	福州	乾隆二十二年	丰州书院	政和		云江书院	云霄	
	景行书院	永泰		兴贤书院	永春		乐育书院	仙游	
	文献书院	顺昌	乾隆二十三年	梅峰书院	澎湖		养正书院	仙游	
	玉屏书院	嘉义		文石书院	泉州	乾隆三十一年	印山书院	南平	乾隆五十二年
	罗冈书院	罗源		清源书院	邵武	乾隆三十三年	凤冈书院	沙县	
	儒山（安阳）书院	海澄	乾隆二十五年	和平书院		乾隆三十四年	东青书院	霞浦	

227

续表

省份（数量）	名称	地点	时间	名称	地点	时间	名称	地点	时间
福建（98）	沧江书院	海澄		奋贤书院	莆田		扬公书院	福宁府	
	金沙书院	海澄		霞峰书院	莆田	乾隆三十五年	兴文书院	福安	
	吴航书院	长乐	乾隆二十六年	崇正书院	莆田		白云书院	宁德	
	华圃书院	同安		吉江书院	龙溪		荆川书院	龙溪	
	岐山书院	瓯宁		霞北书院	龙溪		鳌阳书院	寿宁	乾隆二十七年
	杭川书院	光泽		鳌江书院	光泽	乾隆四十一年			
	南池书院	束鹿		千秋书院	高邑		康衢（尧台、龙泉、小莲池）书院	望都	乾隆二十八年
直隶（80）	香鱼书院	盐山		云峰书院	房山	乾隆十八年	风动书院	正定	乾隆二十九年
	定武（奎文）书院	定州		更阳书院	丰润	乾隆十九年	桃城书院	衡水	
	敬一书院	怀安	乾隆三年	冠山书院	延庆		槐阳书院	柏乡	乾隆三十年
	养正书院	怀安	乾隆五年	瀛南书院	交河		风台书院	广宗	乾隆三十一年
	毓英书院	曲周		庆阳书院	赵州	乾隆二十年	恒山（恒阳、端灵）书院	曲阳	乾隆三十二年
	文澜书院	成安	乾隆六年	瀛海书院	静海		清风书院	南皮	乾隆三十六年
	龙泉书院	行唐	乾隆七年	静安书院	深州		天柱书院	平山	
	莘升书院	武强	乾隆九年	柳川书院	宣化	乾隆二十一年	秀塔书院	建昌	乾隆三十八年
	邯山书院	邯郸	乾隆十年	燕平书院	完县		燕山书院	遵化	
	敬胜书院	卢龙		蓬山书院	内邱	乾隆二十二年	鹿泉书院	获鹿	
	骊城书院	抚宁		沧曲书院	沧州		百楼书院	定兴	乾隆三十九年

228

附表 《清代全国新建及修复（重建）书院建置一览》

续表

省份（数量）	名称	地点	时间	名称	地点	时间	名称	地点	时间
直隶（80）	清漳书院	肥乡		燕平书院	昌平		作新书院	新河	
	平泉书院	平泉州		广阳书院	清丰		赤城书院	赤城	
	文昌书院	怀安	乾隆十一年	古遂书院	徐水	乾隆二十三年	阳寿书院	赤城	
	复初书院	赞皇	乾隆十二年	东州书院	肃宁		文蔚书院	蔚州	乾隆四十年
	东阳书院	南功		广阿书院（新州）	隆平		皆山书院	井陉	
	同津书院	天津	乾隆十六年	涿鹿书院	保安州	乾隆二十四年	秀峰书院	承德	乾隆四十二年
	海阳书院	滦州	乾隆十七年	保极书院	保安州		凤山书院	徐水	
	桂岩书院	任丘		龙冈书院	顺德	乾隆二十六年	日华书院	献县	
	赤峰书院	赤峰	乾隆四十三年	玉城书院	行唐	乾隆五十七年	凌云书院	易州	
	渠梁书院	宁河	乾隆四十四年	育才书院	阜平		五华（五花）书院	易州	
	嘉会书院	枣强	乾隆四十七年	启秀书院	阜平	乾隆五十八年	龙门书院	龙门	
	会川（永安）书院	青县	乾隆四十九年	古楼书院	庆云	乾隆六十年	白河书院	武清	
	滦江书院	滦平	乾隆五十二年	古洹（鸣泽）书院	涿州		响任书院	昌黎	
	渔阳书院	蓟州		源泉书院	易州		敬义书院	昌黎	
	集英书院	乐亭		景贤书院	元氏				
浙江（72）	文溪书院	江山	乾隆二年	古桃（馨山）书院	安吉		逢源书院	平阳	
	魏塘书院	嘉善		鲵池（蛟川）书院	镇海	乾隆八年	吾南（南utility和）书院	平阳	乾隆三十七年

229

续表

省份（数量）	名称	地点	时间	名称	地点	时间	名称	地点	时间
	吕成公书院	德清	乾隆三年	信成书院	余姚		崇正书院	平阳	
	承泽书院	上虞		从公书院	永康	乾隆九年	文溪书院	平阳	乾隆十五年
	九峰书院	平湖		松桃书院	永康	乾隆四十年	鹤桥书院	临海	
	当湖书院	平湖		前溪（周公）书院	武康	乾隆十二年	德润书院	慈溪	
	芦川书院	平湖		笔花书院	萧山		石坡书院	慈溪	
	新溪书院	平湖	乾隆五十三年	昆阳书院	平阳	乾隆十三年	南明（振文）书院	新昌	乾隆十六年
	环山书院	玉环厅	乾隆四年	环青书院	平阳	乾隆三十年	清溪书院	德清	乾隆十八年
	对峰书院	庆元	乾隆七年	龙湖书院	平阳	乾隆三十一年	爱山书院	湖州	
浙江（72）	鹤鸣书院	太平		毓秀书院	诸暨	乾隆二十六年	分水（立志）书院	桐乡	
	锦溪书院	奉化	乾隆十九年	留槎书院	龙泉	乾隆三十二年	鹿鸣书院	西安	乾隆五十二年
	狐山书院	奉化		金鳌书院	龙泉	乾隆三十七年	铺仁书院	嵊县	
	缨溪（蓬莱、缨水）书院	象山	乾隆二十一年	崇文书院	石门	乾隆二十九年	剡山书院	嵊县	乾隆五十六年
	正谊书院	青田	乾隆二十三年	白石书院	浦江		鹿鸣书院	嵊县	
	中山书院	永嘉		金连书院	缙云	乾隆四十一年	萃华（清献）书院	黄岩	乾隆五十四年
	瓯江书院	永嘉		蔚文书院	海盐	乾隆四十二年	启蒙书院	余杭	乾隆五十五年
	吴宁（东白）书院	东阳		绣湖书院	义务		芦江（观澜）书院	镇海	乾隆五十八年

附表　《清代全国新建及修复（重建）书院建置一览》

续表

省份（数量）	名称	地点	时间	名称	地点	时间	名称	地点	时间
浙江（72）	白云书院	东阳	乾隆四十五年	玉尺书院	瑞安	乾隆四十六年	秀溪书院	仙居	乾隆五十九年
	龙山书院	余姚	乾隆二十四年	龙山书院	山阴	乾隆四十八年	朱公书院	杭州	
	玉岭书院	杭州		南山书院	鄞县		云山（蒙水）书院	兰溪	
	紫溪书院	昌化		长春书院	鄞县		万松书院	瑞安	
	坡南书院	鄞县		龙山书院	宁海		盈川书院	龙游	
	岑峰书院	龙游		如春书院	桐庐		学山书院	桐庐	
河南（72）	旧洛学书院	睢州	乾隆二年	黎阳书院	浚县		龙门书院	洛阳	
	金山书院	邓州	乾隆三年	希贤书院	浚县	乾隆三十二年	奎光书院	洛阳	
	春风书院	邓州		正阳书院	正阳		涧西书院	洛阳	
	聚星书院	许州	乾隆四年	弋阳（黎野）书院	光州	乾隆六年	玉虚书院	洛阳	
	望圣书院	禹县		三山书院	桐柏	乾隆七年	敬业书院	洛阳	
	颍南书院	禹县	乾隆四十二年	振雅书院	汜水		椷朴书院	洛阳	
	环颍书院	禹县		中山书院	汜水		丽泽书院	洛阳	
	画锦书院	安阳		黄仲（黄鹤）书院	洛阳		西亳书院	偃师	
	宜山书院	甘棠	乾隆五年	洛浦书院	洛阳	乾隆十四年	文兴书院	淅川	乾隆八年
	云山书院	兰阳	乾隆十年	文明书院	荥阳	乾隆十五年	昆阳书院	淅川	
	豹陵书院	兰阳		志伊书院	陈留		卜里书院	温县	乾隆二十年
	凤台书院	商水	乾隆九年	鲲池书院	陈留	乾隆十八年	锦屏书院	宜县	
							韶山书院	渑池	

231

续表

省份（数量）	名称	地点	时间	名称	地点	时间	名称	地点	时间
河南（72）	文清（龙冈）书院	鄢陵		宛南书院	南阳	乾隆十六年	吴房书院	遂平	乾隆二十二年
	迳山书院	长葛		东周书院	巩县		演易书院	汤阴	乾隆二十三年
	龙山书院	卢氏	乾隆十一年	原陵书院	原武		虹阳（莲溪）书院	项城	乾隆二十四年
	宁城书院	宁陵		景文书院	郾城	乾隆十七年	东垣书院	新安	乾隆二十六年
	衍畴书院	西华	乾隆十二年	棘里（东里）书院	郑州		文峰书院	光州	乾隆三十三年
	湖城书院	阌乡		××书院	淇县		覃怀书院	武陟	乾隆四十一年
	荆川书院	阌乡		临淮书院	固始	乾隆十九年	宁城书院	修武	乾隆四十三年
	花封书院	孟县		河山书院	叶县		龙山书院	郏县	
	保安书院	叶县		悦来书院	叶县	乾隆五十四年	紫罗（汝坟）书院	伊阳	
	坟台书院	叶县		河清书院	孟津	乾隆五十七年	颍川书院	临颍	
	崇本（源泉）书院	汲县		近圣书院	新乡	乾隆四年	崇实（南轩）书院	唐县	
	秀峰书院	华州	乾隆元年	汉南书院	南郑	乾隆五年	渭阳书院	咸阳	乾隆十一年
陕西（72）	南湖（湖山）书院	富平	乾隆三年	瀼龙书院	泾阳		桥山书院	洛川	乾隆四十七年
	通川书院	富平		香山书院	渭南		朝阳书院	洛川	
	西魏书院	富平		文星书院	韩城	乾隆七年	岩绿书院（怀远）	怀远	乾隆四十二年

附表 《清代全国新建及修复（重建）书院建置一览》

续表

省份（数量）	名称	地点	时间	名称	地点	时间	名称	地点	时间
陕西（72）	锦屏书院	富平		芝阳书院	韩城		对峰书院	周至	乾隆十三年
	金粟书院	富平		鸡峰书院	宝鸡	乾隆八年	尧山书院	蒲城	乾隆十四年
	东壁书院	富平		渭阳书院	宝鸡		文山书院	安定	乾隆十六年
	凤鸣书院	凤翔		笔峰书院	清涧		敷文书院	洵阳	乾隆十八年
	凤起（正谊）书院	凤翔	乾隆三十二年	育才书院	延长	乾隆十年	锦屏（五峰）书院	平利	
	鸡山书院	凤翔		青山书院	商南		希文书院	神木	
	麟城书院	神木		象峰（渭阳）书院			石门书院	三水	
	兴文书院	神木	乾隆五十八年	丰城书院	大荔	乾隆二十六年	文屏（重文、雕山）书院	绥德州	乾隆三十六年
	启秀书院	镇安	乾隆十九年	新乐书院	安塞	乾隆二十七年	养正（崇化）书院	长安	乾隆三十八年
	古莘书院	郃阳	乾隆二十年	石鼓（金台）书院	宝鸡	乾隆二十八年	文峰（关南）书院	兴安	乾隆三十九年
	星聚书院	醴泉		颍阳书院	同官	乾隆二十九年	凤仪书院	麟游	
	饮凤书院	醴泉	乾隆二十一年	乐城书院	城固	乾隆三十年	经正书院	鄜州	乾隆四十年
	丰登书院	同州	乾隆二十二年	云台书院	华阴		龙山书院	鄜州	
	荣河书院	府谷	乾隆二十三年	景槐书院	高陵		玉山书院	兰田	
	明道书院	户县		华原书院	朝邑		正乡书院	蔚州	乾隆四十一年
	定淳（武康、洋州）书院	洋县	乾隆二十五年	玉泉书院	澄城	乾隆三十四年	凤鸣书院	岐山	乾隆四十四年

233

续表

省份（数量）	名称	地点	时间	名称	地点	时间	名称	地点	时间
陕西（72）	仙峰书院	紫阳	乾隆四十五年	凤翼书院	凤县		洛源书院	雒南	乾隆五十一年
	朝阳书院	洛川	乾隆四十七年	天池书院	白河		太乙书院	宁陕厅	乾隆五十三年
	丰阳书院	山阳		登峰书院	延川	乾隆四十九年	凤山书院	潼关	乾隆五十六年
	石城（银屏）书院	石泉		古柏（展村）书院	韩城		云阳书院	淳化	
安徽（58）	旌阳（兕山）书院	旌德	乾隆二年	中江书院	芜湖	乾隆三十年	寿山书院	太和	
	五松书院	铜陵	乾隆五年	龙门书院	芜湖		经鉏书院	太和	乾隆四十年
	桃溪书院	舒城		清颖书院	颍州	乾隆十二年	翠峰书院	霍邱	乾隆二十三年
	龙山书院	舒城	乾隆三十八年	松滋书院	宿松	乾隆十三年	翠华书院	霍邱	乾隆二十五年
	庚杨书院	六安州	乾隆八年	丰阳书院	滁县		曲阳书院	定远	乾隆二十八年
	梧冈（蔡津、梧桐）书院	颍上		聚奎（郎溪）书院	建平	乾隆十四年	冶溪（能宏）书院	定远	
	甘城书院	颍上		建阳书院	来安	乾隆十五年	潜川书院	庐江	乾隆三十五年
	敬一书院	盱眙	乾隆九年	江青书院	来安	乾隆三十一年	同政书院	歙县	乾隆三十七年
	天然书院	东流	乾隆十年	熙湖书院	太湖		金莪（鹊江）书院	繁昌	
	菊江书院	东流		寿阳书院	寿县		爱莲（复初）书院	广德州	乾隆四十七年
	秀峰书院	东流	乾隆四十二年	衡山书院	霍山	乾隆二十年	斗南书院	广德州	
	荆山书院	芜湖		西（潜谷）书院	霍山		春谷书院	南陵	乾隆四十八年

附表 《清代全国新建及修复（重建）书院建置一览》

续表

省份（数量）	名称	地点	时间	名称	地点	时间	名称	地点	时间
安徽(58)	正谊（培菁）书院	宿州		世贤书院	婺源		山雾书院	婺源	
	养正书院	蒙城	乾隆五十一年	心远书院	婺源		桂林书院	婺源	
	毓秀书院	桐城	乾隆五十五年	尊罗书院	婺源		道川书院	婺源	
	淮南书院	临淮		龙川书院	婺源		藻潭书院	婺源	
	莲花书院	望江		双贤书院	婺源		山屋书院	婺源	
	南湖书院	宣城		明德书院	婺源		词源书院	婺源	
	二峰书院	婺源		双杉书院	婺源		岐阳书院	婺源	
	玉峰书院	建德		玉山（玉峰）书院					
江苏(58)	启蒙书院	上海	乾隆三年				南沙书院	东台	
	申江（敬业）书院	上海	乾隆十三年	崇文书院	新阳		紫琅书院	通州	乾隆十年
	明道书院	泰州	乾隆四年	松陵书院	吴江		六峰书院	六合	
	瀛洲书院	崇明		同川书院	吴江		养正书院	六合	乾隆十一年
	淮阴书院	山阳	乾隆六年	樱湖书院			震泽（笠泽）书院	震泽	
	丽正书院	山阳	乾隆三十一年	正谊（新马洲）书院	靖江		表海书院	盐城	
	惜阴书院	山阳		崇文书院	靖江		陆公书院	盐城	
	平江书院	长洲		鹤林书院	丹徒	乾隆八年	雄水书院	如皋	
	娄东书院	太仓州	乾隆十七年	桐川书院	江阴		梅李书院	昭文	乾隆十二年

235

续表

省份（数量）	名称	地点	时间	名称	地点	时间	名称	地点	时间
江苏（58）	兴文（应奎、当湖）书院	嘉定		阳羡（蜀山）书院	宜兴		海东书院	昭文	
	凝秀书院	嘉定		珠湖书院	高邮州		清水书院	昭文	
	安阳书院	锡山	乾隆二十年	胸山书院	海州	乾隆二十四年	琴川课院	昭文	
	正心书院	兴化	乾隆二十一年	卫公书院	海州	乾隆二十五年	宝晋书院	丹徒	乾隆二十八年
	昭阳书院	兴化		凤池书院	上元		江南书院	南汇	
	延令书院	秦兴	乾隆二十二年	珠江书院	江浦	乾隆二十六年	厚邱（怀文）书院	沭阳	乾隆二十九年
	暨阳（礼延）书院	江阴	乾隆二十三年	正修书院	昭文		旧崇实书院	清河	
	乐仪书院	仪征	乾隆三十三年	明道书院	海安	乾隆四十年	龙城书院	萧县	乾隆五十九年
	鸣凤书院	丹阳	乾隆三十六年	高平书院	溧水	乾隆四十一年	怀仁书院	赣榆	
	平陵书院	溧阳		云间书院	华亭	乾隆五十三年	清进书院	安东	乾隆六十年
	五贤书院	江都							
山西（56）	鹤鸣书院	宁武	乾隆四年	乐昌（从教）书院	曲沃	乾隆十二年	琴泉书院	沁源	
	永乐书院	永济		莱正书院	交城		弦歌书院	垣曲	乾隆十七年
	同文书院	阳城		菁峨书院	交城		传经书院	屯留	
	仰山书院	阳城	乾隆三十五年	二贤书院	榆次	乾隆十三年	培风（紫阳）书院	天镇	乾隆十八年
	箕山（箕城）书院	榆社	乾隆七年	明经书院	榆次		恒麓书院	浑源州	

236

附表 《清代全国新建及修复（重建）书院建置一览》

续表

省份（数量）	名称	地点	时间	名称	地点	时间	名称	地点	时间
	崇文书院	蒲县							
	萧山书院	辽州	乾隆九年	铜鞮书院	沁州	乾隆十四年	沽城（文昌）书院	乐平	乾隆十九年
	桂林书院	绛州	乾隆十年	简城书院	赵城		古韩书院	襄垣	
	华灵（教山）书院	绛州	乾隆十四年	清连书院	五寨	乾隆十五年	崇正书院	高平	乾隆二十年
	条山书院	安邑	乾隆十一年	晋昌书院	定襄	乾隆十六年	卢山书院	潞城	
	秀水书院	孟县		佰麓书院	静乐		北灵书院	繁峙	乾隆二十一年
山西（56）	宿文书院	河曲	乾隆二十一年	华林书院	朔平		方山书院	万泉	
	东阳书院	黎城		宝凤书院	左云		龙山书院	永宁州	乾隆二十九年
	壶关书院	壶关	乾隆二十三年	傅岩书院	平陆		香山书院	闻喜	乾隆三十六年
	朔州书院	朔州		西河书院	芮城		云龙书院	和顺	乾隆三十六年
	竹林书院	灵石		桑泉书院	临晋	乾隆二十七年	许公书院	襄城	乾隆三十六年
	养正书院	夏县	乾隆二十四年	武陵（武林）书院	文水		秀容书院	忻州	
	河东书院	蒲州	乾隆二十六年	思文书院	稷山	乾隆二十八年	崞阳书院	崞县	乾隆四十年
	斗山书院	五台	乾隆五十一年	郇阳书院	猗氏	乾隆九年	崇实书院	五台	乾隆四十二年
	白石书院	黄冈	乾隆元年	汾阴书院	荣河	乾隆五十六年	五峰书院	竹溪	
湖北（51）	观善（养正）书院	黄冈		富川书院	阳新	乾隆八年	凤鸣书院	嘉鱼	乾隆二十一年
	温泉书院	黄冈		振英书院	黄州	乾隆九年	龙门书院	蒲圻	
	育英书院	黄冈		麟山书院	蕲春	乾隆十二年	朝阳书院	蒲圻	乾隆四十五年
				复文书院	光化	乾隆十三年			

237

续表

省份（数量）	名称	地点	时间	名称	地点	时间	名称	地点	时间
湖北（51）	玉带书院	沔阳州	乾隆三年	金湖书院	大冶		蒲阳书院	应城	
	聚奎书院（纪恩书院）	沔阳州		春陵书院	枣阳		沮漳书院	南漳	
	罗峰书院	通山		兰台书院	安陆	乾隆十四年	凤山书院	南漳	乾隆五十七年
	梅川书院	广济		汉上书院	荆门	乾隆十五年	西津书院	郧西	乾隆二十四年
	沧浪书院	广济	乾隆十六年	龙泉书院	荆门	乾隆十八年	汉东书院	德安	乾隆二十二年
	岐阳（朝阳）书院	来凤	乾隆四年	内方书院	荆门		湾潭书院	长乐	乾隆三十六年
	朝南（大旺）书院	来凤	乾隆七年	仙居书院	荆门		五峰书院	长乐	乾隆三十七年
	桂林书院	鹤峰	乾隆五十年	绣林书院	石首	乾隆十九年	梅英书院	黄梅	乾隆三十九年
	九峰书院	利川	乾隆五年	筑阳书院	谷城	乾隆二十年	丹阳书院	枝江	乾隆四十年
	双江书院	利川	乾隆五年	五阳书院	建始		凤山书院	恩施	乾隆四十一年
	如膏书院	咸宁	乾隆五十八年	平江书院	天门		永阳书院	应山	乾隆四十二年
	渔川书院	麻城		梦泽书院	云梦	乾隆五十九年	东山书院	保康	
	回车书院			莘英书院	黄安		荆台书院	江陵	
山东（47）	牟平书院	宁海州	乾隆五年	卢乡书院	莱阳	乾隆十七年	龙山书院	东平	乾隆二十七年
	思乐书院	潍县	乾隆六年	繁露书院	德州		敬业书院	德平	乾隆三十二年
	潍阳书院	潍县		龙眠书院	新城	乾隆十九年	敦业书院	新泰	乾隆三十八年
	天台书院	费县	乾隆九年	崔公书院	新城		启文书院	东昌	乾隆三十九年
	鸣山书院	高唐州	乾隆十年	绳公书院	新城		石门书院	曲阜	乾隆四十年
	宝山（宾阳）书院	福山	乾隆十一年	同文书院	寿光		两学书院	曲阜	

附表 《清代全国新建及修复（重建）书院建置一览》

续表

省份（数量）	名称	地点	时间	名称	地点	时间	名称	地点	时间
山东（47）	少陵书院	任城	乾隆十二年	麟川（麟州）书院	钜野	乾隆十八年	清阳书院	清平	乾隆四十二年
	任城书院	任城	乾隆二十八年	仰山书院	博平	乾隆二十年	希贤书院	无棣	乾隆四十五年
	新任城书院	任城	乾隆十三年	饶公书院	鱼台	乾隆二十二年	培风书院	滨州	乾隆五十二年
	敬业书院	武定州	乾隆十四年	长乐书院	高苑	乾隆二十四年	劳山书院	即墨	乾隆五十七年
	珠山书院	胶州		胶东书院	平度州	乾隆二十五年	范泉书院	博山	
	胶西书院	胶州		琅琊书院	沂州	乾隆二十五年	岱麓书院	泰安	
	灵山书院	胶州		文津书院	乐陵		洪范书院	东阿	
	榆山书院	平阴	乾隆十五年	乘利书院	乐安		龙章书院	历城	
	云门书院	平阴		乐育书院	乐安	乾隆四十三年	齐云（南湖）书院	沾化	
	善正书院	定陶		泗源书院	泗水				
江西（45）	昌江书院	浮梁	乾隆元年	碧溪书院	上饶		凝秀（金川）书院	新淦	乾隆二十六年
	景仰书院	浮梁	乾隆十年	嘉禾书院	南丰		萧山书院	乐平	
	五柳（柳州、春衣）书院	彭泽		琴城书院	南丰	乾隆二十八年	桃江书院	信丰	乾隆二十九年
	潋江书院	兴国	乾隆三年	象山（景峰）书院	贵溪		莲山书院	信丰	乾隆三十二年
	青云书院	临川	乾隆四年	近圣书院	上高		阳明（旗阳）书院	崇义	乾隆三十年
	冯川书院	奉新		葛溪（叠山）书院	弋阳	乾隆十一年	仰山书院	金溪	乾隆三十五年

239

续表

省份（数量）	名称	地点	时间	名称	地点	时间	名称	地点	时间
江西（45）	丰溪（致道）书院	广丰		贤溪书院	新城	乾隆十三年	云亭书院	泰和	乾隆三十六年
	紫云书院	会昌	乾隆五年	黎川书院	新城	乾隆二十四年	长清书院	乐安	乾隆三十九年
	莲塘书院	定南厅	乾隆七年	于阳书院	于都		魁文书院	乐安	
	龙河（龙山）书院	万载		正谊（修江、豫宁）书院	武宁	乾隆二十一年	崇贤书院	乐安	
	石阳书院	庐陵		凤仪书院	高安		相山书院	崇仁	乾隆四十三年
	瀛奎书院	庐陵	乾隆十七年	仰正书院	高安	乾隆五十二年	濂溪书院	九江	乾隆五十年
	双江书院	庐陵	乾隆五十六年	成孝书院	义宁州		灵山书院	上饶	
	永清书院	上犹	乾隆九年	琴水（莲花）书院	莲花厅		禾山书院	永新	乾隆二十五年
	五峰书院	龙泉	乾隆十九年	鳌洲（金鳌）书院	萍乡		文明书院	庐陵	乾隆二十一年
云南（41）	永保书院	保山	乾隆三年	龙华书院	沾益州	乾隆三十四年	登云书院	邓川州	乾隆二十五年
	狮山书院	武定州	乾隆四年	灵泉书院	阿迷州	乾隆三十五年	雪堂书院	宜良	
	大成书院	姚州	乾隆十七年	龙山书院	宣威州	乾隆三十七年	鹤阳书院	鹤庆州	乾隆五十一年
	瞻云（庆云）书院	云州		榕城书院	宣威州	乾隆四十四年	思诚（玉屏）书院	思茅厅	
	云州书院	云州	乾隆五十年	树人书院	广通		龙山书院	龙陵厅	乾隆五十二年
	龙吟（灵源）书院	白盐井提举司	乾隆十八年	九峰（万庆）书院	富民	乾隆三十八年	太极书院	安宁州	乾隆五十四年
	巢经（嵩阳）书院	嵩明州	乾隆二十三年	奎亘书院	镇雄州	乾隆三十九年	观澜书院	蒙自	
	秀屏书院	禄劝	乾隆二十六年	钟山（凤山）书院	威远厅	乾隆四十年	载道书院	蒙自	乾隆五十七年

附表 《清代全国新建及修复（重建）书院建置一览》

续表

省份（数量）	名称	地点	时间	名称	地点	时间	名称	地点	时间
云南（41）	青莲书院	宝宁	乾隆十九年	琅井书院	琅盐井	乾隆四十三年	登云书院	嵋峨	乾隆五十八年
	莲峰书院	宝宁	乾隆五十九年	桂春书院	新平		凤鸣书院	宁洱	乾隆六十年
	胜峰（曲阳）书院	南宁		万春书院	黑盐井提举司	乾隆四十七年	乐育书院	顺宁	
	文明书院	思乐	乾隆三十年	凝阳书院	宁州		宝山书院	石屏州	
	鹿阜书院	路南州	乾隆三十二年	秀麓书院	通海	乾隆四十八年	鹤麓书院	广西厅	
	文昌书院	广西厅		丹凤（师宗）书院	师宗				
甘肃（36）	约礼书院	西宁	乾隆四年	银川书院	宁夏	乾隆十九年	建康书院	高台县	乾隆二十七年
	湟中书院	西宁	乾隆十四年	乐都书院	碾伯	乾隆二十四年	灵文（钟灵、奎文）书院	灵州	乾隆三十八年
	鸣沙书院	敦煌	乾隆五年	仙堤书院	山丹	乾隆二十五年	凤林书院	河州	乾隆四十三年
	罗川（罗山）书院	正宁	乾隆七年	凤城书院	安化	乾隆二十六年	敷文书院	靖远	
	洮阳书院	狄道州	乾隆八年	汉阳书院	秦州		凤鸣书院	崇信	乾隆四十五年
	武яр（龙川、鸡川）书院	阶州	乾隆九年	天水（天山）书院	秦州	乾隆二十七年	苏山书院	镇番	乾隆四十八年
	春雨（龙川、龙山、鸡山）书院	秦安		天梯（天山）书院	武威		近圣书院	通渭	
	天嘉（礼兴）书院	礼县	乾隆十一年	云川书院	永昌	乾隆二十八年	新兴书院	宁远	
	丽泽书院	永昌		龙山书院	金县	乾隆二十九年	来远书院	宁远	

241

续表

省份（数量）	名称	地点	时间	名称	地点	时间	名称	地点	时间
甘肃(36)	何明书院	贵德厅	乾隆十二年	增秀书院	金县	乾隆二十二年	上禄书院	西和	
	南安书院	巩昌		仪山书院	华亭	乾隆二十五年	凤麓书院	洮州	
	朱圉书院	伏羌		高平书院	平凉		正学书院	镇原	
	屏峰书院	宜山		紫泉书院	玉林州		龙川书院	灌阳	
	庆阳（庆江）书院	宜山	乾隆二十一年	富江书院	富川	乾隆十六年	怀城（紫泉）书院	贵县	
	柳江书院	柳州		玉融书院	融县		桂香书院	崇善	乾隆二十四年
	秀阳书院	镇安府	乾隆十年	正心书院	融县		象江（象台）书院	象州	乾隆二十五年
	环玉书院	博白	乾隆十一年	云峰书院	凌云	乾隆十七年	敖岩书院	苍梧	乾隆三十四年
广西(35)	秀林（淮海）书院	横州	乾隆十二年	三台书院	西隆州	乾隆十九年	仙城书院	武宣	乾隆三十六年
	洛江书院	雒容	乾隆十三年	化成书院	田州	乾隆二十年	宾阳书院	宾州	
	武城书院	平南		吉阳书院	新宁州		思灵（桂邑）书院	桂平	
	广学书院	南宁		三峰书院	陆川		三台书院	上思州	乾隆三十八年
	右文书院	南宁	乾隆十四年	暨南书院	龙州厅		凤冈书院	天河	乾隆四十年
	石南书院	兴业	乾隆四十三年	宁江书院	宁明州	乾隆五十四年	道南书院	归顺州	
	印山书院	迁江	乾隆四十八年	榜山（兴文）书院	隆安	乾隆五十七年			
贵州(27)	潕阳书院	镇远	乾隆六年	凤城书院	天柱	乾隆二十七年	龙泉书院	龙泉	
	九峰书院	兴义	乾隆十二年	古务书院	黎川	乾隆四十二年	墨香书院	平越州	乾隆五十一年

附表 《清代全国新建及修复（重建）书院建置一览》

续表

省份（数量）	名称	地点	时间	名称	地点	时间	名称	地点	时间
	珠泉书院	兴义		文峰书院	黔西州	乾隆四十三年	他山书院	余庆	乾隆五十四年
贵州（27）	登文书院	印江	乾隆十五年	狮山书院	黔西州	乾隆五十八年	习安（双桥）书院	安顺	
	振德书院	印江		紫泉（赵公）书院	独山	乾隆四十七年	敷文书院	桐梓	
	文龙书院	大定	乾隆十五年	星山书院	黄平州	乾隆四十八年	太白书院	桐梓	
	万松书院	大定	乾隆四十五年	龙渊书院	黄平州		旗山书院	瓮安	
	平阳书院	平远州	乾隆二十四年	东坡书院	黄平州		乐源书院	正安州	
	培基（怀阳）书院	仁怀	乾隆二年	兰篆书院	贵定	乾隆四十九年	乐源书院	正安州	
东北（5）	海州书院	海州	乾隆二年	南金书院	金州	乾隆三十八年	锦川书院	锦州	
	沈阳书院	沈阳	乾隆七年	集宁书院	宁远	乾隆五十八年			

乾隆朝书院（修复、重建）

省份（数量）	名称	地点	时间	名称	地点	时间	名称	地点	时间
	兴鲁书院	临川		琴江书院	石城		恩江书院	永丰	乾隆二十八年
江西（19）	青城（汉阳、张公）书院	临川		旭升书院	南康	乾隆八年	湖头书院	永丰	
	凤冈书院	吉安		修江书院	建昌	乾隆十三年	铃冈（铃阳、铃山、太常）书院	分宜	乾隆二十九年

243

续表

省份（数量）	名称	地点	时间	名称	地点	时间	名称	地点	时间
江西（19）	明学书院	庐陵	乾隆五年	萃和书院	泰和	乾隆十五年	梅江书院	安远	乾隆二十三年
	复古书院	安福	乾隆七年	云兴书院	万安	乾隆二十三年	龙门（龙山）书院	丰城	乾隆二十七年
	叠山书院	上饶		巽峰书院	永宁	乾隆二十六年	绍文（双溪）书院	浮梁	乾隆三十八年
	白石书院	兴安							
湖南（16）	涟溪（涟溪）书院	湘江	乾隆四年	城南书院	长沙	乾隆十年	玉潭（玉山）书院	宁乡	
	洙江书院	茶陵州	乾隆六年	仰高书院	湘阴	乾隆十二年	玉溪书院	宜章	乾隆四十二年
	明山（文清）书院	沅州府	乾隆七年	鳌山书院	武冈州		崇正（春陵）书院	宁远	乾隆四十三年
	漳江（桃川）书院	桃源	乾隆九年	鹤山书院	靖州		宜溪（南溆）书院	安仁	乾隆四十八年
	桃溪（天宁）书院	桃源	乾隆十六年	双溪（武溪、俏溪）书院	临武	乾隆十五年	澧阳（溪东）书院	澧州	乾隆五十四年
	濂溪（九江）书院	道州	乾隆六年						
浙江（14）	泳泽（承泽）书院	上虞	乾隆四年	鹿城书院	永嘉		文献书院	黄岩	乾隆二十三年
	湖山书院	镇海	乾隆四年	东山书院	永嘉		仁山书院	龙泉	乾隆二十五年
	明善书院	松阳	乾隆十五年	南屏书院	临海		东湖书院	浦江	乾隆二十八年

附表 《清代全国新建及修复（重建）书院建置一览》

续表

省份（数量）	名称	地点	时间	名称	地点	时间	名称	地点	时间
浙江（14）	罗阳书院	泰顺	乾隆十九年	龙山（五龙）书院	太平	乾隆二十年	松源书院	庆元	乾隆四十八年
	证人（稽山）书院	会稽	乾隆六十年	仙居书院	安洲				
	印山（和溪）书院	定远	乾隆七年	金华书院	射洪	乾隆十九年	鄢江（平川）书院	夹江	乾隆三十三年
	钩深（北岩）书院	涪州	乾隆九年	月心（仰山）书院	名山	乾隆二十年	斗山书院	中江	乾隆四十年
	印清（五龙、龙池）书院	犍为	乾隆十五年	学易（西湖、景阳、江阳）书院	富顺	乾隆二十六年	峨山书院	峨嵋	乾隆四十二年
四川（13）	九龙（东岩）书院	乐山	乾隆十七年	龙门书院	江安	乾隆二十九年	书台（武信、斗城、鱼山）书院	遂宁	乾隆四十三年
	锦屏书院	阆中							
	起文书院	潞安	乾隆六年	嘉山（石楼）书院	平定州	乾隆十六年	涑阳书院	绛县	乾隆二十年
	儋林书院	偏关	乾隆八年	涑水书院	夏县		廉山书院	长子	乾隆二十四年
山西（11）	望洛（文忠）书院	陵川	乾隆十四年	解梁书院	解州	乾隆十七年	文清书院	河津	乾隆二十九年
	姑汾书院	襄陵	乾隆三十一年	绵山书院	介休	乾隆三十五年			

245

续表

省份（数量）	名称	地点	时间	名称	地点	时间	名称	地点	时间
福建（11）	欧山书院	南靖	乾隆二年	建溪书院	漳州	乾隆二十一年	九曲书院	邵武府	乾隆二十年
	觉罗书院	长汀	乾隆十一年	梅石（一峰、清源）书院	晋江	乾隆十五年	云根书院	政和	乾隆二十四年
	鳌山书院	漳州	乾隆十四年	道山书院	侯官	乾隆十七年	丹诏书院	诏安	乾隆二十九年
	莲峰（冠豸）书院	连城		正学（五经）书院	将乐				
直隶（11）	万春书院	献县	乾隆十二年	金台书院	顺天	乾隆十五年	西关书院	龙门	乾隆十七年
	近圣书院	饶阳	乾隆十四年	瀛洲书院	河间		文瑞（博陵）书院	深州	乾隆十八年
	首善书院	顺天		毛公书院	河间		扶义（漆阳）书院		
	谦议（燕平）书院	昌平		明道书院	开州				
安徽（9）	循理书院	凤台	乾隆二年	峨岵书院	泾县	乾隆二十二年	东山（环谷）书院	祁门	
	复初书院	广德州	乾隆四年	蓉城（临城）书院	青阳	乾隆三十五年	碧阳书院	黟县	
	芝山书院	无为州	乾隆十八年	福山书院	婺源	乾隆三十六年	道存书院	歙县	
广东（8）	正元（贞元）书院	海阳	乾隆元年	苏泉（粟泉）书院	琼山	乾隆十年	尚友书院	定安	乾隆三十七年
	石龙（罗江）书院	化州	乾隆八年	万安书院	万州	乾隆十九年	江阳书院	吴川	乾隆四十二年
	金峰书院	顺德	乾隆五十七年	铎阳书院	高要				

附表 《清代全国新建及修复（重建）书院建置一览》

续表

省份（数量）	名称	地点	时间	名称	地点	时间	名称	地点	时间
陕西（7）	多贤书院	扶风	乾隆二年	文正书院	耀州	乾隆二十二年	紫阳（乾阳）书院	乾州	乾隆二十七年
	学古书院	三原	乾隆十四年	榆阳书院	榆林	乾隆二十三年	横渠书院	眉县	
	绿野书院	武功	乾隆三十年						
山东（7）	泰山书院	泰安	乾隆五年	松林书院	益都	乾隆十五年	重华（爱莲）书院	曹州	乾隆十九年
	性善（道一）书院	滕县	乾隆十年	一贯（宗圣）书院	郯城		清源书院	临清州	乾隆二十年
	二泉书院	峄县	乾隆四十四年						
湖北（7）	山谷（鸣凤）书院	松滋	乾隆四年	龙山书院	江陵	乾隆十八年	龙川书院	武昌	乾隆二十八年
	青阳书院	通城	乾隆九年	天门书院	天门	乾隆十九年	又川（塔山、薪稭）书院	罗田	乾隆四十四年
	岘山（昭明、武侯）书院	襄阳山							
云南（6）	玉泉书院	邓川州	乾隆元年	龙泉书院	石屏州	乾隆十八年	敬一（南阳）书院	路南州	乾隆四十八年
	凤山（来凤）书院	腾越	乾隆十四年	明志（崇正）书院	蒙化	乾隆二十三年	九峰书院	云南	乾隆五十一年
江苏（6）	华阳书院	江宁	乾隆六年	龙城书院	武进	乾隆十九年	甫里书院	长洲	乾隆三十二年
	学道书院	吴县	乾隆八年	正谊（川上）书院	铜山	乾隆三十三年	城南东林书院	无锡	乾隆四十九年

247

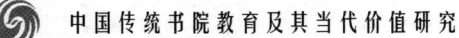

续表

省份（数量）	名称	地点	时间	名称	地点	时间	名称	地点	时间
河南（5）	颍谷书院	登封	乾隆八年	咸平（育英）书院	通许	乾隆二十一年	西溪书院	禹县	
	洺西书院	永宁		紫金书院	武安	乾隆二十五年			
广西（4）	浔江（浔阳）书院	桂平	乾隆七年	南溪书院	怀集	乾隆十一年	三元书院	藤县	乾隆五十七年
	乂江书院	乂宁							
甘肃（3）	徽山（凤山）书院	秦州	乾隆十四年	甘泉书院	甘州	乾隆二十四年	酒泉书院	酒泉	

嘉庆朝书院（新建）

省份（数量）	名称	地点	时间	名称	地点	时间	名称	地点	时间
广东（48）	锦江书院	仁化	嘉庆二年	凤冈书院	新安	嘉庆六年	鳌云书院	高明	嘉庆十四年
	绥江书院	四会	嘉庆三年	罗西书院	罗定州	嘉庆七年	龙峰书院	博罗	
	回澜书院	高要	嘉庆四年	喜泉书院	西宁	嘉庆九年	龙峰书院（养正）	长宁	嘉庆十五年
	砚溪（砚洲）书院	高要		桂河书院	西宁		文峰书院	兴宁	嘉庆十六年
	九曲书院	高要	嘉庆十二年	甘泉书院	陆丰	嘉庆十年	三台书院	清远	
	墨林书院	高要		甲秀（甲子）书院			道南书院	南雄府	
	宁溪书院	高要	嘉庆十七年	咨山书院	顺德		大廉乡书院	廉州	
	圣洲书院	番禺		文江书院	顺德		六湖乡书院	廉州	

248

附表 《清代全国新建及修复（重建）书院建置一览》

续表

省份（数量）	名称	地点	时间	名称	地点	时间	名称	地点	时间
广东（48）	羊石（羊城）书院	番禺		儒林书院	顺德		珠场乡书院	廉州	嘉庆二十年
	珠江书院	番禺		云霞书院	香山	嘉庆十三年	琴溪书院	新宁	嘉庆二十二年
	西湖书院	番禺		悦山（宁山）书院	香山	嘉庆二十一年	浚元书院	海康	嘉庆二十三年
	禺山书院	番禺	嘉庆八年	潭山书院	香山		文德书院	封川	嘉庆二十五年
	文澜书院	番禺		三山书院	香山		鹏湖书院	海阳	
	双洲书院	番禺		南明书院	香山		鹿鸣书院	德庆州	
	几成书院	番禺		宁山书院	香山		汪公书院	三水	
	云门书院	乳源	嘉庆五年	回澜书院	龙川		敦化（樊公）书院	澄海	
	金马书院	越隽厅		鹤鸣书院	涪陵	嘉庆十六年	蓬山书院	蓬溪	
四川（35）	桂华（玉珠、文昌）书院	绵阳	嘉庆二年	云屏书院	阆中		饮和（凤山）书院	蓬溪	嘉庆二十四年
	芙蓉书院	成都	嘉庆五年	东新（炳文）书院	富顺		玉山书院	蓬溪	嘉庆二十五年
	莲峰书院	隆昌	嘉庆六年	板桥书院	富顺		云峰书院	云阳	嘉庆二十年
	秉彝书院	屏山	嘉庆八年	马边书院	马边厅	嘉庆十七年	凤鸣书院	云阳	
	和成书院	金堂		归儒书院	巴县		秀山（凤鸣）书院	秀山	嘉庆二十三年
	嘉陵书院	江北厅	嘉庆十一年	宁水（涵园）书院	巴县	嘉庆二十一年	凤岐书院	简州	

249

续表

省份（数量）	名称	地点	时间	名称	地点	时间	名称	地点	时间
四川（35）	元音书院	华阳		桂林书院	荣县		公山书院	南江	
	南屏（锦屏）书院	雷波厅		旭川书院	荣县		东垣书院	南江	
	渠江书院	渠县	嘉庆十二年	复性书院	东乡	嘉庆十九年	翠屏书院	营山	
	汇江书院	渠县	嘉庆十四年	文昌书院	东乡		近仙书院	营山	
	聚贤书院	盐亭		西山书院	万县		西澜书院	瓯宁	嘉庆二十四年
	文兴书院	龙岩		双溪书院	龙岩		主静书院	彰化	嘉庆十六年
	三溪书院	龙岩	嘉庆元年	菁云书院	龙岩	嘉庆二十五年	凤仪（凤化）书院	凤山	
	松涛书院	龙岩	嘉庆二年	养正书院	南平	嘉庆六年	屏东书院	凤山	嘉庆二十年
	登高书院	龙岩	嘉庆七年	擢英书院	莆田		莘文书院	凤山	
	振文书院	龙岩	嘉庆九年	开文书院	莆田		振文书院	嘉义	嘉庆十九年
	曲水书院	龙岩	嘉庆十二年	霞文书院	龙溪		凤池书院	福州	
	钟文书院	龙岩	嘉庆十八年	霞东书院	龙溪		梁峰书院	漳浦	嘉庆二十二年
福建（30）	崇文书院	龙岩	嘉庆二十一年	引心（莲壶）书院	台湾		灵峰书院	漳平	
	博风书院	龙岩	嘉庆二十三年	仰山书院	宜兰	嘉庆十五年	云霄书院	云霄厅	
	登龙书院	龙岩		登瀛书院	瓯宁		大湖书院	苏州	嘉庆二十二年
	青溪书院	青浦		鸡鸣书院	江宁		奎光书院	江浦	嘉庆二十五年
江苏（22）	德宁书院	青浦		正谊书院	吴县		溪南书院	武进	
	昼川书院	宝应	嘉庆元年	文游书院	奉贤		梅花书院	江阴	
	景贤书院	松江		肇文书院	奉贤				

250

附表　《清代全国新建及修复（重建）书院建置一览》

续表

省份（数量）	名称	地点	时间	名称	地点	时间	名称	地点	时间
江苏（22）	石室精舍	海州	嘉庆七年	西溪书院	东台	嘉庆十年	练湖书院	嘉定	
	郁州书院	海州		师山书院	崇明	嘉庆十四年	清廉书院	嘉定	
	尊经书院	上元		东徐书院	邳州	嘉庆十六年	白公书院	太仓州	
	文明书院	瓜州							
	诂经精舍	杭州		金鳌书院	乐清	嘉庆十二年	台鼎书院	遂安	
	梅青书院	杭州	嘉庆五年	春风书院	仙居	嘉庆二十三年	武城书院	武义	
	桃源书院	杭州府於潜镇	嘉庆六年	文昌书院	宁海	嘉庆二十四年	天香书院	开化	
浙江（21）	安澜书院	海宁		东山书院	奉化		吕成公书院	寿昌	
	仰山书院	海宁	嘉庆七年	景行书院	定海		清溪书院	寿昌	
	灵山书院	镇海	嘉庆九年	骊山书院	太平		芝田书院	青田	
	萃英书院	瑞安	嘉庆十年	石龙书院	太平		澉濂书院	义乌	
	景颜书院	平原	嘉庆二年	义泉书院	费县	嘉庆十年	步云书院	郯城	嘉庆二十二年
	营陵书院	昌乐	嘉庆三年	崇文书院	费县	嘉庆二十五年	雀城书院	堂邑	
	绣江书院	章邱	嘉庆六年	朐阳书院	临朐	嘉庆十二年	振英（紫浦）书院	蒲台	
山东（17）	漯东（敷文）书院	禹城	嘉庆八年	成山书院	荣城	嘉庆十四年	霞山书院	栖霞	
	济南书院	济南	嘉庆九年	五峰（石麟）书院	长清	嘉庆二十一年	群英书院	长山	
	东皋书院	齐东		冉子书院	东阿				

251

续表

省份（数量）	名称	地点	时间	名称	地点	时间	名称	地点	时间
湖南（17）	零阳书院	慈利		道水书院	安福	嘉庆九年	泠南书院	宁远	嘉庆十八年
	观澜（丰乐）书院	安化	嘉庆四年	雅丽书院	保靖	嘉庆十一年	紫云书院	耒阳	
	崇实书院	澧阳	嘉庆七年	立诚书院	乾州厅		又兴书院	耒阳	
	濂溪书院	桂阳	嘉庆八年	浦阳书院	泸溪	嘉庆十二年	白岩（云从、锦文）书院	龙山	
	云头书院	桂阳	嘉庆十年	东山（震阳、梅城）书院	攸县		梅冈书院	酆县	嘉庆二十二年
	南平书院	兰山		鹅湖书院	常宁				
云南（17）	凤鸣（壶山）书院	永北厅	嘉庆元年	凤山书院	陆凉州	嘉庆十二年	鳌峰书院	琅盐井	嘉庆二十三年
	罗峰书院	罗平州		象山书院	晋宁州	嘉庆十九年	右仁书院	顺宁	嘉庆二十五年
	平成书院	平彝	嘉庆四年	三台（砺峰）书院	呈贡州	嘉庆二十一年	波罗书院	太和	
	凤山书院	镇雄州	嘉庆八年	文屏书院	鲁甸厅		荣正书院	河阳	
	莘文书院	文山	嘉庆十年	鹤峰书院	广西厅	嘉庆二十二年	云龙书院	禄丰	
	巨桥书院	昆阳州		日新书院	大姚				
陕西（14）	乾阳书院	乾州		和鸣书院	延安	嘉庆十三年	振文书院	宁羌州	嘉庆十五年
	成德（眉山）书院	米脂	嘉庆元年	褒城书院	褒城		班城书院	定远厅	
	洵阳书院	洵阳	嘉庆六年	连云书院	褒城		兴华书院	吴堡	嘉庆十九年
	育英书院	汉阴	嘉庆八年	廉泉书院	褒城	嘉庆十四年	少华书院	华州	嘉庆二十年
	永康书院	保安	嘉庆二十四年	中梁书院	南郑				

附表 《清代全国新建及修复（重建）书院建置一览》

续表

省份（数量）	名称	地点	时间	名称	地点	时间	名称	地点	时间
广西（10）	正谊书院	荔浦	嘉庆五年	修明书院	苍梧		豫庵书院	横州	
	藤州书院	藤县	嘉庆十年	安隆书院	西隆州		大观书院	永淳	
	凤岩书院	恭城	嘉庆十一年	敬业书院	平乐		得一书院	玉林州	
	壶山书院	临桂							
贵州（10）	正本书院	贵阳		凤山（凤翔）书院	施秉	嘉庆十年	笔山书院	兴义	嘉庆十年
	正习书院	贵阳	嘉庆五年	岑麓书院	施秉		桅峰（珠泉）书院	兴义	嘉庆二十一年
	凤山书院	普安厅	嘉庆五年	开州书院	开州	嘉庆十五年	荔波书院	荔波	嘉庆十九年
	安平（治平）书院	普定	嘉庆七年						
安徽（9）	奎文书院	霍山	嘉庆三年	培文书院	桐城		毓文书院	旌德	嘉庆元年
	岩溪书院	歙县	嘉庆十九年	培英书院	亳州	嘉庆二十五年	莲溪书院	庐江	
	石梁书院	天长	嘉庆二十年	龙山书院	泾县		东山书院	巢县	
甘肃（8）	文光书院	固原州	嘉庆二年	凤台书院	安定	嘉庆十四年	丹山（广香）书院	两当	嘉庆十六年
	仰止（天山）书院	山丹	嘉庆七年	枝阳书院	会宁		五泉书院	皋兰	嘉庆二十三年
	昌湖书院	玉门		澜泉书院	安西州				
江西（5）	崇文书院	宜黄	嘉庆二年	右文书院	乐安	嘉庆八年	章山书院	清江	嘉庆二十二年
	兴贤书院	永丰		东莱书院	瑞昌	嘉庆十一年			

253

续表

省份（数量）	名称	地点	时间	名称	地点	时间	名称	地点	时间
湖北（3）	清江书院	长阳	嘉庆六年	南郡书院	施南	嘉庆十七年	丹阳书院	归州	嘉庆二十二年
河南（3）	经正（莘原）书院	卢氏		新院	孟津		韩山书院	涉县	
东北（2）	聚星书院	义州	嘉庆九年	白山书院	吉林	嘉庆十九年			
山西（1）	芦秀书院	五寨	嘉庆十一年						

嘉庆朝书院（修复、重建）

省份（数量）	名称	地点	时间	名称	地点	时间	名称	地点	时间
广东（4）	会英书院	英德	嘉庆十九年	探花书院	兴宁	嘉庆十八年	古冈书院	新会	
	翔龙书院	吴川	嘉庆二十二年				丰羽（铜峰）书院	泌县	嘉庆十三年
河南（3）	问津书院	叶县	嘉庆十六年	文城书院	西平	嘉庆十八年	凤山书院	大宁	嘉庆二十一年
四川（3）	翠屏书院	叙州	嘉庆六年	嘉湖书院	南充	嘉庆十三年			
直隶（2）	聚魁书院	开州	嘉庆四年	溠阳书院	磁县				
陕西（1）	龙凤（作新、正新）书院	沔县	嘉庆二十年						
江苏（1）	敬简书院	邳州							
安徽（1）	西畴书院	歙县	嘉庆八年						
江西（1）	东湖书院	南昌							
湖南（1）	崇濂（正学、三兰）书院	兰山	嘉庆二年						

254

附表 《清代全国新建及修复（重建）书院建置一览》

续表

省份（数量）	名称	地点	时间	名称	地点	时间	名称	地点	时间
广西（1）	明伦（怀原）书院	怀集							
贵州（1）	屏山（文澜）书院	石阡							

道光朝书院（新建）

省份（数量）	名称	地点	时间	名称	地点	时间	名称	地点	时间
广东（55）	澄澜书院	香山	道光二年	秀水书院	南海		九龙书院	感恩	道光九年
	天衢书院	香山		河清书院	南海		三都书院	普宁	道光十年
	东坡书院	儋州	道光三年	震亨书院	南海		锦江书院	西宁	道光十三年
	学海堂	广州		三姓书院	南海		桂岭书院	高要	道光十三年
	连峰书院	潮阳		北村书院	南海		文元书院	高明	道光十四年
	登龙讲院	潮阳	道光十九年	象贤书院	南海		清和书院	高明	道光二十二年
	礼乐书院	新会	道光四年	扶溪书院	南海		秀丽书院	高明	
	云汉书院	新会		兴贤书院	番禺	道光六年	川西书院	吴川	道光十七年
	龙光书院	新会		彬社书院	番禺		潭溪书院	新宁	道光二十一年
	养正书院	新会		镜溪书院	番禺		鹤峰书院	顺德	
	西南书院	新会	道光二十六年	回澜书院	番禺		金坡书院	顺德	道光二十八年
	莘华书院	新会		同文书院	石城		兰田书院	丰顺	
	富山书院	新会		乐古书院	琼山	道光七年	步瀛书院	开平	道光二十七年
	儒林乡书院	南海	道光五年	文昌书院	德庆州		资善书院	开平	
	云鹏书院	南海	道光二十四年	梅坡书院	茂名	道光八年	文光书院	化州	

255

续表

省份（数量）	名称	地点	时间	名称	地点	时间	名称	地点	时间
广东(55)	文澜书院	南海		扶风书院	仁化		贤侯书院	和平	
	焕文书院	南海	道光二十九年	董劝书院	仁化		紫金书院	永安	
	文明书院	南海		兴贤书院	博罗		元城书院	嘉应州	
	昌黎书院	镇平							
	南阳书院	浮梁	道光元年	启元书院	万载		梯云书院	义宁州	道光二十四年
	东山书院	浮梁		正源书院	万载		仁义书院	义宁州	
	安浦书院	乐安	道光二年	集益书院	万载		五之书院	上高	
	沵乐书院	乐安		登峰书院	万载		景高书院	上高	
	尚义书院	乐安	道光三十年	育英书院	万载		西箴书院	上高	
	汝东书院	东乡		秀水书院	永新	道光九年	阳明书院	吉安	
	玉屏书院	长宁		新湘江书院	会昌	道光十一年	经训书院	南昌	
	逢原书院	丰城		敬承书院	会昌	道光二十七年	求志书院	永丰	道光二十三年
	澄溪书院	丰城		双桂书院	上饶	道光二十二年	明经书院	永丰	道光二十八年
江西(50)	荷塘书院	丰城		紫峰书院	瑞昌	道光十五年	喻义(逢源)书院	庐陵	道光二十六年
	岐峰书院	奉新	道光三年	宝贤书院	兴国	道光十六年	爱莲书院	庐陵	
	西坪书院	奉新	道光二十五年	玉峰书院	永宁	道光十九年	敬修书院	庐陵	
	石溪书院	安仁	道光四年	联奎书院	永宁	道光二十年	兼善书院	庐陵	
	凤冈书院	新昌		龙江书院	永宁		澄江书院	泰和	
	汝阴书院	临川	道光五年	筒峰书院	义宁州	道光十八年	东壁书院	弋阳	道光二十九年
	彦威书院	万载	道光七年	奎光书院	宜黄		龙标书院	分宜	
	灵山书院	宜黄		彩云书院					

附表 《清代全国新建及修复(重建)书院建置一览》

续表

省份(数量)	名称	地点	时间	名称	地点	时间	名称	地点	时间
福建(32)	雁塔书院	龙岩	道光元年	崇文书院	龙岩		奎文书院	嘉义	道光二十七年
	奇迈书院	龙岩		封山书院	龙岩		龙山书院	福州	
	凤山书院	龙岩		绍经书院	龙岩		燕洋书院	永安	
	凌云书院	龙岩		会洲书院	龙岩		凤冈书院	高雄	道光十年
	东洋书院	龙岩	道光六年	安仁书院	漳平	道光三年	兰田书院	云林	道光十一年
	观澜书院	龙岩		文开书院	彰化	道光四年	修文书院	云林	
	大中书院	龙岩		集义书院	政和	道光五年	金山书院	金门	道光十五年
	溪南书院	龙岩		熊山书院	政和		学海(文甲)书院	台北	道光二十三年
	西山书院	龙岩		文峰岩凌云书院	莆田		汇沙书院	瓯宁	
	龙宫书院	龙岩		罗山书院	嘉义	道光九年	杉阳书院	泰宁	
	衡文书院	同安		鹭津书院	同安				
四川(29)	墨池书院	成都		奎峰书院	南溪		云岩书院	三台	道光十八年
	集义书院	蓬溪	道光元年	凤池书院	西昌	道光十四年	桂林书院	三台	道光二十五年
	潜德书院	蓬溪	道光三年	咪江书院	灌县		祥柏书院	东乡	
	里仁书院	蓬溪	道光十二年	菁城书院	灌县	道光十五年	陶成书院	东乡	
	明月书院	遂宁		临江书院	崇庆州	道光二十四年	来能书院	东乡	道光二十六年
	旗山书院	开县	道光八年	汉源书院	资州	道光十六年	菁莪书院	内江	道光二十二年
	汉丰(开阳)书院	开县	道光九年	栖云(艺风)书院	资州		花萼书院	大竹	道光二十三年
	桂林书院	江津	道光十三年	凤鸣书院			凤鸣书院		

257

续表

省份（数量）	名称	地点	时间	名称	地点	时间	名称	地点	时间
四川（29）	余庆书院	江津		益昌（山泉）书院			凤集书院	简州	
	玉环书院	蓬州	道光二十七年	崇善书院	安县	道光十七年	同文书院	江浦	道光十九年
	钟吾书院	宿迁	道光三年	清心书院	云阳	道光二十年	英湖书院	江浦	
	祁阳书院	江都	道光四年	柘湖书院	上海	道光十年	选青书院	赣榆	
	猴山书院	泰州	道光五年	大观书院	金山		临津书院	宜兴	道光二十六年
	求忠（鹤城）书院	华亭		青山书院	金山		国山书院	宜兴	道光二十七年
江苏（28）	学海书院	宝山	道光六年	锦峰书院	武进	道光十二年	鹅山书院	宜兴	
	罗山书院	宝山	道光二十一年	文正书院	浒墅关	道光十三年	崇文书院	盐城	
	峚山书院	高淳		惜阴书院	兴化	道光十四年	文津书院	淮关	道光二十八年
	震川书院	嘉定		新龙城书院	江宁		淮溪书院	桃源	
	恋珠书院	上海	道光八年	峰阳书院	萧县		成材书院	蠡县	道光二十二年
	金沙书院	金坛		缙文书院	邳州	道光十八年	近光书院	平谷	
	奎文书院	武清	道光五年	东溪书院	延庆		观津书院	武邑	道光二十三年
	登瀛书院	任邱	道光六年	焕文（唐岩）书院	临榆	道光十四年	河阳书院	定兴	道光二十四年
	辅仁书院	天津	道光七年	东川书院	行唐	道光十五年	广乡书院	任县	道光二十七年
	振秀书院	承德		广泽书院	西宁	道光十六年			
	凤山书院	丰宁		信成（经正）书院	钜鹿	道光十七年	碣阳书院	昌黎	道光二十九年
直隶（27）	嘉禾书院	万全	道光八年		清河	道光十八年			

258

附表 《清代全国新建及修复（重建）书院建置一览》

续表

省份（数量）	名称	地点	时间	名称	地点	时间	名称	地点	时间
直隶（27）	兰阳书院	遵化	道光十一年	春晖书院	清河	道光十一年	潴阳书院	武强	道光二十一年
	经川书院	玉田	道光十二年	尧山书院	尧山	道光二十年	凤仪书院	朝阳	道光二十年
	沮阳书院	怀来	道光十三年	重光书院	枣强	道光二十年	中山书院	定州	道光二十三年
	潏阳书院	晃州厅	道光元年	资东书院	邵阳		洞溪书院	浏阳	道光二十六年
	省城书院	长沙	道光二年	隆中书院	邵阳	道光十二年	狮山书院	浏阳	道光二十七年
	蔚文（永宁）书院	绥宁		西山书院	宜章	道光七年	文华书院	浏阳	
	珠泉书院	嘉禾	道光三年	栗源书院	宜章	道光二十四年	清溪书院	常宁	
湖南（26）	莼湖书院	临湘	道光四年	谦岩书院	宜章		凤感书院	兰山	
	培英书院	桂东	道光五年	蒙泉书院	溆浦		乡梧（梧冈）书院	兰山	道光二十三年
	崇实书院	祁阳		疑麓书院	宁远	道光十五年	龙潭书院	湘潭	
	文明书院	祁阳		崇德书院	宁远	道光十九年	道南书院	道州	
	濂溪书院	江华		濂溪书院	东安				
	州新书院	宁海	道光元年	乐育（清泉）书院	冠县	道光九年	祀阳书院	定陶	道光二十四年
	士乡书院	黄县		育英书院	朝城	道光十一年	谷城书院	东阿	道光二十六年
山东（24）	锄经书院	阳信		督扬书院	齐河	道光十三年	凤鸣（诂经、凤山）书院	昌邑	道光二十六年
	鸾翔书院	肥城	道光二年	昌平书院	曲阜		大同书院	夏津	道光二十七年
	麦邱书院	商河		老山书院	茌平	道光十四年	汶源书院	莱芜	
	梨邱书院	临邑	道光三年	乡升书院	惠民	道光十五年	奎山（福山）书院	长清	

259

续表

省份（数量）	名称	地点	时间	名称	地点	时间	名称	地点	时间
山东（24）	寿良书院	寿张	道光五年	奎峰书院	日照	道光十八年	大东书院	蓬莱	
	梁邹书院	邹平	道光八年	白麟书院	德平	道光二十三年	蔡苍书院	蓬莱	
	古睢书院	宿州		白鹤书院	桐城	道光二十三年	平壁书院	滁县	
	南书院	来安	道光七年	濂溪书院	绩溪	道光二十六年	井养书院	全椒	
	新养正书院	蒙城	道光十年	聚星书院	颍州	道光二十七年	秘阁书院	歙县	
安徽（20）	泾川书院	泾县	道光十一年	开文书院	婺源	道光二十八年	飞布书院	歙县	
	狮山书院	泾县		文峰书院	太和		岑山书院	歙县	
	桐乡书院	桐城	道光二十年	临淮书院	临淮		竹山书院	歙县	
	汤光书院	绩溪		桂枝书院	绩溪				
	定阳书院	常山	道光三年	广学书院	浦江	道光八年	管溪书院	云和	
浙江（20）	振文书院	青田		宾坚书院	临海		凤梧书院	龙游	道光二十五年
	春江书院	富阳	道光五年	金鳌书院	临海	道光九年	芝峰书院	乐清	道光二十六年
	锦城书院	临安	道光六年	经正书院	上虞	道光十四年	聚英书院	龙泉	
	宝贤书院	建德	道光七年	承先书院	仙居	道光十六年	崇文书院	太平	道光二十七年
	苔南书院	余杭		学海堂	杭州		龙湖书院	归安	道光二十九年
	培文书院	永康		妙高书院	遂昌				
湖北（18）	秀林书院	枣阳	道光四年	龙潭书院	黄冈		董公书院	当阳	
	观山书院	孝感	道光十年	白云书院	黄冈		集诚书院	沔阳州	
	信陵书院	巴东	道光十八年	沮江书院	远安		举水书院	麻城	
	蒲东书院	应城		鹤鸣书院	鹤峰		培风书院	麻城	
	培英书院	金筒司	道光二十年	文明书院	广济	道光二十八年	九峰书院	长阳	
	蔚文书院	咸丰	道光二十一年	崇正书院	汉阳		吉阳书院	安陆	

附表 《清代全国新建及修复（重建）书院建置一览》

续表

省份（数量）	名称	地点	时间	名称	地点	时间	名称	地点	时间
云南（14）	培凤书院	宝宁	道光二年	崇正书院	建水	道光十七年	钟秀书院	江川	道光二十七年
	化平书院	永平	道光十二年	联珠书院	他郎厅		玉屏书院	石屏州	
	钟秀书院	广西厅	道光十四年	龙门书院	云龙州	道光十九年	月潭书院	巧家厅	
	五莲书院	永善	道光十六年	彩云书院	云龙州		桂香书院	元谋	道光三十年
	畴阳（兴文）书院	马关		鹅塘书院	宜良				
陕西（12）	留河（紫阳）书院	留坝厅	道光二年	又川书院	孝义厅	道光七年	启文书院	沂阳	道光十七年
	景贤书院	渭南		烛峰（岚河）书院	砖坪厅	道光十年	笔峰书院	安定	道光二十一年
	宜山书院	长武	道光三年	嘉陵书院	略阳	道光十一年	冯翊书院	大荔	道光二十六年
	安业书院	镇安	道光五年	翠屏书院	永寿	道光十三年	冀南书院	醴泉	
	兰阳书院	禹县	道光三年	韫山书院	浚县		固山书院	获嘉	
	方山书院	禹县	道光四年	寒溪书院	汝阳	道光十六年	安昌书院	武陟	
	养蒙书院	禹县		东渠书院	荥阳		河朔书院	武陟	
	铜峰书院	沁县							
山西（8）	蒲阳书院	永济	道光五年	少山书院	普阳	道光元年	古陶书院	平遥	道光八年
	敬毅书院	永济	道光十二年	晋泉（桐封）书院	太原		超山书院	平遥	道光二十四年
	鄂水书院	乡宁	道光十二年	漳川书院	襄垣	道光十七年			
甘肃（7）	鹤瓢（金台）书院	灵台	道光元年	观澜书院	靖远	道光四年	皋兰书院	皋兰	道光二十二年
	蓼泉书院	临泽	道光三年	青城书院	皋兰	道光十一年	六德书院	皋兰	
	正明书院	阶州	道光二十八年						

261

续表

省份（数量）	名称	地点	时间	名称	地点	时间	名称	地点	时间
东北（4）	襄平书院	辽阳	道光十五年	辰州书院	盖平		柳城书院	宁远	
	凌川书院	锦州	道光二十一年						
广西（4）	龙江书院	天河	道光二年	寿阳书院	阳朔	道光十七年	莘英（雷江）书院	来宾	
	五源书院	富川	道光十二年						

道光朝（修复、重建）

省份（数量）	名称	地点	时间	名称	地点	时间	名称	地点	时间
浙江（5）	兴贤（志学、玉华）书院	分水	道光三年	石鼓（鼓山）书院	新昌		赤城书院	台州	
	苕山书院	景宁	道光三十年	广平书院	奉化				
江西（5）	敷阳（河东）书院	德安	道光三年	河源书院	广丰	道光二十年	鳌溪书院	乐安	
	崇正书院	信丰	道光四年	阳明书院	赣县	道光二十二年			
湖北（3）	寿昌（崇文）书院	武昌		新溪书院	蒲圻		六一书院	宜昌	
山东（3）	曾子书院	嘉祥		闽韶书院	济阳		居敬、井莲、雨霁书院	曹州	
安徽（2）	湖山书院	婺源	道光十二年	正学书院	灵璧	道光二十年			
直隶（2）	白檀书院	密云	道光十三年	益津书院	霸县				
广东（2）	贵生书院	徐闻	道光元年	文昌（濂溪、昌江）书院	乐昌	道光十八年			

262

附表 《清代全国新建及修复（重建）书院建置一览》

续表

省份（数量）	名称	地点	时间	名称	地点	时间
河南（1）	芝泉书院	新安	道光九年			
山西（1）	首阳书院	永济	道光三十年			
江苏（1）	虞溪书院	常熟				
福建（1）	立诚书院	莆田				
湖南（1）	龙潭（主一、敬一）书院	湘潭	道光二十六年			
贵州（1）	魁山书院	贵定	道光十八年			
四川（1）	石鼓书院	东乡	道光九年			

咸丰朝书院（新建）

省份（数量）	名称	地点	时间	名称	地点	时间
广东（35）	凤鸣书院	东莞	咸丰元年	十六坊书院	高要	咸丰九年
	鹅泽书院	番禺		思礼书院	高要	
	同泽书院	番禺		翰香书院	琼山	咸丰五年
	冈尾书院	番禺		环江书院	琼山	咸丰六年
	费南书院	番禺		炳文书院	琼山	
	文明书院	番禺		珠崖书院	广州	咸丰二年
	安和书院	番禺		英华书院	信宜	咸丰三年
	公平书院	高要		怀新书院	南海	咸丰四年
	五杜书院	高要		翘秀书院	南海	
	三都书院	高要		梯云书院	顺德	
	桂源书院	增城	咸丰八年	钟山书院	恩平	
	南屏书院			五福书院		
				观澜书院	顺德	
				鉴傍书院	顺德	
				云津书院	顺德	
				北池书院	顺德	
				渤海书院	顺德	
				余山书院	顺德	
				鳌峰书院	顺德	
				星槎书院	新会	
				天河书院	饶平	
				桂山书院	开平	
				康乐书院		咸丰七年

263

续表

省份（数量）	名称	地点	时间	名称	地点	时间	名称	地点	时间
四川（12）	龙门书院	简州	咸丰元年	卯峰书院	万县	咸丰七年	兴仁（寿江）书院	灌县	
	蒙泉书院	简州		大和书院	万县	咸丰九年	云峰书院	灌县	
	沿江书院	三台	咸丰二年	翠屏（经正）书屏	内江	咸丰十一年	五溪书院	云阳	
	盛功书院	西昌	咸丰三年	育才书院	江津		梅江书院	秀山	咸丰六年
湖南（10）	龙湖书院	茶陵州		凤翔书院	淑浦	咸丰三年	钟毓书院	芷江	咸丰十一年
	鳌峰书院	茶陵州	咸丰五年	正谊书院	淑浦		箴言书院	益阳	
	求忠（维新）书院	新宁	咸丰元年	求忠书院	长沙	咸丰四年	稽古书院	邵阳	
	忠义书院	桂阳州							
江西（10）	登云书院	奉新		文澜书院	兴国	咸丰元年	双忠书院	庐陵	咸丰十年
	凌云书院	萍乡		文山书院	庐陵	咸丰二年	两都文课书院	庐陵	
	瀹洲书院	新喻		宾兴书院	庐陵	咸丰九年	竹山书院	乐安	咸丰四年
	启秀书院	万载							
山东（9）	三台书院	惠民		明志书院	沂水	咸丰七年	嘉祥书院	嘉祥	咸丰九年
	怡怡书院			州卫书院	德州	咸丰八年	三省（曾子、正学）书院	济宁州	
	怀德书院	泰安	咸丰三年	梨台书院	临邑		南洲书院	济宁州	
浙江（9）	开文书院	石门	咸丰元年	文达（翼文）书院	黄岩		月湖书院	太平	
	鹏岭书院	青田	咸丰十年	东瓯（东山）书院	黄岩		文炳书院	太平	
	云衢书院	镇海		九峰书院	黄岩		鸿文书院	太平	

附表 《清代全国新建及修复（重建）书院建置一览》

续表

省份（数量）	名称	地点	时间	名称	地点	时间	名称	地点	时间
江苏（8）	珠溪书院	青浦	咸丰元年	檇江书院	泰兴	咸丰十年	景范书院	兴化	
	庭闻书院	青浦	咸丰二年	文明书院	兴化		石鹿书院	兴化	
	明性书院	兴化		仕优书院	兴化				
河南（6）	东湖书院	新乡	咸丰元年	洞阳书院	荥阳	咸丰六年	淮西书院	汝阳	
	桃潭书院	孟县	咸丰三年	新书院	睢州		南峧书院	汝阳	
云南（5）	明新书院	丘北	咸丰二年	升庵书院	安宁州		锴峰书院	罗平州	
	凤鸣书院	交山	咸丰四年	乐育书院	河西				
直隶（4）	洵阳书院	三河	咸丰元年	方城书院	固安	咸丰八年	香皋（乔川、滋阳）书院	深泽	
	濡上书院	高阳	咸丰二年						
陕西（4）	迎秀书院	佛坪厅	咸丰七年	水南书院	澄城		壹南书院	澄城	
	快园书院	韩城							
福建（4）	玉山书院	嘉义	咸丰元年	道东（线西）书院	台湾	咸丰七年	龙山书院	建瓯	
	潞河书院	福州	咸丰三年	尔雅书院	宜昌	咸丰十年	龙洞书院	宣恩	
湖北（3）	太和书院	均州		锦屏书院	怀仁				
山西（2）	吉昌书院	吉州	咸丰四年	三台书院	绥阳				
贵州（2）	龙泉书院	八寨厅							
甘肃（1）	光四（宽山）书院	皋兰	咸丰三年						
东北（1）	塔山书院	海州							
广西（1）	环江书院	思恩							
安徽（1）	教忠书院	婺源							

265

咸丰朝（修复、重建）

省份（数量）	名称	地点	时间	名称	地点	时间
江西(3)	兴仁书院	泰和	咸丰二年	成德书院	湖口	咸丰十年
直隶(1)	养正书院	枣强	咸丰四年			
湖南(1)	爱莲书院	邵阳				
广东(1)	星岩（龙图）书院	高要				

同治朝书院（新建）

省份（数量）	名称	地点	时间	名称	地点	时间
江西(95)	浅陂书院	庐陵	同治元年	云从书院	赣县	同治六年
	桂馨书院	庐陵		南轩书院	萍乡	
	至乐书院	庐陵		忠敬书院	余干	同治八年
	莘源书院	庐陵		凤澜书院	义宁州	同治七年
	义首书院	永丰		培原书院	义宁州	同治九年
	螺城书院	永丰		文藻书院	龙泉	
	植桂书院	万年		崇正书院	新城	同治四年
	萃英书院	万年	同治二年	屏山书院	石城	
	拱辰书院	万年		长松书院	石城	同治十年
	爱莲书院	赣县		上义书院	奉新	同治五年
	位琴书院	乐安		培风书院	乐安	
	五湖书院	乐安		崇雅书院	乐安	
	乐至书院	乐安		乐贤书院	乐安	
				金鳌书院	乐安	
				宏敷书院	乐安	
				斗峰书院	乐安	
				丹桂书院	广丰	
				观成书院	大庾	同治十二年
				碧莲书院	永新	
				义峰书院		

266

附表 《清代全国新建及修复（重建）书院建置一览》

续表

省份（数量）	名称	地点	时间	名称	地点	时间	名称	地点	时间
江西（95）	竹洲书院	乐安		模山书院	乐安		崇文书院	永新	
	鹏博书院	乐安		横塘书院	乐安		龙江书院	永新	
	育英书院	乐安		龙江书院	乐安		兴贤书院	永新	
	昌文书院	乐安		思敬书院	乐安		振兴书院	永新	
	江都书院	乐安		山南书院	乐安		文洲书院	永新	
	园通书院	乐安		中山书院	乐安		四教书院	永新	
	湖石书院	乐安		正所书院	乐安		联珠书院	永新	
	东山书院	乐安		龙川书院	乐安		崇贤书院	永新	
	典宣书院	乐安		山阴书院	乐安		聚奎书院	永新	
	镜山书院	乐安		崇文书院	乐安		松山书院	铅山	
	中冈书院	乐安		鸽原书院	乐安		相乡书院	铅山	
	亦简书院	乐安		桂岩书院	乐安		育英书院	德兴	
	敬业书院	乐安		步云书院	乐安		育才书院	德兴	
	朝锡书院	乐安		义云书院	乐安		袁公怀仁书院	德兴	
	蓉山书院	乐安		春谷书院	乐安		南山书院	德兴	
	焕文书院	乐安		崇实书院	安福		从贤书院	德兴	
	凭山书院	乐安		进修书院	高安		芗山书院	建昌	
	小山书院	德安		壶峰书院	信丰		南山书院	兴国	
	共学书院	彭泽		文明书院	长宁				
湖南（40）	天岳书院	平江	同治元年	文江书院	茶陵州		芦江书院	茶陵州	
	崇儒书院	宁远	同治二年	寻乐书院	茶陵州		范乐书院	茶陵州	
	望疑书院	宁远		白沙书院	茶陵州		文峰（雯峰）书院	衡山	

267

续表

省份（数量）	名称	地点	时间	名称	地点	时间	名称	地点	时间
湖南（40）	经正书院	邵阳		零江书院	茶陵州		延庆书院	酃县	
	仰高书院	耒阳		象湖书院	茶陵州		文明书院	酃县	
	峡山书院	攸县	同治三年	大湖书院	茶陵州		鹿元书院	酃县	
	云山书院	宁乡	同治四年	龙湖书院	茶陵州		景行书院	祁阳府	
	金城书院	新宁	同治八年	源泉书院	茶陵州		酉阳书院	辰溪	
	紫溪书院	东安		梅林书院	茶陵州		指南书院	辰溪	
	澄江书院	东安		幼学书院	茶陵州		北泉书院	永兴	
	城东书院	宜章	同治九年	梓林书院	茶陵州		正业书院	绥宁	
	霞城书院	湘潭		逢原书院	茶陵州		湘南塔峰书院	桂阳州	
	江东书院	醴陵		崇文书院	茶陵州		凤山书院	桂阳州	
	鉴湖书院	桂阳州							
广东（38）	草山书院	香山	同治元年	近圣书院	恩平	同治六年	南恩书院	阳江	同治九年
	烟洲书院	香山		升平书院	恩平		南富（南宫）书院	茂名	同治十年
	毓秀书院	香山		遵义（城）书院	赤溪		兴道书院	揭阳	
	泷水书院	罗定州		遵义（乡）书院	赤溪		宝峰书院	揭阳	
	龙田书院	四会	同治四年	启元书院	大埔		通儒书院	阳山	同治十一年
	龙江书院	四会	同治五年	敦和书院	顺德	同治七年	六都书院	潮阳	
	兴贤书会	龙门		三湖书院	南海		奎光书院	潮阳	同治十三年
	菊坡精舍	广州		登俊书院	南海		禹东书院	番禺	

附表 《清代全国新建及修复（重建）书院建置一览》

续表

省份（数量）	名称	地点	时间	名称	地点	时间	名称	地点	时间
广东（38）	应元书院	广州		彰善书院	南海		遂良书院	番禺	
	培文书院	龙川		吉河书院	清远	同治八年	员冈书院	番禺	
	育文书院	开平		回龙书院	高要		亭山书院	番禺	
	月山书院	开平		槎西书院	高要	同治十二年	三阿书院	番禺	
	绍山书院	番禺		莲溪书院	高明				
浙江（38）	蓬山书院	定海	同治元年	南溪书院	黄岩		翠文（冀文）书院	太平	同治九年
	文蔚书院	余姚		杞贤（皇琅）书院	黄岩		凤山书院	太平	
	印山书院	临海	同治二年	西华书院	黄岩	同治八年	望云书院	太平	
	椒江书院	临海		灵石书院	黄岩		龙山书院	海宁	
	东山书院	临海		原道书院	黄岩		玉海（天香）书院	玉环厅	
	三台书院	临海		文正书院	宁海	同治七年	西山书院	於潜	
	旦华书院	临海		南乡龙山书院	宁海		星岩书院	平阳	
	尊儒书院	临海		亭山书院	宁海		阳山书院	嵊县	
	桐溪书院	桐乡	同治三年	逸志书院	宁海		继志书院	景宁	
	翔云书院	桐乡		拱台书院	归安	同治十一年	博爱书院	景宁	
	枫溪书院	嘉善		蓉湖书院	乌程		虞山书院	景宁	
	金清书院	黄岩		五湖书院	绵阳	同治十一年	涪陵书院	潼州	
四川（27）	双峰书院	江津	同治元年	丰乐书院	灌县		龙门书院	荣县	
	聚奎书院	江津		诚正书院					

269

续表

省份（数量）	名称	地点	时间	名称	地点	时间	名称	地点	时间
四川（27）	莲峰书院	江津		养正书院	灌县	同治八年	三元书院	三台	同治九年
	兴文书院	东乡		楚材书院	宜宾		八旗少城书院	成都	同治十年
	中和书院	东乡		莘英书院	宜宾		经道书院	崇庆州	
	萍乡书院	秀山	同治四年	敷文书院	威远	同治十三年	凤楼书院	彭县	
	朝阳书院	巴县		镜塘书院	泸县	同治七年	奎文书院	富顺	
	龙腾书院	南溪	同治五年	川南书院	泸县		三台书院	富顺	
	鹤鸣书院	绵阳	同治六年	澄江书院	郫县		南浦书院	万县	
	养蒙书院	山阴	同治三年	歌风书院	沛县	同治五年	盛湖书院	吴江	
	龙门书院	上海	同治四年	太平洲书院	泰兴	同治六年	道南书院	阳湖	同治八年
	吴公书院	上海	同治十一年	观风书院	南汇		明德书院	山阳外	同治十年
江苏（19）	诂经精舍	上海	同治十二年	崇实书院	清河		登瀛书院	崇明	
	格致书院	上海	同治十三年	鹅西书院	宜兴	同治七年	尊道书院	太仓州	
	太平书院	丹徒		东渐书院	通州		正心书院	兴化	
	马公书院	丰县							
	奎五书院	建阳	同治二年	正学书院	浦城	同治七年	道南书院	长汀	
	招贤书院	建阳	同治三年	屏山书院	仙游		丽泽书院	长汀	
福建（18）	正谊书院	福州		霞桥书院	龙溪		毓秀书院	宁化	
	致用书院	福州	同治十年	向文书院	平和		鹏山书院	永春	
	富沙书院	浦城		振南书院	建宁		怀古书院	永春	
	青黎书院	浦城	同治四年	东山书院	建宁		梯山书院	永春	

附表　《清代全国新建及修复（重建）书院建置一览》

续表

省份（数量）	名称	地点	时间	名称	地点	时间	名称	地点	时间
直隶（17）	平乡书院	平乡	同治三年	圣泉书院	无极	同治七年	贯乡书院	元城	同治十一年
	凤台书院	大城		观津书院	东光		尊道书院	乐亭	同治十二年
	龙泉书院	西宁	同治五年	益昌书院	永清	同治八年	育英书院	邢台	
	蒙泉书院	顺义		紫峰书院	定兴	同治十年	敬义书院	枣强	
	九河（雄文）书院	雄县		乐昌书院	南乐		继志书院	邯郸	同治十三年
	香山书院	昌黎		龙泉书院	阜平				
湖北（15）	麟溪书院	恩施	同治二年	长林书院	荆门州	同治九年	南平（凤公）书院	公安	
	成山书院	恩施		白阳（白杨）书院	荆门州		江峰书院	沔阳州	
	京南书院	京山	同治四年	经心书院	武昌	同治八年	育英书院	房县	
	龙蟠书院	荆门州		文华书院	武昌	同治十年	三闾书院	郧阳	
	凤冈书院	荆门州		大观书院	江夏		鸣凤书院	远安	
云南（11）	萃秀书院	嶍峨		鹿城书院	楚雄府		敷文书院	太和	
	关阳书院	大关厅	同治八年	养正书院	弥勒	同治十一年	越州书院	南宁	
	鹫峰书院	黑盐井提举司	同治九年	西云书院	大和		凌凤书院	景东厅	同治十二年
	星湖书院	宁州		学源书院	宁州				
安徽（10）	崇报书院	婺源		三隅书院	泾县	同治四年	文正书院	涡阳	同治六年
	鸠江（中江）书院	芜湖		溠河书院	五河	同治五年	立成书院	宿州	同治九年

271

续表

省份（数量）	名称	地点	时间	名称	地点	时间	名称	地点	时间
安徽（10）	州来书院	凤台	同治二年	研经（研究）书院	建德		崇正书院	庐江	
	郎川书院	建平							
山东（9）	广文书院	登州	同治三年	尚志书院（金泉精舍）	历城	同治八年	××书院	城武	同治十二年
	广德书院	青州	同治五年	罗峰书院	招远	同治十年	闻韶书院	临淄	同治十三年
	北海书院	寿光	同治七年	通德书院	高密	同治十一年	同人书院	临邑	
甘肃（6）	金山书院	山丹	同治十年	钟灵书院	金积	同治十二年	南华书院	甘州	同治十三年
	襄武书院	陇西	同治十一年	归儒书院	化平		关山书院	康县	
广西（5）	经古书院	玉林州	同治七年	龚州书院	平南	同治九年	左江书院	南宁	
	寨阳书院	玉林州	同治十二年	桂山书院	临桂	同治十一年			
河南（4）	柳湖书院	淮阳		梦笔书院	考城		尊文书院	鄢陵	
	崇正书院	南阳							
山西（4）	汾南书院	绛州	同治元年	王官书院	虞乡	同治十一年	中阳书院	孝义	
	启秀书院（长白书院）	归化	同治八年						
陕西（4）	泾干书院	泾阳	同治十二年	定阳书院	定边		友仁书院	朝邑	同治十三年
	咏经书院	泾阳	同治七年						
东北（3）	开文书院	昌图		种榆书院	伯都纳	同治十一年	崇文书院	吉林	同治十三年
贵州（2）	鹤鸣书院	沿河		松江书院	桐梓	同治十三年			

附表 《清代全国新建及修复（重建）书院建置一览》

同治朝书院（修复、重建）

省份（数量）	名称	地点	时间	名称	地点	时间
浙江（3）	东屿书院	太平	同治十年	云阳书院	太平	
	独峰书院	缙云				
直隶（3）	大原（敬义）书院	枣强		洹阳（洹水）书院	大名	
	洛阳书院	威县				
云南（2）	玉龙（龙关）书院	太和	同治十二年	五云书院	云南	同治十三年
山西（1）	翔山书院	翼城	同治十一年			
安徽（1）	天门书院	当涂				
江西（1）	银麓书院	德兴				
福建（1）	溪山书院	古田				
湖南（1）	有竹书院	石门	同治二年			
广东（1）	正学书院	广州				

光绪朝书院（新建）

省份（数量）	名称	地点	时间	名称	地点	时间
广东（82）	临江书院	化州		瑞应书院	新宁	
	鉴光书院	化州	光绪八年	丽泽书院	新宁	
	神山书院	揭阳	光绪四年	康和书院	新宁	
	得明书院	番禺		汇川书院	新宁	
	南洲书院	番禺		桂山书院	顺德	
	文中书院	石城	光绪七年	西垣书院	东莞	
	蓬山书院	石城	光绪九年	丹山书院	东莞	
	凤南书院	四会				
	凤梧书院	四会				
	美溪书院	四会				
	双江书院	吴川				
	镇文书院	吴川				
	敦睦书院	吴川				
	梅东书院	嘉应州	光绪元年			

续表

省份（数量）	名称	地点	时间	名称	地点	时间	名称	地点	时间
	崇实书院	嘉应州	光绪五年	西城书院	南海		迎风书院	东莞	
	金山书院	海阳		广雅书院	南海		凤栖书院	东莞	
	三山书院	海阳		太平书院	南海		凤台书院	东莞	
	龙溪书院	海阳		仙冈书院	南海		图南书院	东莞	
	登隆书院	海阳	光绪十四年	梯云书院	南海	光绪二十五年	朝阳书院	东莞	
	正谊书院	海阳		兴贤书院	南海	光绪二十八年	德生书院	东莞	
	西关书院	海阳		扶南书院	南海		孟山书院	东莞	
	上莆书院	海阳	光绪十九年	樵岭书院	德庆州	光绪十年	禺山书院	东莞	
	六鳌堂	海阳		程溪书院	开平		孟溪书院	东莞	
	孝廉堂	高要		敦伦书院	开平		七桂书院	东莞	
	桂林书院	高要	光绪六年	凤山书院	开平		飞鸢书院	东莞	
广东（82）	十八坊书院	高要		康文书院	恩平	光绪二十一年	凤山书院	从化	
	宋隆（平康）书院	高要		鳌峰书院	恩平	光绪十一年	凤山书院	龙门	
	文明书院	高要		潮声书院	恩平		和风书院	香山	
	十都书院	高要	光绪十七年	蔚文书院	广州		上乡书院	乐昌	
	蔚灵书院	高明		格致书院	广州	光绪十三年	得一书院	电白	
	凌云书院	高明		万木草堂	儋州	光绪十五年	东社书院	电白	
	崇文书院	高明		桄榔书院	罗定州		篆江书院	信宜	
	文澜书院	高明		菁莪书院	茂名	光绪十三年	观化书院	信宜	
	文昌书院	高明		丽泽书院			东洲书院	高胆	光绪十六年
	丽山书院	化州	光绪三年						

附表 《清代全国新建及修复（重建）书院建置一览》

续表

省份（数量）	名称	地点	时间	名称	地点	时间	名称	地点	时间
四川（76）	尊经书院	成都		龙门书院	三台		算学书院	巴县	
	文昌书院	富顺	光绪元年	云龙书院	三台		咏经书院	永川	
	庆恩书院	富顺		宝贤书院	三台		回龙书院	东乡	
	凤翔书院	简州	光绪五年	崇文书院	三台		复兴书院	东乡	
	凤楼书院	简州		聚云书院	三台		华祝书院	鄡都	光绪十九年
	通龙书院	简州	光绪二十五年	卧龙书院	三台		桂攀书院	双流	光绪二十四年
	沟龙寺书院	简州		回澜书院	三台		龙山书院	崇庆州	
	涌泉书院	简州		天台书院	三台		鸿桂书院	长寿	
	青峰寺书院	简州		象山书院	三台		静修书院	浯州	
	凤梧（三乐）书院	简州		至道书院	三台		凤池书院	大足	
	养正书院	简州		义学书院	三台		鳌溪书院	大足	
	凤翥（鲲木）书院	简州		云从书院	三台		鼎新书院	大足	
	凤泉书院	简州		青云书院	三台		清江书院	广元	
	鸿逵书院	简州		聚星书院	三台		筹笔书院	广元	
	亮善书院	西昌		凌云书院	屏山	光绪九年	象山书院	云阳	
	研经书院	西昌		专经书院	南川	光绪十年	云龙书院	云阳	
	炳蔡书院	三台	光绪八年	育才书院	南川	光绪十二年	泸江书院	越嶲厅	
	瑞星书院	三台	光绪二十年	海鹤书院	南川	光绪二十七年	育英书院	中江	
	芙蓉书院	三台		凤鸣书院	江津		鹿鸣书院	中江	
	集成书院	三台		文峰书院	江津	光绪十五年	铜山书院	中江	

275

续表

省份（数量）	名称	地点	时间	名称	地点	时间	名称	地点	时间
四川（76）	平成书院	三台		钟山书院	江津		云龙书院	遂宁	
	桂香书院	三台		涪西书院	绵阳	光绪十六年	金鱼书院	遂宁	
	忠孝书院	三台		治经（传经）书院	绵阳		天睿书院	遂宁	
	凤鸣书院	三台		致用（经学）书院	巴县		宝善书院	遂宁	
	莲溪书院	三台		渝郡书院	巴县		桂香书院	遂宁	
	德阳书院	遂宁							
	培元书院	庐陵	光绪四年	明德书院	万载		凤山书院	丰城	
	泥金书院	庐陵	光绪十六年	以吾书院	万载		狮麓书院	丰城	
	元升书院	庐陵	光绪二十九年	友仁书院	万载		鸣阳书院	乂宁州	
	性存书院	庐陵		多文书院	万载		印山书院	乂宁州	
	云程书院	庐陵		时修书院	万载		至诚书院	乂宁州	
	兴贤书院	庐陵		久大书院	万载		南屏书院	盐乘	
	耕心书院	庐陵		龙章书院	万载		回澜书院	盐乘	
江西（60）	志学书院	吉水	光绪八年	两以书院	万载		起凤书院	盐乘	
	石连书院	吉水	光绪十一年	集贤书院	万载		洋峰书院	盐乘	
	阳明书院	万载	光绪十二年	兴贤书院	万载		对峰书院	盐乘	
	鹅峰书院	万载		文昌书院	万载		倚山书院	盐乘	
	正谊书院	万载		恩训书院	万载		云山书院	盐乘	
	东山书院	万载		会芳书院	万载		昆桂书院	盐乘	
	敬业书院	万载		栗江书院	萍乡	光绪十八年	聚英书院	盐乘	

附表 《清代全国新建及修复（重建）书院建置一览》

续表

省份（数量）	名称	地点	时间	名称	地点	时间	名称	地点	时间
江西(60)	崇文书院	万载		联元书院	永宁		留张书院	盐乘	
	聚贤书院	万载		葆灵女书院	南昌		道源书院	盐乘	
	文联书院	万载		崇儒书院	南昌		养正书院	盐乘	
	联元书院	万载		中心书院	南昌		洗心书院	盐乘	
	石溪书院	万载		崇德书院	九江		广贤书院	盐乘	
	尚志书院	万载		同文书院	政和		两都书院	盐乘	
	博文书院	厦门	光绪元年	丹桂书院	政和		云山书院	云霄厅	
	雪峰书院	高雄	光绪二年	西垣书院	彰化		屏山书院	南屏	
	集贤书院	建阳	光绪四年	兴贤书院	永泰	光绪十七年	广陵书院	长汀	
	培凤书院	建阳	光绪十六年	道南书院	崇安		观文书院	长汀	
	朝阳书院	凤山		凤鸣书院	崇安	光绪十八年	文兴书院	归化	
	登瀛书院	台北	光绪六年	文甫书院	崇安		龟山书院	归化	
	明道书院	台北		崇基书院	基隆	光绪十九年	翠云书院	归化	
	莲峰书院	建瓯		西山书院	浦城	光绪二十年	联飞书院	归化	
福建(58)	屯山书院	建瓯		鹤亭书院	瓯宁	光绪二十二年	道南书院	连城	
	谨东书院	建瓯		锦屏书院	瓯宁		西山书院	大田	
	梨溪书院	建瓯		兴贤书院	瓯宁		凤山书院	龙岩	
	会文书院	建瓯		紫云书院	瓯宁		龙翔书院	龙岩	
	仰山书院	福安		毓斌书院	瓯宁		复archived书院	龙岩	
	明新书院	台湾	光绪八年	沙溪书院	瓯宁		云章书院	龙岩	
	宏文书院	台湾		迪溪书院	瓯宁		仰止书院	龙岩	
	磺溪书院	台湾	光绪十五年	聚英书院	瓯宁		紫山书院	龙岩	

277

续表

省份（数量）	名称	地点	时间	名称	地点	时间	名称	地点	时间
福建(58)	英才书院	苗栗	光绪十三年	凤山书院	函宁		会锺书院	龙岩	
	元峰书院	政和	光绪十四年	银同书院	同安		表政书院	龙岩	
	连萼书院	政和	光绪二十五年	紫阳书院	云霄厅		振奎书院	龙岩	
	育英书院	嘉义							
	蒙养书院	长兴		求是书院	杭州	光绪二十三年	秀川书院	黄岩	
	沃西书院	新昌		养正书院	杭州		峰山书院	黄岩	
	鹤巢书院（兀笑书院）	青田		东城书院	杭州		东乘龙书院	宁海	
	养正书院	青田	光绪二年	南山书院	杭州		陈氏竞成书院	宁海	
	陶甄书院	嘉兴	光绪三年	南屏书院	诸暨	光绪二十五年	王氏育英书院	宁海竹林	
	九峰书院	镇海	光绪四年	达才书院	诸暨		环溪书院	宁海沙婆	
	振文书院	镇海		同文书院	诸暨		邬氏观澜书院	宁海紫溪	
	龙山书院	镇海		朔志书院	诸暨		童氏德邻书院	宁海塔山	
	北山书院	嵊县	光绪五年	景紫书院	临海		桂书院	宁海箸植	
浙江(57)	龙山书院	嵊县		正业书院	太平		金山书院	宁海上叶	
	千秋书院	奉化		古坛书院	太平		育英书院	永康	
	蒙山书院	奉化	光绪十年	鲸山书院	太平		易峰书院	淳安	
	罗山书院	永嘉	光绪七年	秉经书院	秀水		二凤山书院	淳安	
	九峰书院	汤溪	光绪九年	肃成书院	平湖		松皋书院	遂安	
	长山书院	金华		清献书院	归安		东湖书院	平阳	
	心兰书院	瑞安		尊经书院	慈溪		凤鸣书院	玉环厅	
	崇实书院	鄞县	光绪十一年	杨文元公书院	余姚		蒙山书院	遂昌	
	平川书院	嘉善	光绪十二年	南渠书院	黄岩		鞍山书院	遂昌	
	毓秀书院	衢州	光绪十六年	鸣山书院			卢山书院	景宁	

附表 《清代全国新建及修复（重建）书院建置一览》

续表

省份（数量）	名称	地点	时间	名称（存条）	地点	时间	名称	地点	时间
江苏（49）	切问书院	吴江		博习书院	苏州	光绪五年	汇文书院	江宁	光绪十四年
	求志书院	上海		学古堂	苏州		宏育书院（基督）书院	江宁	光绪十七年
	圣约翰书院	上海		金台书院	武进		益智书院	江宁	光绪二十年
	中西书院	上海	光绪八年	道乡书院	武进	光绪十一年	崇文书院	江宁	
	正蒙（梅溪）书院	上海		金溪书院	青浦		培风书院	丹徒	
	三林书院	上海	光绪二十二年	颜安书院	青浦		敷文书院	丹徒	
	经正书院	上海	光绪十九年	文昌书院	青浦	光绪十五年	尊经书院	高淳	
	高山书院	阳湖	光绪元年	筑川书院	盐城		尚志书院	盐城	
	棠荫书院	阳湖		南菁书院	江阴	光绪十年	沈龙书院	淮阴	光绪二十一年
	三迂书院	阳湖		梁丰书院	江阴		蒙城书院	丹阳	光绪二十六年
	岘阳书院	阳湖	光绪七年	锦带书院	江阴		南麓书院	溧阳	
	临津书院	铜山	光绪二年	西郊书院	新阳	光绪二十三年	滴南书院	宜兴	
	登瀛书院	铜山		文节书院	泰兴		竺西书院	宜兴	
	聚奎书院	山阳		丽黄书院	东台	光绪十二年	文山书院	通州	
	勺湖书院	山阳		守正书院	赣榆		蓬瀛书院	通州	
	射阳书院	山阳	光绪六年	溯沂书院	赣榆	光绪十三年	致用书院	松江	
	赵公书院	溧水							

279

续表

省份（数量）	名称	地点	时间	名称	地点	时间	名称	地点	时间
山东（38）	东津书院	利津		聊西书院	聊城		张公书院	青州	
	渠展书院	利津	光绪元年	会仙书院	齐东	光绪二十四年	西山书院	临朐	
	岳云（宣文）书院	郓城		仰德书院	泰安	光绪二十六年	通德书院	掖县	
	田公书院	郓城	光绪三年	凤山书院	长台		崧青书院	青城	
	学海书院	海阳	光绪三年	许公书院	新城		历山书院	费县	
	右文书院	菏泽	光绪八年	正蒙书院	宁阳		丰阳书院	费县	
	龙城书院	范县	光绪十年	东山书院	宁阳		平阳书院	新泰	
	湖陵书院	鱼台		圣邻书院	泗水		后山书院	肥城	
	恩平书院	邱县	光绪十二年	马公书院	泗水		泽山书院	濮州	
	正谊书院	德州	光绪十六年	饶公书院	曲阜		邹公书院	濮州	
	池楼书院	济宁州	光绪十七年	春秋书院	寿张		安平书院	寿张	
	东蒙书院	蒙阴	光绪十八年	凤城书院	聊城		博陵书院	博平	
	摄西书院	聊城	光绪二十二年	龙湾书院	聊城				
山西（37）	崇州书院	乐平	光绪三年	万安镇书院	洪洞		碧峰书院	沁水	
	令德书院	太原		陆公书院	浮山		怀仁书院	凤台	
	崇修书院	太原		石渠书院	岳阳		金城书院	应州	
	古丰书院	归化	光绪十一年	运昌书院	岳阳		太白书院	灵邱	
	凤鸣书院	榆次		凤池书院	汾西		云阳书院	阳高	
	穰阳书院	徐沟		麟山书院	屯留		飘华书院	神池	
	积秀书院	交城		仰山书院	石楼		玉林书院	朔平	
	芦阳书院	岢岚州		凤鸣书院	宁乡		鄯阳书院	朔州	

280

附表 《清代全国新建及修复（重建）书院建置一览》

续表

省份（数量）	名称	地点	时间	名称	地点	时间	名称	地点
山西(37)	嵋山书院	兴县		明道书院	泽州		固山书院	平鲁
	养正书院	洪洞		崇程书院	高平		岑山书院	静乐
	莲峰书院	保德州		申文书院	芮城		亳城书院	垣曲
	河阳书院	河曲		华岩书院	绛县		振文书院	太宁
	梁余书院	和顺						
云南(32)	养正书院	蒙自		少保书院	保山	光绪六年	养正书院	邓川州
	道成书院	蒙自		摩苍书院	保山	光绪七年	白云书院	邓川州
	起凤书院	江川	光绪元年	洱源（观澜）书院	浪穹		龙门书院	宁州
	马街书院	元谋	光绪二年	龙源（沂溪）书院	罗平州	光绪九年	玉溪书院	宁州
	学古书院	蒙化厅	光绪四年	玉屏书院	鹤庆州	光绪十五年	海镜书院	宁州
	文华书院	蒙化厅		经正书院	昆明	光绪十七年	龙章书院	宁州
	蓉峰书院	陆凉州	光绪五年	翔凤书院	新平	光绪十八年	文昌书院	缅宁厅
	锺灵书院	陆凉州		五桂书院	新平	光绪二十五年	班凤书院	缅宁厅
	新修书院	陆凉州		育英书院	昭通	光绪二十年	同仁书院	缅宁厅
	曲江书院	建水		碧松书院	镇沅厅		凤翔书院	缅宁厅
	龙门书院	缅宁厅		杏林书院	元江			
直隶(29)	会文书院	天津	光绪元年	博文书院	天津	光绪十二年	奎文书院	定兴
	时中书院	天津	光绪二十一年	稽古书院	天津	光绪十三年	范桥书院	青县
	滋阳书院	安平		崇文书院	天津		卫阳书院	故城
	抡才书院	张家口	光绪三年	景襄书院	新乐		中邱书院	内邱

281

续表

省份（数量）	名称	地点	时间	名称	地点	时间	名称	地点	时间
直隶（29）	温阳（螺峰）书院	怀柔		广阿书院	隆平		崇正书院（其严）	广平	
	岑古堂	保定	光绪七年	堵阳书院	任县	光绪十四年	襄南书院	沙河	
	玉河书院	保定	光绪八年	广晋书院	大名	光绪十五年	五星书院	邯郸	
	临津书院	宁津	光绪九年	椒南书院	香河	光绪十六年	济公书院	曲周	
	集贤书院	天津		紫泉书院	新城		尧峰书院	临城	
	心香书院	遵化		东关书院	晋县				
甘肃（28）	庆兴书院	庆阳		峰台书院	隆德		原泉书院	清水	
	五峰书院	西宁	光绪二年	临泉书院	隆德		香岚书院	两当	
	丰广书院	金县		蠡山书院	镇戎		兴文书院	文县	光绪十九年
	武阳书院	漳县	光绪七年	龙泉书院	和政		西固厅书院	阶州	光绪二十二年
	求古书院	皋兰	光绪九年	寿名书院	通渭		中峰（潜山）书院	镇原	
	莲峰书院	洮州		华川书院	通渭		建康书院	肃州	
	沧泉书院	成县	光绪十年	庄浪书院	平凉		又新书院	平罗	光绪十五年
	麟得书院	张掖	光绪十一年	陇南书院	秦川		雍凉书院	凉州	光绪十六年
	五原书院	固原州	光绪十七年	景权书院	秦安		龙冈书院	平番	光绪二十七年
	崇山书院	大通							
陕西（22）	见嵋书院	定边	光绪元年	金明书院	肤施		崇化书院	咸宁	
	卫道书院	定边	光绪二十二年	少嫭书院	长安		颍阳书院	富平	
	渭川书院	渭南		岭南书院	安康		莘堡书院	安塞	
	三山书院	平利	光绪三年	洵江书院	宁陕厅		定汤书院	甘泉	

附表 《清代全国新建及修复（重建）书院建置一览》

续表

省份（数量）	名称	地点	时间	名称	地点	时间	名称	地点	时间
陕西（22）	天台书院	南郑	光绪五年	崇正书院	靖边		五峰书院	陇州	
	正谊书院	泾阳	光绪七年	新城书院	靖边		彭衙书院	白水	
	崇实（格致、实学）书院	泾阳	光绪二十三年	文介书院	朝邑		文兴书院	宜君	
	龙文书院	绥德							
广西（21）	蒲津书院	南宁	光绪元年	榕湖书院	南宁		凤山书院	柳城	光绪十五年
	斑峰书院	南宁		经正书院	恩隆	光绪三年	龙江书院	柳城	
	含文书院	南宁	光绪八年	平山书院	玉林州	光绪九年	同风书院	龙津	
	南诚爱护与三官书院	南宁		富文书院	玉林州	光绪十一年	峤南书院	容县	
	毓秀（尖峰）书院	南宁	光绪十六年	仙山书院	融县	光绪十二年	培英书院	灵川	
	甲峰书院	南宁	光绪十七年	五峰书院	融县		丹州书院	怀远	
	富阳书院	京山	光绪二年	鲍萌书院	雷平	光绪十三年	凤山书院	罗城	
	大经书院	广济		宏文书院	南漳	光绪九年	文昌书院	麻城	
湖北（18）	凤阳书院	房县	光绪三年	高观书院	江夏	光绪十年	洞龙书院	黄安	
	辅文书院	江陵	光绪四年	两湖书院	武昌	光绪十六年	桃花书院	黄安	
	凤山书院	来凤	光绪七年	琴东书院	嘉鱼		云台书院	公安	
	登龙书院	来凤	光绪三年	镇南书院	通山		培风书院	京山	
东北（15）	启凤书院	凤城	光绪三年	停唵书院	黄冈	光绪十三年	凤山书院	沈阳	
	龙冈书院	开原	光绪五年	辽西书院	新民	光绪十七年	公共书院	沈阳	
	养正书院	长春	光绪十年	菁翼书院	怀德		莘德书院	兴京	
				菁化书院	宾州		启运书院		

283

续表

省份（数量）	名称	地点	时间	名称	地点	时间	名称	地点	时间
东北（15）	秀水书院	康平		启心书院	双城	光绪十八年	义学书院	黑龙江	
	启文书院	伊通	光绪十一年	莲沼书院	桓仁		西街书院	复县	
	求实书院	长沙	光绪二十五年	凤山书院	东安		乐成书院	兴宁	
	船山书院	长沙		石期书院	东安		程木书院	兴宁	
湖南（13）	思贤讲舍	东安		汲泉书院	宁远		郴侯书院	兴宁	
	芦洪书舍	嘉禾		柞山书院	兴宁		洞水书院	安乡	
	金鳌书院								
	静远书院	商水	光绪元年	棠荫书院	陕县		龙山书院	氾水	
	文富书院	商水	光绪十年	砥柱书院	陕县		东山书院	巩县	
河南（13）	黎南书院	淩县	光绪八年	景恭书院	中牟		宏农书院	灵宝	
	豫南书院	信阳	光绪十七年	须右书院	荥阳		红亭书院	灵宝	
	菁莪书院	闽乡							
	凤鸣书院	怀宁	光绪三年	青云书院	婺源		襄兴书院	广德州	
安徽（9）	天成书院	桐城		万山书院	婺源		肥西书院	合肥	
	乐丰书院	桐城		东山书院	绩溪		云溪书院	潜山	
	培风书院	普安	光绪八年	余麟书院	独山		镇东书院	石阡	
贵州（9）	咏经书院	遵义	光绪十二年	文思书院	安化	光绪二十六年	养正书院	绥阳	
	合江书院	独山		爱莲书院	郎岱厅		文庙书院	贵阳	

284

附表 《清代全国新建及修复（重建）书院建置一览》

光绪朝书院（修复、重建）

省份（数量）	名称	地点	时间	名称	地点	时间
浙江(3)	白社书院	石门	光绪五年	会邱书院	平阳	
广东(2)	玉岩（萝峰）书院	番禺		龟峰书院	乐昌	
陕西(2)	崇礼书院	蒲城	光绪二十三年	鲁斋书院	咸宁	
直隶(1)	贞文书院	祁州	光绪六年			
安徽(1)	襄水书院	全椒				
福建(1)	镇山书院	尤溪	光绪二十二年			
云南(1)	龙泉（雁峰）书院	楚雄府	光绪二十年	回浦（迁浦）书院	太平	

清代（不详何时修复、重建）

省份（数量）	名称	地点	时间	名称	地点	时间
安徽(7)	紫阳书院	歙县		天衢书院	婺源	
	崇本书院	歙县		兰台书院	建德	
	老丰山书院	滁州				
河南(4)	明道书院	扶沟		崇正书院	夏邑	
	贤良书院	正阳				
浙江(4)	龟山书院	余杭		鹤山书院	青田	
	二戴书院	嵊县				
云南(4)	秀山书院	石屏州		尤溪书院	鹤庆州	
	南中书院	姚州				

285

续表

省份（数量）	名称	地点	时间	名称	地点	时间	名称	地点	时间
直隶（3）	泾山书院	井陉		应龙书院	大名		文靖书院	房山	
江苏（2）	甘泉（崇雅、梅花）书院	甘泉		凤山书院	海安				
江西（2）	匡山书院	秦和		积秀书院	庐陵				
福建（2）	兰田书院	古田		菁山书院	古田				
湖北（2）	清江（北山）书院	宜都		文忠书院	光化				
广东（2）	东山（彭侯）书院	龙川		文明书院	遂溪				
山西（1）	云龙（龙云、罗云）书院	赵城							
山东（1）	洙泗书院	曲阜							
湖南（1）	台山书院	鄢县							

286

参考文献

一 历史古籍

（宋）程颢、程颐：《二程集》，中华书局 2004 年版。

（宋）程颢、程颐：《二程遗书》，上海古籍出版社 2000 年版。

（宋）黎靖德编：《朱子语类》，中华书局 1986 年版。

（宋）陆九渊：《陆九渊集》，中华书局 1980 年版。

（宋）王夫之：《船山全书》，岳麓书社 2011 年版。

（宋）张栻：《张栻全集》，长春出版社 1999 年版。

（宋）朱熹：《晦庵先生朱文公文集》，上海古籍出版社、安徽教育出版社 2002 年版。

（宋元）马端临：《文献通考》，浙江古籍出版社 1988 年版。

（元）程端礼：《程氏家塾读书分年日程》，黄山书社 1992 年版。

（元）脱脱等：《宋史》，中华书局 1977 年版。

（明）曹学佺撰：《大明一统志》，台湾商务印书馆《景印文渊阁四库全书》。

（明）焦竑：《国朝献征录》，上海书店 1987 年版。

（明）陆容：《菽园杂记》，中华书局 1985 年版。

（明）沈德符：《万历野获编》，中华书局 1997 年版。

（明）宋濂：《元史》，中华书局 1976 年版。

（明）王圻纂：《续文献通考》，台湾商务印书馆《景印文渊阁四库全书》。

（明）王世贞：《弇山堂别集》，中华书局 1983 年版。

（明）王阳明：《王阳明全集》，上海古籍出版社1997年版。

（明）湛若水：《湛甘泉先生文集》，齐鲁书社影印本1997年版。

（明）邹守益：《东廓邹先生文集》，《四库全书存目丛书》。

（清）陈梦雷、蒋廷锡：《古今图书集成》，中华书局1986年版。

（清）福载等：《大清会典事例》，清嘉庆刊本。

（清）顾炎武著，黄汝成集释：《日知录集释》，中州古籍出版社1990年版。

（清）黄宗羲：《明儒学案》，中华书局1985年版。

（清）黄宗羲：《宋元学案》，中华书局1986年版。

（清）刘锦藻等：《清朝文献通考》，浙江古籍出版社1988年版。

（清）龙文彬：《明会要》，中华书局1956年版。

（清）潘锡恩：《大清一统志》，钦定四库全书本。

（清）钱仪吉等：《清代碑传全集》，上海古籍出版社1987年版。

（清）施璜：《塾讲规约》，昭代丛书本。

（清）素尔讷等纂修：《钦定学政全书》，上海古籍出版社1995年版。

（清）王懋竑著，何忠礼点校：《朱熹年谱》，中华书局1998年版。

（清）张廷玉等：《明史》，中华书局1974版。

（清）赵尔巽等：《清史稿》，中华书局1977年版。

《明实录》，台湾"中央"研究院历史语言研究所校印1962年版。

《清实录（九）·高宗纯皇帝实录（一）》，中华书局1986年版。

《清实录（七）·世宗宪皇帝实录（一）》，中华书局1986年版。

《清实录（三七）·宣宗成皇帝实录（五）》，中华书局1986年版。

《清实录（五七）·德宗景皇帝实录（六）》，中华书局1986年版。

江藩：《国朝汉学师承记》，中华书局1983年版。

吴汝纶：《吴汝纶全集》，黄山书社2002年版。

徐珂：《清碑类钞》，中华书局1984年版。

徐世昌著，陈祖武点校：《清儒学案》，河北人民出版社2008年版。

张伯行：《学规类编》，康熙四十六年正谊堂全书本。

张之洞：《张文襄公全集》，中国书店1990年版。

支伟成：《清代朴学大师列传》，岳麓书社 1998 年版。

二 书院志和地方志

（明）张文化：《二张先生书院录》，明刻本。

（清）冯煦主修：《皖政辑要》，清抄本。

（清）洪亮吉：《毓文书院志》，清刊本。

（清）刘作垣：《龙山书院志》，清刊本。

（清）毛琦龄：《白鹿洞书院志》，康熙六十年刊本。

（清）施璜：《还古书院志》，清刊本。

（清）施璜：《紫阳书院志》，清刊本。

（清）唐治：《东山书院志略》，清刊本。

（清）陶澍、邓廷桢等纂修：《道光安徽通志》，道光十年刊本。

（清）王昶：《天下书院总志》，清抄本。

（清）吴鹗等：《泾川书院志略》，清刊本。

（清）佚名：《桐乡书院志》，清刊本。

（清）赵宏恩等纂修：《雍正江南通志》，台湾商务印书馆《景印文渊阁四库全书》。

（清）赵仁基：《泾川书院志》，清刊本。

《中国地方志集成·安徽府县志集成》（全 63 册），江苏古籍出版社 1998 年版。

《中国地方志集成·北京府县志集成》（全 7 册），上海书店出版社 2002 年版。

《中国地方志集成·江苏庄县志集成》（全 68 册），江苏古籍出版社 1991 年版。

《中国地方志集成·江西府县志集成》（全 87 册），江苏古籍出版社 1996 年版。

《中国地方志集成·浙江府县志集成》（全 68 册），上海书店出版社 2000 年版。

《中国方志丛书·华中地方》（第二三五号），台北成文出版社 1975

年版。

安徽通志馆纂修：《民国重修安徽通志稿》，民国二十三年铅印本。

柳诒征：《江苏书院志初稿》，江苏国学图书馆年刊 1931 年版。

吴景贤：《安徽书院志》，《学风》1932 年版。

赵所生，薛正兴主编：《中国历代书院志》（全三册），江苏古籍出版社 1995 年版。

三　今人论著

曹松叶：《宋元明清书院概况》，中山大学语言历史研究所周刊 1929—1930 年版。

陈东原：《中国教育史》，台北商务印书馆 1982 年版。

陈谷嘉、邓洪波主编：《中国书院史资料》（全三册），浙江教育出版社 1998 年版。

陈青之：《中国教育史·民国丛书》第一编第 48 册，上海书店 1989 年版。

陈学恂：《中国近代教育史教学参考资料》，人民教育出版社 1987 年版。

陈元晖等编著：《中国古代的书院制度》，上海教育出版社 1981 年版。

邓洪波：《中国书院史》，东方出版中心 2004 年版。

顾明远主编：《教育大辞典》（增订合卷本），上海教育出版社 1998 年版。

关晓红：《科举停废与近代中国社会》，社会科学文献出版社 2013 年版。

郭秉文：《中国教育沿革史》，《民国丛书第三编第 45 册》，上海书店 1991 年版。

郭齐家编著：《中国古代的学校和书院》，北京科学技术出版社 1995 年版。

郝锦花：《新旧学制更易与乡村社会变迁》，人民出版社 2009 年版。

侯外庐等主编：《宋明理学史》，人民出版社 1984 年版。

胡青：《书院的社会功能及文化特色》，湖北教育出版社 1996 年版。

湖南大学岳麓书院文化研究所编：《岳麓书院一千零一十周年纪念文集》

（第一集），湖南人民出版社 1986 年版。

季啸风主编：《中国书院辞典》，浙江教育出版社 1994 年版。

李兵：《书院与科举关系研究》，华中师范大学出版社 2005 年版。

李才栋：《江西古代书院研究》，江西教育出版社 1993 年版。

李国钧主编：《中国书院史》，湖南教育出版社 1994 年版。

李琳琦：《徽州教育》，安徽人民出版社 2005 年版。

梁启超：《清代学术概论》，江苏文艺出版社 2007 年版。

刘伯骥：《广东书院制度》，台湾"国立"编译馆中华丛书编审委员会 1978 年版。

刘海峰：《科举考试的教育视角》，湖北教育出版社 1996 年版。

桑兵：《晚清学堂学生与社会变迁》，学林出版社 1995 年版。

盛朗西：《中国书院制度》，《民国丛书》第三编第 45 册，上海书店 1991 年版。

舒新城：《中国近代教育史资料》（全三册），人民教育出版社 1981 年版。

田正平：《中国教育史研究》（近代分卷），华东师范大学出版社 2001 年版。

王炳照、徐勇主编：《中国科举制度研究》，河北人民出版社 2002 年版。

吴宣德：《中国教育制度通史》（第 4 卷明代），山东教育出版社 2000 年版。

张海鹏、王廷元主编：《明清徽商资料选编》，黄山书社 1985 年版。

张正藩：《中国书院制度考略》，台湾中华书局 1981 年版。

张仲礼：《中国绅士的收入》，上海社会科学院出版社 2001 年版。

章柳泉：《中国书院史话：宋元明清书院的演变及其内容》，教育科学出版社 1981 年版。

朱汉民等著：《长江流域的书院》，湖北教育出版社 2004 年版。

朱有瓛：《中国近代学制史料》（全六册），华东师范大学出版社 1986 年版。

［德］马克斯·韦伯：《儒教与道教》，王容芬译，商务印书馆 1995 年版。

［美］施坚雅主编：《中华帝国晚期的城市》，叶光庭等译，中华书局

2000 年版。

［日］大保久英子：《明清时代书院之研究》，东京国会刊行会 1976 年版。

Benjamin A. Elman, *From Philosoph to Philosophy*: *Intellectual and Socia Aspects of Change in Late Imperial China*, Harvard University Press, 1990.

Linda A. Walton, *Academies and Society in Southern Sung China*, Honolulu: University of Hawaii'I Press, 1999.

四 期刊论文

作者查阅了民国期间至 2019 年与本书相关的期刊，代表性作品如下：

《安徽教育》，1929—1933。

《安徽行政周刊》，1928—1933。

《申报》，1900—1911。

《时报》，1905—1911。

《学部官报》，1906—1910。

白新良：《安徽书院考述》，《史学集刊》1993 年第 2 期。

蔡志荣：《明清湖北书院研究》，博士学位论文，华中师范大学，2008 年。

陈时龙：《明代中晚期讲学活动：1526—1626》，博士学位论文，复旦大学，2004 年。

胡适：《书院制史略》，《东方杂志》1924 年第 3 期。

黄英杰：《古典书院的终结及其对现代中国大学的影响》，博士学位论文，西南大学，2012 年。

李兵：《18 世纪汉学书院与科举关系新论》，《厦门大学学报》（哲学社会科学版）2005 年第 2 期。

兰军：《联讲会，立书院：浙江阳明学讲会研究》，博士学位论文，湖南大学，2017 年。

李劲松：《北宋书院研究》，博士学位论文，华东师范大学，2009 年。

李琳琦：《徽商与清代汉口紫阳书院——清代商人书院的个案研究》，《清史研究》2002 年第 2 期。

李琳琦：《明清徽州书院的官学化与科举化》，《历史研究》2001 年第 6 期。

李琳琦、张晓婧：《明代安徽书院的数量、分布特征及其原因分析》，《华东师范大学学报》（教育科学版）2006 年第 4 期。

刘祥光：《书院与社会：徽州书院之研究（1200—1644）》，《中国书院》（第五辑）2003 年。

刘晓喆：《清代陕西书院研究》，博士学位论文，西北大学，2008 年。

上海教育杂志社：《教育杂志》，1909—1912。

宋良文：《安徽历史上的书院》，《安徽教育》1986 年第 9 期。

田正平等：《教育负担与清末乡村教育冲突》，《浙江大学学报》（人文社会科学版）2008 年第 3 期。

田正平等：《教育制度变迁与中国教育现代化进程》，《华东师范大学学报》（教育科学版）2002 年第 1 期。

王洪瑞、吴宏岐：《明代河南书院的地域分布》，《中国历史地理论丛》2002 年第 4 期。

荀渊：《中国高等教育从传统到现代的转型》，博士学位论文，华东师范大学，2002 年。

于祥成：《清代书院的儒学传播研究》，博士学位论文，湖南大学，2012 年。

张颖欣：《当代中国民间传统经典教育研究》，博士学位论文，山东大学，2018 年。

赵子富：《明代的书院》，《中国文化研究》1996 年夏之卷。

朱汉民：《长江流域书院与长江文化》，《湖南大学学报》（社会科学版）2005 年第 3 期。

后　　记

本书是 2015 年度国家社科基金教育学青年项目"中国传统书院教育及其当代价值"的最终成果。

本书以马克思主义理论为指导,坚持历史唯物主义的方法论,综合运用历史学、社会学、教育学等研究方法,围绕"中国传统书院教育"开展研究,系统梳理中国传统书院的发展历程,深入剖析中国传统书院的教育理念、教育内容、教育方法、教育环境、教育考评等方面特征,总结中国传统书院教育的优秀品质,挖掘中国传统书院教育的当代价值,力图通过挖掘中国优秀传统文化蕴含的宝贵资源为今天的教育发展提供经验借鉴和智慧启示。

掩卷而思,感慨颇多。四年前,得知获批国家社科基金青年课题时兴奋和激动的场景犹在眼前;四年中,课题组齐心协力、共同努力、不遗余力地推进课题研究的艰辛历历在目;四年来,课题阶段性成果的发表和最终成果的呈现,收获的喜悦深深体会。感谢所有垂爱和指导本书写作的专家学者,感谢安徽财经大学给予课题研究的大力支持,感谢安徽财经大学马克思主义学院领导和同仁们的关心和帮助。

特别感激我的父亲对我们进行科学研究一直以来的支持、鼓励和教诲。谨以此书献给他。

本书得以正式出版,离不开中国社会科学出版社的辛勤付出,在此

后　记

表示衷心的感谢！

　　由于研究水平有限，对于本书的谬误之处，真诚地希望各位专家、学者批评指正。

张晓婧　乔凯
2020.2.18　于珠城蓝天翠竹园